筆者自身の転機は、日本において
障害者施設の建設が
本格化する1970年代初頭に、
施設ではなく街の中の
住宅づくりを求めて運動を
展開した「川口に障害者の
生きる場を作る会」に
出会ったことである。この会の
活動は、ノーマライゼーションや
インクルーシブデザインが
わが国に到達していない時に、
本当のノーマライゼーションを↘

福祉のまちづくり その思想と展開

障害当事者との共生に向けて

高橋儀平
Gihei TAKAHASHI

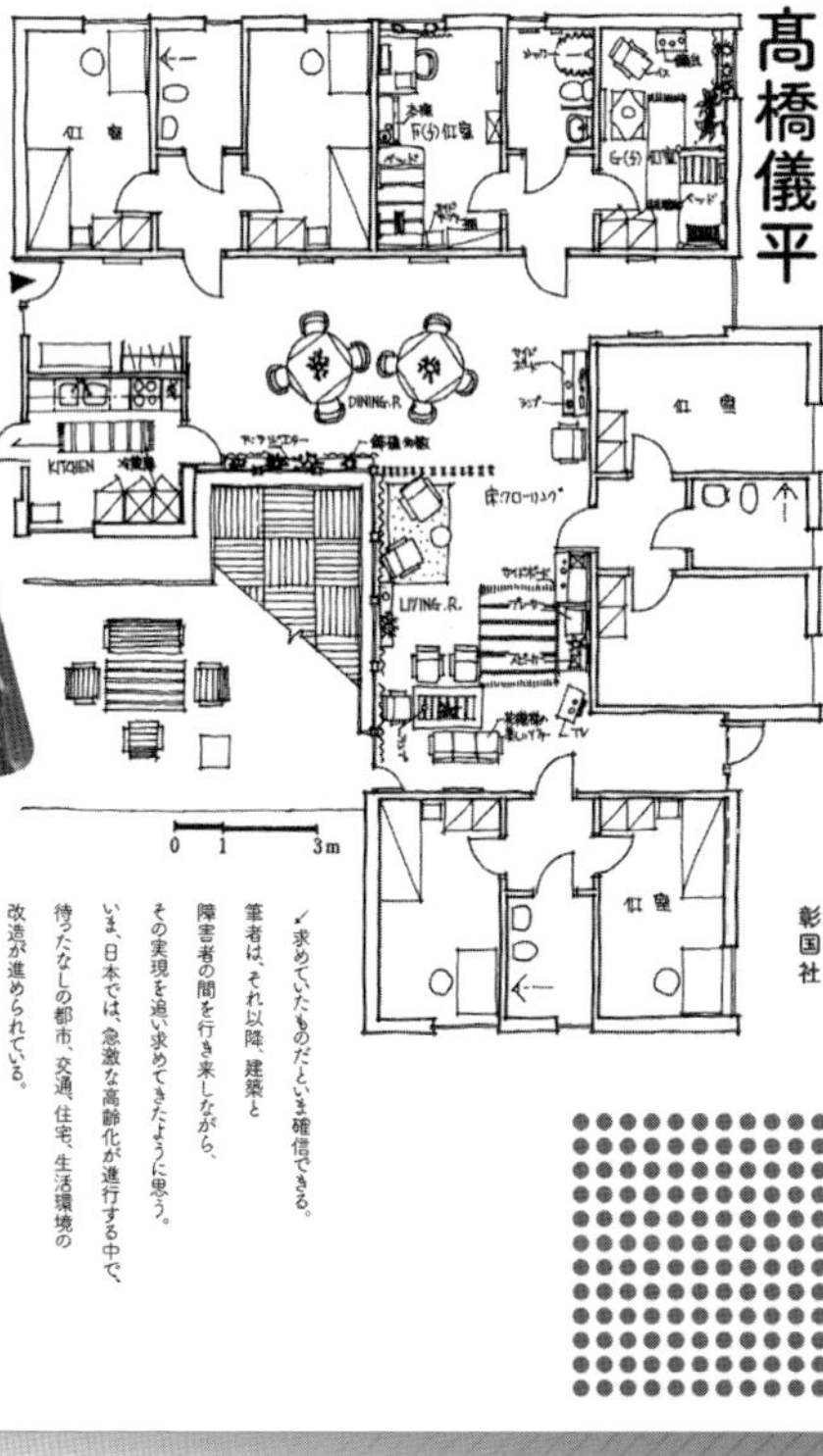

↙求めていたものだといま確信できる。
筆者は、それ以降、建築と
障害者の間を行き来しながら、
その実現を追い求めてきたように思う。
いま、日本では、急激な高齢化が進行する中で、
待ったなしの都市、交通、住宅、生活環境の
改造が進められている。
改めて本書で、
バリアフリーや
ユニバーサルデザインの
45年の成果を確かめ、
次の闘いに呼応して
いただきたいと考える。

彰国社

ブックデザイン…新保韻香
組版…海汐亮太

はじめに

「福祉のまちづくり運動」の発端は１９７０年初頭だった。障害者自らが中心となった運動の思想は、やがてバリアフリー、ユニバーサルデザイン、インクルーシブデザインと様々にことばは変わってもその根底にあり続けてきた。そこに求められたものは何だったのか。福祉のまちづくりの定着、バリアフリー、あるいはインクルーシブ社会、共生社会の広がりの中でも変わるものと変わらないものがある。変わったものは技術であり、法制度である。変わらなかったもの、それは街でふつうに住むという障害者の要求であり、それにうまく応えてこなかった建築や都市の表現でありデザインである。この意味を本書で明らかにする。

本書では、まず日本で発祥し発展し続けている福祉のまちづくりはどう展開したのかを、筆者の体験に基づきたどる。日本におけるバリアフリー、ユニバーサルデザインは海外とどう違うのか、その思想と過去および現在進行形の実践事例を評価・検証したうえで、２０２０年の東京オリンピック・パラリンピック競技大会以後の生活環境をどう形成するかにも視野を広げる。

２０２０年、再び東京を舞台に展開されるオリンピック・パラリンピック大会は、もっともバリアフリーやユニバーサルデザインが進んだ国で行われると世界中の人は認識しているであろう。その背景には、日本が世界に先駆けてもっとも高齢社会が進行し、さらにインバウンドの急増政策等がもたらす「共生社会」の実現が具体的な政策目標として高く掲げられていることがある。はたしてその実現は可能なのか、現状では「ＮＯ」と言わざるを得ない。

２０２０年以降、日本の人口ピラミッドの中で突出する団塊世代が順次75歳に達し、「後期高齢者」となる。それに伴い、各種データでも急激に要介護高齢者、認知症高齢者が増加すると予測されている。これは予測ではなく現実であり、実態なのである。密度の濃い地域ケアが喫緊の課題であるが、変わらない都市構造・施設構造の継続はどんな未来を描き出すのであろうか。

２０００年に介護保険制度がスタートし、40歳以上のすべての国民がどのような心身状況になっても、家族のみに依存することなく、あるいは家族のサポートの負担を軽減しながら、可能な限り地域社会で暮らせる枠組みを構築してきた。引き続き住み慣れた地域や自宅で住み続けられると期待感が膨らむ住宅改修制度もつくられた。しかしながら出来上がったものは生活圏内からは近いが従来と何ら変わらない多数の介護施設であり、しかも地域住民と交流しているとはとても思えない孤立した運営が展開されている。

筆者自身の転機は、日本において障害者施設の建設が本格化する１９７０年代初頭に、施設ではなく街の中での住宅づくりを求めて運動を展開した「川口に障害者の生きる場を作る会」に出会ったことである。この会の活動は、ノーマライゼーションやインクルーシブデザインがわが国に到達していない時に、本当のノーマライゼーションを求めていたものだといま確信できる。筆者は、それ以降、建築と障害者の間を行き来しながらその実現を追い求めてきたように思う。

日本ではいま、急激な高齢化が進行している。待ったなしの都市、交通、住宅、生活環境の改造が求められている。本書で改めて、バリアフリーやユニバーサルデザインの45年の成果を確かめ、次の闘いに呼応していただきたいと考える。

目次

福祉とまちづくり その思想と展開

第1章…「福祉のまちづくり」を生みだしたもの

1……はじまり

何をいまさらバリアフリー、ユニバーサルデザインなのかと、疑問をもつ人がいるかもしれない。日本ではバリアフリーもユニバーサルデザインもすでに実践の極みに達しているのだからと。しかし、本書では、改めて日本のバリアフリー、ユニバーサルデザインの発祥から述べておきたい。

２０２０年の東京オリンピック・パラリンピック競技大会を迎えるからではないが、日本におけるバリアフリーの発祥をとらえるうえで大きな転機は１９６４年のパラリンピック東京大会であるとする論調が少なくない。

実際には今日的なバリアフリー、ユニバーサルデザインの発祥根拠を示すものはほとんどないのであるが、間違いなく１９６４年のパラリンピック東京大会の会場整備が日本におけるその後のバリアフリーの萌芽に大きく影響を与えている。

そして、そう判断してよいと考えられる最大の理由は、１９６４年のパラリンピック東京大会において、日本の車いす使用者がはじめてスポーツ競技という機会をとらえて、限定的ではあったが障害者を収容する病院や療養所、施設から一般社会の舞台に出て国際的なスポーツ大会に参加したからである。パラリンピック東京大会といえども当然ながら車いす使用者が競技場に出るために、何らかの施設や環境改善が必要であったわけであり、その際の体育館や選手村等のバリアフリー改修の記憶が大会参加者に強く残り、レガシーとして何年も蓄積され、およそ6年の歳月を経て「福祉のまちづくり」運動に名前を変え新たな歴史を切り拓いたのであった。

記憶は定かではないのだが、神田の古本屋で1964パラリンピック東京大会の報告書（写真1）に偶然出会った。そして、この報告書で、当時の日本における最先端のリハビリテーション医療の専門家や障害者施設関係者、国の福祉行政の責任者がパラリンピック東京大会に深く関与していたことをはじめて知ることとなった。彼らは、海外、とくに欧米の障害者スポーツの活動情報を得て、パラリンピック東京大会を成功に導き、その後の日本の障害者スポーツの発祥や障害者をとりまく福祉行政、さらには都市施設の改善につながる制度設計の火付け役になったのである。

1960年代といえば、日本における障害者の社会復帰（リハビリテーション）を進める施策が、各都道府県1か所の整備を掲げた障害者収容施設（「更生指導所」と呼ばれていた）からの

写真1

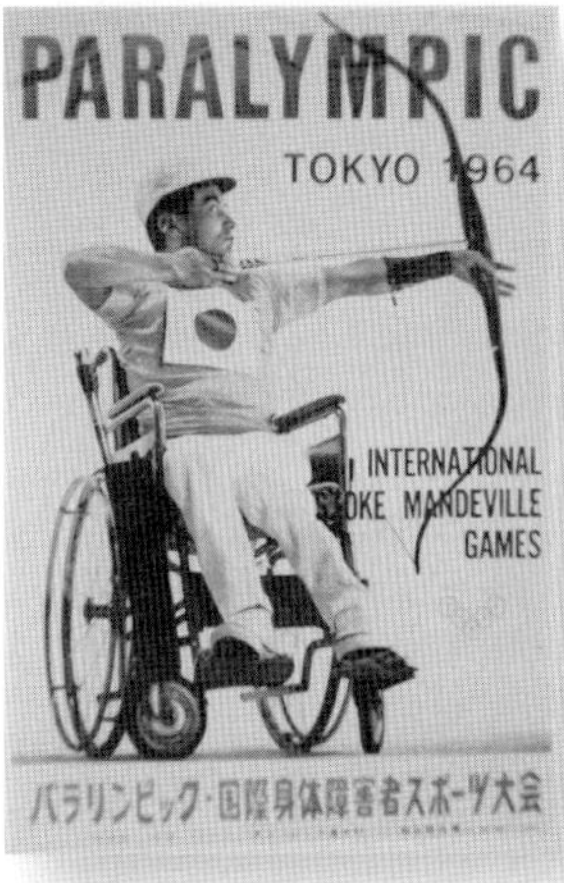

写真2

写真1　1964パラリンピック東京大会の報告書
写真2　1964パラリンピック東京大会のポスター

転換期であった。当時、都市部では、身寄りがなかったり、経済的に困窮した人々の生活の場は生活保護法による救護施設があった。救護施設は、生活保護法の下に、老若男女、障害の種別を問わず様々な人々が生活する場として、70年代以降に障害種別、障害程度ごとの障害者施設が建設されるまでは、統合的な入所施設として位置づけられていたのである。

1960年代の障害者向け施設の大半は、49（昭和24）年に制定された身体障害者福祉法に基づいて設置されたものが大半であるが、生活相談や社会復帰を目的とした身体障害者更生施設の入所者は、傷痍軍人、小児まひ者（ポリオ）、交通事故、さらには炭鉱事故などの労働災害によって障害を負った者が中心で、脳性まひ者などの重度、重複障害を有する者への施設建設は70年代後半に本格化するのであった。結果的には新たな施設整備のタイミングをはかるように、あるいは施設整備に抗しながら、バリアフリーを目指した都市施設改造の動きや「福祉のまちづくり」運動が始まったのである。

2……1964パラリンピック東京大会とバリアフリー

当時の日本社会は身体障害者に対する社会復帰施策が始まったばかりで、その施策も不十分な時代であった。パラリンピック東京大会に参加した近藤秀夫によると、★注1 パラリンピック東京大会が終わってからも、その経験が十分に生かされたわけではなかったと

注1…近藤はその後東京都町田市に就職し、70年代に福祉のまちづくりを推進した中心人物となる。2001年5月近藤のインタビュー。

いう。相変わらず障害者スポーツの環境整備が好転したわけではなく、車いすバスケットを練習する場所を探すのも大変な時代であった。唯一車いすバスケットのチームが最初にできた埼玉県川口市の体育館だけが段差のない体育館であり、パラリンピックに出場した首都圏各地の車いす使用者が毎週1回川口に集まり交流を重ねたのだという。近藤によれば、その過程で体育館をもっと使いやすいものにという改善の要望を東京都に提出したが、パラリンピック東京大会後はスロープさえも認められなかったという。実はこうした行政への要請行動が東京における「福祉のまちづくり」の原点ではないかともいわれている。

1964年10月のオリンピック競技場には、時代背景から見れば当たり前ではあるが車いす使用者用スロープはなかった。パラリンピック選手村も競技会場も仮設的に車いす使用者用傾斜路が整備され、いずれもパラリンピック東京大会後は完全撤去された。報告書を読み返すと、パラリンピック大会用に仮設的に建設された競技会場や選手村、食堂へのスロープやデッキ、トイレへの手すり設置の経験が、時間はかかったものの大会に参加した車いす使用者によって全国に広がり、その後の日本におけるバリアフリーの環境改善の動きにつながっていったのではないかと容易に想像できる。

そしてこの大会のレガシーといえば、パラリンピックに参加した多くの海外選手団が、日本の車いす使用者に、車いすのままでもスポーツができること、普通に買い物にも行けることを実際の行動によって知らせたことである。ほとんど大会前も後も声には出さなかったが、自家用車での移動は無論のこと、公共施設や公共交通機関を利用することはまったく無理だと信じていた日本の障害者が、自分たちの身の回りの環境を変えることで外出できることを知ったのではないか。これがその後の展開へとつながっていくのである。

オリンピックが終わり障害者施設に戻らず、家族から独立した生活を望んだ人もいたのではないかと思われる。日本に福祉のまちづくり運動が胎動するのはその数年後であった。

パラリンピック東京大会は当初駒沢競技場で行われる計画であったが、選手村から遠いということもあり、代々木選手村内の織田フィールドが主会場となる。宿舎（写真3）も競技施設も可能な範囲の改修にとどめられた。各競技施設の階段がある主玄関には傾斜８分の１の鋼鉄製スロープを付けられ、選手村の浴室のドアやドア枠が撤去され、ハンドシャワーを設け、便器には手すりが付けられた。わが国初の大規模なバリアフリー改修であった。これらはいずれもパラリンピック東京大会後はすべて撤去された。★注2

もうひとつ１９６４年パラリンピック東京大会が福祉のまちづくりに影響を与えたことを指摘しておきたい。１９６４年の東京大会は敗戦後の東京復興、日本復興を海外に知らせる絶好の機会としてとらえられていたが、戦後の国民意識の変革、精神的不安定状態からの脱却、産業構造の転換とその先を展望する作業でもあった。１９５４年から始まった高度経済成長期により多くの道路網が整備され、本格的なモータリゼーションが動きだそうとしていたのである。新たな道路の建設により道路整備が進む一方で、毎年のように交通事故死亡者が急増し、交通事故後遺症者も増加していった。ほどなく子どもや高齢者を交通事故から守るために歩車道を上下で区分する歩道橋が登場する。ところが歩道橋を上って渡れる人にとっては安全であっても、歩道橋を上れない人にとっ

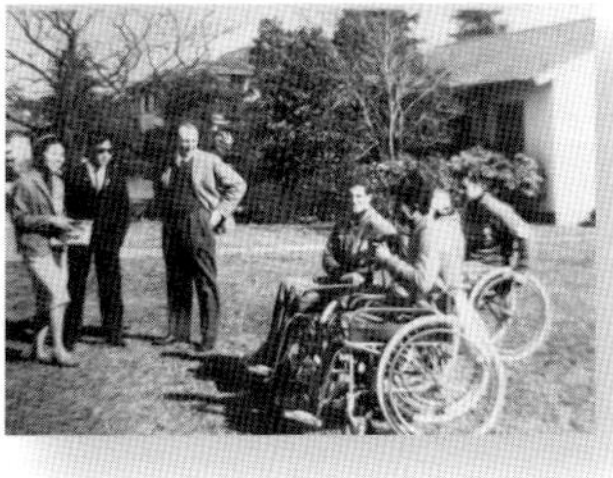

写真3　1964パラリンピック東京大会の選手村（提供：吉田紗栄子）

注2…パラリンピック東京大会報告書、昭和40（1965）年8月1日、㈶国際身体障害者スポーツ大会

ては何の意味もない施設であり、景観を阻害する新たなバリアとなる。この歩道橋の是非問題も都市環境のバリアを感じさせる格好の対象となっていくのである。

加えて高度経済成長は全国各地に公害を拡散させた。水俣病や四日市ぜんそくに代表される重篤な公害病が全国各地で発生した。公害、環境汚染は次第に深刻な社会問題となり、市民生活を破壊し新たな障害者を生み出す要因になっていく。

日本の福祉のまちづくりやバリアフリーの歴史には、皮肉にもこうした日本独特の産業構造の変化や発展、それらを支える新たな都市・道路整備が密接に関係していることを認識しておかなければならない。急激な都市化や産業構造の変化による市民の生活水準の向上の裏側で新たな問題が発生していたのである。米国では1970年代以降も続いた戦争が多数の傷痍軍人を生み出すこととなり、それが社会的バリアを改善する重要な転機のひとつとなったが、日本では公害や急激な産業構造変化、それに伴う都市環境の悪化がバリアフリーや福祉のまちづくりを必要とする要因になっていくのである。

3……福祉のまちづくりの胎動

1960年代に日本ではじめて、福祉のまちづくりの扉を開けたのは仙台市の菅野鞠子の呼びかけが発端であるといってよい。彼女は地元の福祉系大学を卒業したソーシャルワーカーであるが、宮城県の肢体不自由児協会の職員時代に在宅の障害児を外に連れ出す活動を創設していた。その活動のための募金活動に協力していた西多賀ワークキャンパスの車いすの入所者とボランティアで参加していたひとりの学生との出会いから、福祉のまちづくりの運動が始まる。どんな住民活動でもそうであるが、彼らはその後に続く大きなうねりを予想していたわけではない。最初は車いすで外出する際の移動の困難さを話し合っていたのだが、次第にデパートや公共施設のトイレの改修や歩車道段差の解消の必要性を自覚し始めたのだ。それは１９６９年のことである。64年のパラリンピック東京大会からわずか5年後であった。先に述べたようにパラリンピック東京大会の開催は、障害者施設と地域の接点で生活していた全国の障害者に大きな驚きを与えた。もっとも大きなものは車いすを使用する人も他の人と同様にスポーツを楽しんでいいという「発見」であった。しかし彼らの行動がすぐにあったわけではない。

一方、当時は、重症心身障害児をはじめ重い障害のある子どもの親からは、親亡き後の介護問題や、子どもの介護のために、兄弟姉妹の生活にまで大きな負担が伴うといった問題がマスコミで報道され始めていた。一日でも早く重度障害者の収容施設を建設してほしいという声が関係者の間で次第に高まっていたのである。そんな中、日本の厚生行政は欧米の先駆的障害者施策情報に触れ、重度障害児者対策で収容施設の建設を推進するコロニー政策[★3]を検討していた。

重症心身障害児をはじめとする重い障害をもつ者を社会の差別や偏見から守るためには、欧米のように大規模な収容施設を建設するのがベターと考えられたのである。国は、障害児者を抱える家族が「ふつうの生活を取り戻し」、「社会の差別や偏見から親と子を守る」ために、障害児者と家族を切り離す福祉政策を実行したのである。

注3…1965年厚生省内にコロニー懇談会が設置される。親亡き後の生活の場のゴールのひとつとして1971年国立コロニー「のぞみ園」が高崎市郊外に開所する。このころから重度障害者を地域社会から隔離するコロニー政策への批判が高まる。厚生省の身体障害者モデル都市事業は入所施設政策と一体になって進められた。

ところが、在宅の障害者自身や施設入所している障害者からはその是非を問う声が大きくなり始めていた。彼らは、国が欧米の先進的障害者施策を見習って全国各地で大規模な障害者施設を人里離れた山の中に計画したことに対して、「障害者の隔離政策」であると強い抗議が始まったのである。1971〜74年にかけて、障害者施設の入所者や在宅の脳性まひ者、とくに車いす使用者らは国のコロニー建設を強く反対した。

仙台で始まった道路や街の改善運動は数年後にこうした動きに飲み込まれたのだが、福祉のまちづくり運動にとっては大きな転機となった。まだまだ、北欧のノーマライゼーションの考え方が日本に届くはるか前であった。★注4

4……仙台で起きたこと

先に述べたように1969年、宮城県肢体不自由児協会の一職員から始まった在宅の重度心身障害児を外に連れ出す個人的ボランティア活動(「おひさまと一緒」)が、後に「福祉のまちづくり」と呼ばれることになる大きな動きに発展するとは、かかわった人たちも想像できなかったに違いない。その活動のねらいは家に閉じこもりがちな重い障害児を抱える家庭を少しでも支援して、屋外のおひさまのもとで一緒に過ごすというごく自然なものであった。その活動に賛同してボランティアとして参加した西多賀ワークキャンパス(身体障害者授産施設)入所の車いす使用者と東北福祉大学の学生が出会い、彼らが一緒に連

注4…実際には国の政策にかかわる研究者が情報を入手していたかどうか疑問である。1960年代はやはり従来の収容施設と同一視されていたと想像される。障害者を地域から隔離分離するのは正しくないと認識される「ノーマライゼーション思想」がわが国に到達するのは81年の国際障害者年前後まで待たなければならなかった。

れ立って外出したことにより、仙台市内の公共施設やデパートが車いす使用者に利用しにくかったり、使用できるトイレがないことから、「グループ虹」[★注5]を結成し、行政や店舗、市民へ車いすトイレの設置等の要請を始めたのである。この活動への強力な協力者が日本短波放送やＮＨＫ仙台放送局、朝日新聞東京厚生文化事業団で、71年には仙台市民を巻き込む「福祉のまちづくり運動」に発展し、マスコミを通じて全国的に知られるところとなった。

同じころ、首都圏の障害者らも、1972年には、自らの生活や施設入所体験をもとに、障害者でも障害がない人と同じように街の中でともに暮らすことを当たり前にするために動き出す。都市環境や公共交通機関の改善を要請する活動や車いす使用者でも住める公営住宅を求める動きを始める。70年代の前半には、都営住宅や民間の木造賃貸アパートで介助ボランティアを集めながら単身で暮らす頸髄損傷者や小児まひ（ポリオ）、脳性まひなどの車いす使用者が出現し始めていたのである。中には学生ボランティアなどを24時間ケアに近い形で集めてシフトし、移動手段も積極的に公共交通機関を利用する人もいた。80年代以降には「自立生活」支援運動として全国展開する。[★注6]札幌いちご会はその先駆けの人々である。

石坂直行[★注7]は、『ヨーロッパ車いすひとり旅』（1973年）という本の中で、「欧米人は障害という言葉を使わず『ハンディキャップ』という。そのハンディキャップとは、本人が買い物や移動など普通の生活をするうえで受ける制約を自覚した時に使われる。ところが日本では、そのことは本人の中にビルトインされている問題ととらえられてきた。欧米では社会の側が変わることでそのハンディキャップがなくなると考えている」と述べてい

注5…西多賀ワークキャンパス入所の車いすの青年と学生ボランティアが菅野鞠子主宰の障害児を外に連れ出す活動「おひさまと一緒」で出会う。2人が話し合う中で自分たちも人々の「かけはしになりたい」という気持ちからグループ「虹の会」を1970年に結成、71年身障者生活圏拡張運動実施本部に発展する。

注6…小山内美智子ら4人が札幌市内のアパートを借りて4日間の自立生活「自分で買って、自分で作って、自分で食べた」を初体験。1978年『自立を見つけた』を出版し全国に知れ渡る。

注7…筋ジストロフィー症と交通事故により車いす生活へ。1971年ヨーロッパへ車いすひとり旅、その体験を1973年『ヨーロッパ車いすひとり旅』として日本放送協会から出版。車いす旅の先駆者。

る。もちろんこうした石坂の体験はわれわれだけではなく当時の障害者自身もどこまで理解できたかはわからない。[注8] 30年後の２００６年に国連障害者の権利条約が制定されたことにより、ようやく障害の「社会モデル」という概念が日本に伝わったのである。

一方、仙台の動きは首都圏でも別な形で表出されるようになる。１９７６年12月、川崎駅前で脳性まひ者が公共バスの運行を止める出来事が大きく報道された。介助者なしで公共バスに乗ることはできないとするバス事業者に対して、脳性まひ者とその支援者が単独乗車を求めたものであった。当時この活動を支援した横田弘によると、自分たちはバスジャックを起こす計画はなく、バス運転手との押し問答の末、バスの中にとどまることになってしまった、という。[注9]

重度の障害者がスムーズに外出するためには、階段しかない鉄道駅を利用するよりもバス移動がドアツードアに近く、便利であったのだ。単独で長時間移動できる電動車いすの普及はその後である。脳性まひ者らは介助者なしでも自由に外出することを求め、結果的に障害者の交通問題を社会に認知させる事件に発展した。

こうした障害者の移動する権利を獲得する運動は欧米諸国の中にも見出される。米国では１９６４年に成立した公民権法に「障害を事由とした差別」の禁止条項がなく、日本における福祉のまちづくり運動の幕開け期とほぼ同時期に障害者の差別を禁止する公民権獲得運動がスタートした。73年には米国リハビリテーション法が制定され、公共事業における障害者差別禁止条項（５０４条）が成立した。米国でも、このことを根拠とした障害者による「バスジャック」事件が起きていたという。同じく、福祉国家として当時世界一を誇ったスウェーデンでも77年、公共バスへの車いす乗車を求める障害者のバスジャ

注8…筆者のスウェーデンでの体験、「これからは建築が変わらなければならない」スウェーデン脳性まひ者協会会長代表の言葉、１９７８

注9…横田弘は、脳性マヒ者、１９７６年の川崎駅広でのバス運行ストップ事件の際は相談者的立場。横田によると脳性マヒ者の「青い芝の会」、「川崎脳性マヒ者の会」の事務所が川崎駅近くにあり、日ごろから車いすの利用者が多く、運転手が運行拒否を起こしてしまったことが発端だという。この事件により全国で車いすのままバスに乗る運動に発展した。障害者による「バスジャック」事件とも呼ばれた。

ック事件が起きていたのである。こうしてみると、日本における福祉のまちづくりの動きは、米国、ヨーロッパでもほぼ同時代的であったことが理解される。だが、このバス乗車問題をはじめとして、障害者の交通、住宅対策は海外先進諸国からはその後大きく引き離されていくのである。

国による福祉のまちづくり政策は、１９７３年に厚生省によって開始されたが、80年代になると高齢化社会を見据えた行政政策として最初の転換期を迎えることとなる。70年代には障害者による障害者自身の福祉のまちづくり運動として発展したが、福祉のまちづくりの理念についての議論が行われないまま次の段階に突入した。

ここで改めて「福祉のまちづくり」が生まれた背景を整理しておきたい。

福祉のまちづくりは、行政主導の都市計画に対する生活者側からのまちづくり運動であり、都市計画事業を市民生活に取り戻す闘いのひとつであったと位置づけられる。戦後の高度経済成長期における経済・産業活動優先の都市計画、道路づくりが多くの公害を生み出してきたことは周知の事実である。それに対して、市民生活を犠牲にしないまちづくりを進めるべきであるというのが福祉のまちづくりの根底にある。障害者は絶えず、「障害者に住みやすいまちはだれにとっても住みやすいまちである」という考え方を主張し続けてきたのであるが、いまでも、間違ってはいないと確信できる。今日の言葉で言えば「インクルーシブ」、だれもがとり残されないまちづくりということなのである。「福祉」という言葉は、福祉六法で規定された領域から生活全体までを含めており、従来の都市計画事業の反省を踏まえ、市民が相互に助け合える意思を表明したものであったととらえておきたい。すなわち福祉のまちづくりは単なる福祉制度の延長ではなく、人間の尊厳や意思を尊重したまちづくりのことであり、障害のある市民、イコール「福祉」、「保護」という障害者施設政策からの脱却を目指したものなのである。福祉のまちづくりが発祥した時代は、高度経済成長期の後半であり、経済効率のみを追求する都市建設への反省感も強くなり、車いすで歩けるまちづくりが提唱されるなど、スピードと効率一辺倒の経済活動が転機を迎えた時期でもある。各地で発生した、「障害者」を地域社会から隔離し、あるいは囲い込もうとする福祉や医療の現場への強い抵抗が福祉のまちづくり運動を勢いづかせたのである。

5……海外から学ぶこと

日本における福祉のまちづくりの発祥期、発展期にあっては、私たちは欧米諸国から多くの経験を学び、日本社会に導入しようとした。ヨーロッパ、とくにスウェーデンからはノーマライゼーションの考え方と個の尊厳を、北米からは障害者の人権と法的根拠づくり、そして障害者自身の参加こそが問題解決につながることを学んだ。また両地域からはdesign for all, building for everyoneの考え方を学んだ。そうした両地域から得た経験を重ねたことにより、わが国の障害者運動は世界でもユニークな活動になってきたといえる。とりわけ1970年代中ごろから北米で始動し、世界的に影響を与えた自立生活運動(Independent Living)の考え方とその実践が福祉のまちづくり運動、そしてその土台の上に構築された障害者の自立生活運動に与えた影響ははかり知れない。

1980年代後半以降、日本各地で自主的かつ多様な自立的生き方の実践が始まる。そして、米国における障害を事由とした障害者の差別を禁止する法律ADA★注10(1990年)の成立が日本の障害者運動、障害者の人権運動、福祉のまちづくり条例の制定や建築物のハートビル法(正式名称「高齢者、身体障害者等が円滑に利用できる特定建築物の建築の促進に関する法律」)の成立過程に大きく影響する。

そして、福祉のまちづくりの発祥からおよそ20年が経過した1994年、わが国ではじめての建築物のバリアフリー化を促すハートビル法が成立した。高齢化社会を突き進む国の責務や建設行政の転換と、高齢者、子ども、女性などの社会参加が謳われた。2000年には新規の駅舎や車両整備においてバリアフリー化を義務づけ、地域のバリアフリー基本構想制度をつくり上げた交通バリアフリー法が成立、02年には交通バリアフリー法の義務化などの影響を受け2000㎡以上の建築物のバリアフリー化を義務づけたハートビル法の改正が行われ、高齢化の急激な進展とともにようやく国が果たすべき責務を明らかにしたのである。06年にはそのハートビル法と交通バリアフリー法が統合されバリアフリー新法★注11が成立、単体の整備ではなく地域の面的整備が強化され、建築物や交通機関の一体的、連続的な移動と利用が強調された。同時にバリアフリー新法では、障害者をはじめ市民一人ひとりがバリアフリー社会づくりに参加することができる仕組みや、バリアフリーの取組みを定期的にチェックし改善するスパイラルアップの概念が導入されることとなった。

注10…94頁以降でくわしく述べる。

注11…83頁も参照。

6……特別なデザインではないユニバーサルデザインの登場

筆者がはじめてユニバーサルデザインに触れたのは1990年代初めだったと思う。ADA制定直前に人権法として改正された公民権法のひとつである「公正住宅修正法」（1988年）の解説書「アダプタブル・ハウジング」を翻訳する前後であったと思われる。この解説書には4人の執筆者がいて、そのひとりにユニバーサルデザインを85年に提唱したロン・メイスが含まれていた。

1990年代初頭、アクセシビリティやユーザビリティを中心的な概念とするバリアフリーが社会の中に十分に浸透していない状況が確認され、新たな概念としてユニバーサルデザイン（Universal Design）という考え方がつくられた。米国では人間主体のデザイン（Human Centered Design）、ヨーロッパで一人ひとりの人間の背景の違いに着目しながら多様な市民を包含するインクルーシブデザイン（Inclusive Design）ともほぼ同義語的に使用されることが多い。

日本における急激なユニバーサルデザインの広がりは、人類や社会の進歩に何をもたらそうとしているのだろうか。1990年代の後半からわずか10年弱の間に、瞬く間に全国に伝播したユニバーサルデザインは、2020年以降を見据えて転換期に差し掛かっている。人口減少社会に向けて、持続可能な社会とは何か、新たなユニバーサルデザイン戦略が迫られている。

例えば、多様な情報の活用、その情報をコントロールするユーザー参加、縦割りではないインフラ整備、市民生活を脅かす様々な既存施設の改善、伝統、文化、歴史的環境の継承が問われている。国および都道府県、区市町村、市民、事業者の連携と対応が問われ、具体化が急がれている。

一方で、今日の地域の実態を見ると、ユニバーサルデザインの解は必ずしも一様ではないことに気づかされる。国や地方公共団体のユニバーサルデザインは意識づくりから具体的まちづくり・環境づくり・ものづくりに拡大しているが、明確な展望をもっているわけではない。

ユニバーサルデザインの優位点はだれもが参加できるプログラムづくりにある。子どもから高齢者まで、いつでもどこでも、だれでもが対等にまちづくりに参加できる。市民が知識と情報を蓄えてこそ、本当の意味の市民主体のまち・人間環境をつくり、担うことが可能となる。障害者が主体となってまちづくりの歴史を変えてから40年、ユニバーサルデザインの実践が、今日の社会が抱えている様々な難題の解決に立ち向かう。

7……災害と福祉のまちづくり

1995年1月17日早朝、兵庫県南部で世界を驚愕させた都市型大地震が発生した。阪神・淡路大震災である。これ以降、福祉のまちづくりやバリアフリーの概念、要介護高齢者の住み方の問題が大きくクローズアップされた。兵庫県や神戸市は、80年代から、国内でもっとも福祉のまちづくりが進んだ都市として知られていた。81年に開業したポートライナーでは無人化駅とはいえ、転落防止のために国内で最初のホームドアが整備された。その神戸市で直下型の大震災が発生し、6400人を超える市民が死亡した。死亡した大半は高齢者であった。

この大地震により、福祉のまちづくりの課題、都心部における高齢者居住の不安が明らかとなり、経済成長とともに構築された都市インフラの脆弱性が問題となった。筆者がかかわってきたハートビル法を例にすると、従前から判明していたことではあるが、学校がハートビル法の対象でなかったために、すべての人の避難所である小学校に避難した車いす使用者や高齢者が車いすで生活しにくい状況に直面したのである。

ハートビル法制定そのものは大地震の1年前の成立ではあったが、その時点ですでに学校がバリアフリー化の対象から外れていたことにより多くの障害当事者から批判されていたのである。

筆者らがまず取り組んだのは、罹災者である高齢者、障害者の居住調査であった。筆者はゼミ生と淡路島の旧北淡町社会福祉協議会の協力を得て、町内の仮設住宅で避難生活を送っていた高齢者単独世帯の悉皆《しっかい》調査を実施した。旧北淡町では高齢化が進み家屋への影響も少なくなかったが、震災前からの近隣付き合いが濃密で、死者は少なかったと報告されている。震災当日も震災後も助け合いながら徐々に復興が進められていたことがわかった。

一方、都心部である神戸市では、旧市街地での高齢者の被害が顕著であった。死者の大半は家屋の倒壊による下敷き、圧死であったが、それは地震が築年数の古い老朽化家屋を直撃したからであった。しかし、神戸市内の仮設住宅での高齢者の居住は従来の近隣関係から分断されていることがいたるところで見られ、市は次第にコミュニティ単位での仮設居住へと方針を変更せざるを得なくなっていく。そして新たに生み出されたのが高齢者のグループホームである。高齢者のグループホームは、孤独死の防止、効率的な介護、適度な集住規模をもっており、この経験が復興住宅計画におけるコレクティブハウジングの誕生へと発展していった。

しかしながら、仮設住宅のバリアフリー化問題だけは２０１１年3月11日の東日本大震災でも混乱を招き、16年4月の熊本地震でもなお解決に至らなかった。障害者統計も明らかな今日にあって、バリアフリー仮設住宅の想定がなされないのは不可思議である。日本は自然災害立国である。適切な防災計画と事後の避難計画をしっかりと立案し、高齢者や障害当事者に配慮した仮設住宅の準備が急がれる。

もちろん「災害弱者」はいつでも、どこでも、だれにでも該当する。高齢者、障害者や子どもだけではなく、家族の全員に、移動中、旅行中の人にも同様である。すべての市民が災害弱者となりえる。問題は単独で避難できる人とできない人、多数が避難する一時避難所の同一空間で避難生活が送れない人がいることである。災害に強い都市づくりは、まちづくり政策の根本である。だれもが安心して暮らせる社会、バリアフリー、ユニバーサルデザインの方針は、防災計画や避難計画の大方針に生かされなければいけない。さらに単独では通常の仮設住宅で暮らせない高齢者や車いす使用者、発達障害者に対応した仮設住宅を配備し、生活サポートのニーズをあらかじめ想定して準備することは、防災計画のみならず、真にその地域の行政力、他者を排除しないコミュニティの成熟度を示すといっても過言ではない。

8……活動と研究へのアプローチ

筆者は、どちらかといえば障害のある市民側に立ちながら地域活動、行政政策、研究活動、まちづくりにかかわってきた。その大きなきっかけが1974年、重度脳性まひ者が中心になり結成されたばかりの「川口に障害者の生きる場を作る会」の運動へ参加したことであった。町から隔離された山の中の施設ではなく街の中に小さな共同住宅をつくる日本初のケア付き住宅[★注12]、グループホームの建設運動であった。そしてその運動を経験しつつ、80年出身地である埼玉県坂戸市で、脳性まひ児の普通学校就学支援を通じて障害児者(家族)と障害児者をもたない人(家族)が、ともに生きることを旗印とした小さなグループ「うさぎとかめ」を立ち上げた。

これらの経験が、日ごろの研究活動や行政の計画の立案におおいに役立ったことは言うまでもない。行政の会議では筆者が行政側に座り、一緒に活動していた障害当事者が対峙する側に着席しているシーンはよくあることであった。多くの研究や調査は彼らの存在なくして形にならなかった。これもある面で「参加」と称することもできるかもしれない。改めて振り返ると日本のバリアフリーは当事者主体の取組みであったことは間違

注12…重度の障害者がいつでも必要な時に必要なケアを受けながら自由に暮らせる住まいのこと。ポイントは町の中にあること、数名の共同居住や団地の一角であること、これが満たされて「ケア付き住宅」と称することができる。日本では70年代後半から障害者による建設運動が始まる。

いない。行政が進めるバリアフリーやユニバーサルデザインは、「木を見て森を見ず」ではなく、「森を見て木を見ず」に近い。その森は下草刈りのない荒れ果てた森であることが多い。しかし、いずれにしてもこうした活動を通して、筆者の中でも日本型バリアフリーとユニバーサルデザインの思想が定着してきた。

第2章…福祉のまちづくりの歴史と展開

1……障害当事者による街づくりへの一歩

1960年代から続く重症心身障害児者をもつ親からの悲痛な叫びに対する有効な解決策として障害者の収容施設建設が政策決定されていく中で、大規模障害者施設（コロニー）を建設し、障害児者を地域社会から分離、隔離、保護することが正しい選択であるのかが問われたのが70年代初頭である。はたして、施設への収容は「座敷牢」か「障害児殺し」なのか。

このことは横塚晃一著『母よ！殺すな』[注1]にくわしく描かれている。同書でも記されているが、1965年政府の社会開発懇談会の答申で重い障害のある人々のために保護や訓練を一体とした生活共同体（コロニー）建設の必要が謳われ、同年1月、厚生省コロニー懇談会が「心身障害者のためのコロニー設置についての意見」を具申した。その後構想や計画が具体化し始めたのが70年代の初頭である。

福祉のまちづくりの運動では、当初からこのコロニー政策に対して必ずしも明確な批判や強い抵抗があったわけではないが、地域での問題を扱ううちに結果的に施設建設に反対する立場に位置づけられ、結果的にそのことが福祉のまちづくりを強い障害者運動へと導いたとみられる。すでに述べたようにいち早くこの問題に取り組んだ宮城県肢体不自由児協会の菅野鞠子や仙台西多賀ワークキャンパス（身体障害者授産施設）で生活していたM氏はそうした当事者としてとらえられていたのである。[注2]

注1…横塚晃一（1935-78）は、1970年5月横浜市で起きた脳性まひ児殺害の減刑嘆願運動に対して障害当事者として猛烈な抗議行動を行った「青い芝の会」（1953年に設立された脳性まひ者の会、以下「青い芝」）のリーダー。事件を緒に、優生保護法改正案への反対表明を行った。本書は脳性まひ者の社会的位置づけなど、他の障害者と異なる社会的差別等をまとめた衝撃的な著書。すずさわ叢書1975

注2…コロニー構想については石坂直行がヨーロッパを回った後の感想として、欧米では大規模施設を廃止しようとしているのに、日本は逆に新たにつくろうとしている、この真逆さが障害者、あるいは障害に対する決定的な認識の違いであると、述べている。横塚はすでに1971年時点で大規模ではなく4、5人から10人程度の施設を「青い芝」でつくったらどうか、それを数か所つくることができるのではないかと、述べている。。

　1970年代前半までのわが国の都市づくりにはまったくといってよいほど、車いす使用者や障害者の生活が念頭にはなかったのである。しかし障害者が踏み出した「街への一歩」によって、健常者だけの都市建設の構図が次第に変化せざるをえない事態に突入する。60年代後半より本格的な車社会が始まり、そのための道路をはじめとする都市の整備が重要性を増してきた。だが、それ以前の高度経済成長が急激であったこと、道路計画や都市計画がトップダウンで行われたことなどから、地権者だけではなく市民からも強烈な都市計画反対運動が繰り広げられた。経済活動優先の都市づくりは、車と歩行者を分離し、子どもや高齢者を交通事故から守るということが最大の命題となり、街の景観を破壊する「歩道橋」が各地で生まれた。歩道橋の建設には当初から各地で反対運動が勃発していたのも事実である。70年東京都国立市で起きた歩道橋建設反対運動は多くの市民を巻き込んだ。国立での歩道橋建設もまた経済主義の産物であり生活環境の破壊につながると考えられていた。こうした歩道橋建設に反対したのは都市景観を守る立場の市民、専門家、歩道橋を自由に往来できない乳幼児連れや車いす使用者であった。通学児童をもつ保護者らＰＴＡはどちらかといえば歩道橋推進派である。国立市では、建設反対裁判闘争にまで発展したが、裁判所は公共の利益を優先し、スロープ付きの歩道橋建設で決着を見たのである。

　その後、全国各地では交通事故から人々を守るために駅や学校周辺の交差点に歩道橋の建設が相次いだ。歩行者を交通事故から守るという「正しい」命題が、今日の分離社会を生みだし、経済活動と非経済活動の格差を生みだし、障害者と健常者の隔離を生みだしたといっても過言ではない。★注3

注3…2000年代に入ると、さすがに超高齢社会は歩道橋建設という方針では立ち行かなくなった。歩道橋撤去や横断歩道の復活、エレベーター付き歩道橋などが次第に取って代わることとなる。歩道橋にエレベーターが付けられたのは神奈川県川崎宮前交差点が最初。1993年3月、全国初のエレベーター付き立体横断歩道橋が国道15号と市役所通りの宮前交差点に完成。小学生のアイデアで「川崎ハローブリッジ」と命名された。交差点の四隅に11人乗りエレベーター4機が設置されている。

写真1　八木下浩一（右）と筆者（2017年）

筆者が「川口に障害者の生きる場を作る会」（以下「生きる場」）の活動にかかわって最初に衝撃を受けたのが、なぜ脳性まひ者が親兄弟と行き来できる川口市内での独立自活を望んだのかということであった。「生きる場」の活動に参加するずいぶん前であったが、評論家として著名であった秋山ちえ子（1917–2016）が、ドイツのベーテルを訪問しその施設に感銘を受け政府に助言したが、日本で実現したものは障害者隔離の収容施設「コロニー」だった。彼女は後年「私が提案したのはコロニーではない」と怒っていたという。埼玉県の「コロニー嵐山郷」はいまでこそ住宅地がすぐ近くまで押し寄せ、関越自動車道路も隣接しているが、当時は最寄駅から大変遠い本当に山の奥地に建設された印象がある。「国立高崎コロニー」にも一度訪問したことがあるが、高崎郊外の小高い丘の上にあり、日常的な市民生活とは完全に切り離された別世界であった。まるで雲海の上にいるような印象であったと記憶している。八木下浩一たちの主張を聞けば聞くほど、都市に障害者がいなくなれば、道路や交通機関の改善をすすめる必要はなく、道路も鉄道もつくりやすく、企業もコストをかけずに健康で働ける人だけを雇用する経済効率重視の都市を簡単に構築することができたのだと思い知らされたのである。

障害のあるなしにかかわらず地域とともに住むということは、共生社会を謳う今日の社会状況から見ればきわめて当然のことである。しかし、当時は障害者のリハビリテーションにかかわる優れた専門家や家族でさえ、障害のある人が親から離れて自立して、あるいは必要な介助を受けながら地域の中で生活することが社会にとって正しいあり方とは思っていなかったのである。障害者が街で生きることは、「青い芝」以外の障害当事者でさえ考えにくい世の中であった。2016年7月に痛ましい大事件が発生した津久井やまゆり園も、当時と同様な発想から建設された山の中の施設であったのである。

2……ある脳性まひ者との出会い

筆者は川口の「生きる場」で八木下浩一と出会い障害者運動の隅っこにかかわるようになった。まだ脳性まひ者のことも障害者の存在さえも十分に理解していない時期に、新宿の小さな集会施設の中で上映された『さようならCP』★注4を八木下に誘われ学生2人と視聴する。『さようならCP』は、先に述べた横塚晃一らが出演した「青い芝の会」の話題作である。八木下は「青い芝の会」のリーダー横塚や横田たちと若いころから交友関係をもち、後に「全国青い芝の会」会長も務めた人だ。

八木下は、脳性まひで1941年、二卵性双生児として生まれた。22歳の時に女性に

写真2　『さようならCP』シナリオ

注4…『さようならCP』は疾走プロ第一作（原一男のデビュー作）、1972。写真2

振られて自分が障害者であることを自覚したと自著に記している。[★注5] 70年28歳で普通小学校の通学を許可されたが、6年生に編入させられる。学期の終わりに通信簿が届かないことに疑問をもち学籍がなかったことに気づく。川口市教育委員会との交渉の末勝ち取った学籍取得は29歳になってからである。その後、学年を3年に下げ再び通学し直し、「生きる場」の活動に主力を置く74年ころまで通学と登校拒否を繰り返した。登校拒否は、できる子を基本に据え、できない子を切り捨てるエリート教育的な学校の在り方に心身が反発したのではないかと後年振り返っている。しかしながら、できない子を切り捨てる地域の普通学校に八木下が通学したことは、教師のみならず、地域や学校の子どもたち、親たちに対してとてつもなく大きな影響を与えたことは容易に想像できる。まだノーマライゼーションやバリアフリーデザインという考え方が日本に到達していない時代にあって、ひとりの脳性まひ者が「障害者」の存在を問うこと、気づかせていることの重大さを筆者自身が気づくまでにはもう少し時間が必要であった。

筆者は、１９７２年大学を卒業後、そのまま大学の助手になって3年が経ちそろそろ次の進路を探さなければならない時期に差し掛かっていた。一級建築士の資格取得前ではあったが、資格を取得し独立する方法を思案し始めていた。

そんな時、当時助手仲間であった内田雄造に廊下で呼び止められた。助手3年目の4月、「ギーちゃん、川口で障害者の人が家の図面を描いてくれる人を探している！　どう、やってみない？」という軽い誘いがあったのである。聞くと、内田の東大時代の恩師で当時の東大新聞研究所助教授西村秀夫からの依頼であった。西村を介して川口駅東口前の喫茶店で、結成されたばかりの「生きる場」の代表であった脳性まひ者八木下浩一と出会

注5…八木下浩一『街に生きる』現代書館、１９８０。

うこととなる。1974年4月のことである。八木下の第一声は、「髙橋くん！　ぼくたちは重度の障害者が街で生きるための住宅をつくりたい。川口市に要求しているが、そのための図面を書いてもらいたい」。

後で述べるが仙台市で第1回車いす市民交流集会が開かれたのが1973年9月であるから、その半年後ということになる。実は八木下の活動に参加するまでは仙台市の活動を知る由もなかった。★注6

西村は当時、東大駒場で開催していた夜間自主講座に八木下を招き、八木下から「生きる場」をつくる運動への支援を依頼されていたのである。西村もまた八木下の思いを理解し、川口の運動にとって大きな精神的支柱となっていた。★注7

当時もっとも規模が小さい障害者施設は身体障害者療護施設で、定員50人以上であった。そんな時代にあって、八木下たちの活動は、コロニーのように街から隔離された人里離れた郊外や山中ではなく、親兄弟が行き来し合える、定員10人の小規模な「施設」を川口市に求めるものであった。それは理想ではまったくなく、実際に家庭の中でもまともな生活の場が与えられない重度脳性まひ者の切実な声でもあった。「生きる場」は、「自分たちも街の中で生活したい。街の中で生活するためには、50人単位では大きすぎる。家族が4〜5人で暮らすように、自分たちもそのくらいの大きさの住宅がよいのではないかと、市内で住む3人の脳性まひ者の相談から始まった。

しかし現実的には、4〜5人では難しいかもしれないので10人程度であれば24時間ケアをつけても経営的に対応可能ではないかと判断し、小集団のケア付き住宅として進めることになった。表1は1974年4月にまとめられた八木下ら3人の「生きる場」の趣

注6…1974年8月、福祉のまちづくりの実態を確認するために、学生とともに仙台を1週間訪問し、改善された各箇所を実測調査した。40-41頁で紹介。

注7…西村は、川口の活動を2年ほど支援してその後まもなく大学を退職し、北海道北広島市に移住した。北海道では小山内美智子と出会い、「いちご会」の結成を支援し、自らも障害者授産施設の職員として働くこととなる。

表1　「生きる場」の要望書(1974年5月31日第1回交渉時に市に提出した趣意書)

◎趣意書

わたしたちは、どういういみで、いえをでたいかというと、おやはいつまでも、いきているわけではない。きょうだいがめんどうをみてくれてもめんどうをみられるほうが、つらい。また、おや、きょうだいと、くらしていると、しゅたいせいがなくなる。めしをくって、くそをたれているだけが、にんげんではない。じぶんのかんがえをいっても「じぶんではたらけないくせに、もんくをいうな」といわれる。おさえつけられてしまって、じぶんでせきにんをもってできない。そのけっか、おやにあまえていることになってしまう。また、じぶんで、できることでも、あぶないからとか、しくじるからといって、おさえられてしまう。

“げんざいあるしせつにゆけばいい”といわれるかもしれないが、げんざいのしせつは「しょうがいしゃ」にめしをくわせて、かっておくだけである。「しょうがいしゃ」をびょうにんとして、みているから、れいだんぼうかんび、りはびり、いりょうつきでも、いろいろのきそくで、しばられ、かんしされている。だいきぼな、しせつでは、ふちゅうりょういくせんたーのように、ぎむてきとなり、にんげんを、ものとしてしか、みなくなってしまう。三どのめしも、はいべんも、しばられてしまう。

また、げんざいのように、やまおくのしせつではなく、かわぐちしに、すみたい。しんたいしょうがいしゃでも、ちえおくれでも、ねたきりのひとでも、まちのなかにすむのが、あたりまえだ。なぜしょうがいしゃだけがあつまって、けんじょうしゃからはなれたところで、いきてゆかなければならないか。ぼくたちもまちにでたいし、おややきょうだいや、きんじょのひとがあいにくるにも、ちかいところのほうがいい。たてものはじゅうじつしていなくても、ぜいたくはいわない。三どのめしと、はいべんをやりたいときに、やれる。ぼくらのすむば、いきるば、そこからゆきたいところにゆけるところがほしい。

◎陳情書(1974・9・2第3回対市交渉)

一、定員１０名入れる場所(建坪90坪)

二、土地を市街地にみつけて下さい。

三、重度者3名(山崎・雨宮・中沢)には三名の介護者をつけて下さい。(重度者1名に対し、介護者1名を必要とします)

四、管理職員3名(炊事、洗濯、雑務)をつけて下さい。(ホームヘルパーでもよい)

意書である。

「川口に障害者の生きる場を作る会」という名称の「生きる場」とは、八木下たちが日本ではじめて障害者の世界で使った言葉である。当時としてはどこまで受け入れられるかという懸念もあったが、今日でも依然として何の問題もなく素晴らしい響きをもっていると思う。川口を皮切りに一時、全国の障害者運動の人たちが、「生きる場づくり」という名称で、街の中に小さな生活の場や活動スポットをつくる動きがはやったりもした。わが国の障害者運動でも70年代の初めというかなりの初期に地域の中で障害者が主体となった「生きる場」をつくる動きは極めて画期的であった。

1975年のころであろうか。八木下と訪ねた厚生省のT施設課長は、「君たちのいうことはわかるが、ようやく制度的に、50人規模の重度障害者の入所施設『身体障害者療護施設』[★注8]ができたばかりであり、一気に50人から10人に縮めるということはとても不可能」と答えている。しかし八木下が起こした運動が世界的に見てもまったくおかしなものではないという確信が数年後に私自身を直撃した。国や県や市も同様だったに違いない。コロニーの建設を主導しながら、一方で1974年、厚生白書では施策の方向転換とも受け取れる見解を公表している。[★注9] 障害者の生きる場の扉ももうすぐ開かれるはずなのであった。

厚生省の一部の人も障害者本人も、大規模な隔離施設ではなく公営住宅の中で時間の縛りもなく、時には必要なサービスを受けて、障害のない人と同じような気兼ねない生活が求められるべき社会像であることは十分に気づいていたのではないかと思う。70年代初頭は、学校教育の場に見られるように、分離と統合が障害者の自立やコミュニティ

注8…身体障害者療護施設とは、脳性まひ者など重度障害者の入所施設として1972年に制度化されたもの。定員は当時50人以上。それでも小規模といわれた時代である。

注9…厚生省は、1974年度の厚生白書の中で次のように述べている。「障害者福祉はこれまで、どちらかというと施設対策が中心になってきたが、心身障害児・者のかかえる諸種の問題の解決のためには、施設は万能なものではない。心身障害児・者が社会生活、家庭生活を営むうえで障害となる事項に対し、きめ細かく対策を進めていくことが必要となっており、その意味で在宅対策のより一層の充実が今後の大きな課題となっている」

福祉のあり方に関連して急速に次の課題に取り上げられていく。それでもなお、街で生きる考えは、施設を否定する反社会的な行動と多くの障害者福祉の専門家が断じていたのも事実である。

そんな中、1978年3月に川口市単独事業として「しらゆりの家」が開設された。「川口に障害者の生きる場を作る会」の主張が完全に認められず障害者運動の成果とまではいえないが、小規模ケア付き住宅（定員10人）が建設されたのである。1995年、埼玉県身体障害者生活ホーム（定員9人）として事業変更し、2001年短期入所事業（定員2人）を導入、入所部門定員7人へ減員した。2016年3月建設当初のしらゆりの家は完全閉鎖された。写真3〜6は閉鎖後に見学をした「しらゆりの家」である。東京都では、東京青い芝の会が1973年5月、都に対してケア付き住宅構想を提案し、1975に設置されたケア付き住宅検討会を経て1981年八王子市内に八王子自立ホームが建設されている。重い障害をもつ人が自由に街の中に住まいを獲得し、いつでも買い物や公共交通機関を使って自由に外出できるという環境づくりは21世紀の今日でもなお到達できていない課題である。

写真3　しらゆりの家　全景
写真4　同　廊下
写真5　同　居室
2人部屋を基本とした。当時としては2人部屋であることも、居室に洗面所があることも珍しい時代であった。
写真6　しらゆりの家　トイレ。
座位が取れにくい脳性まひ者が寝たまま対応できる。

3……仙台の福祉のまちづくりの証言

仙台を福祉のまちづくりの調査ではじめて訪ねたのは、「川口に障害者の生きる場を作

写真4

写真3

写真6

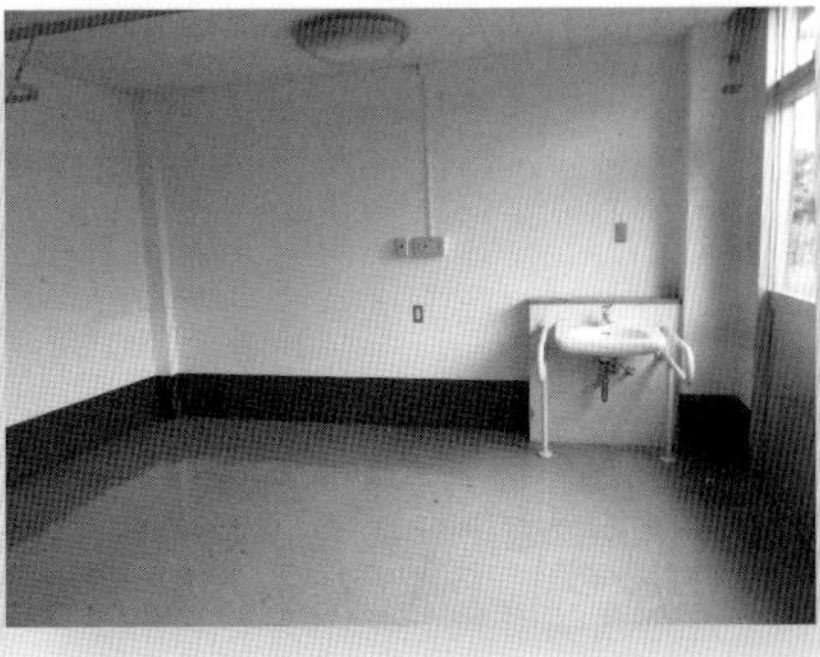
写真5

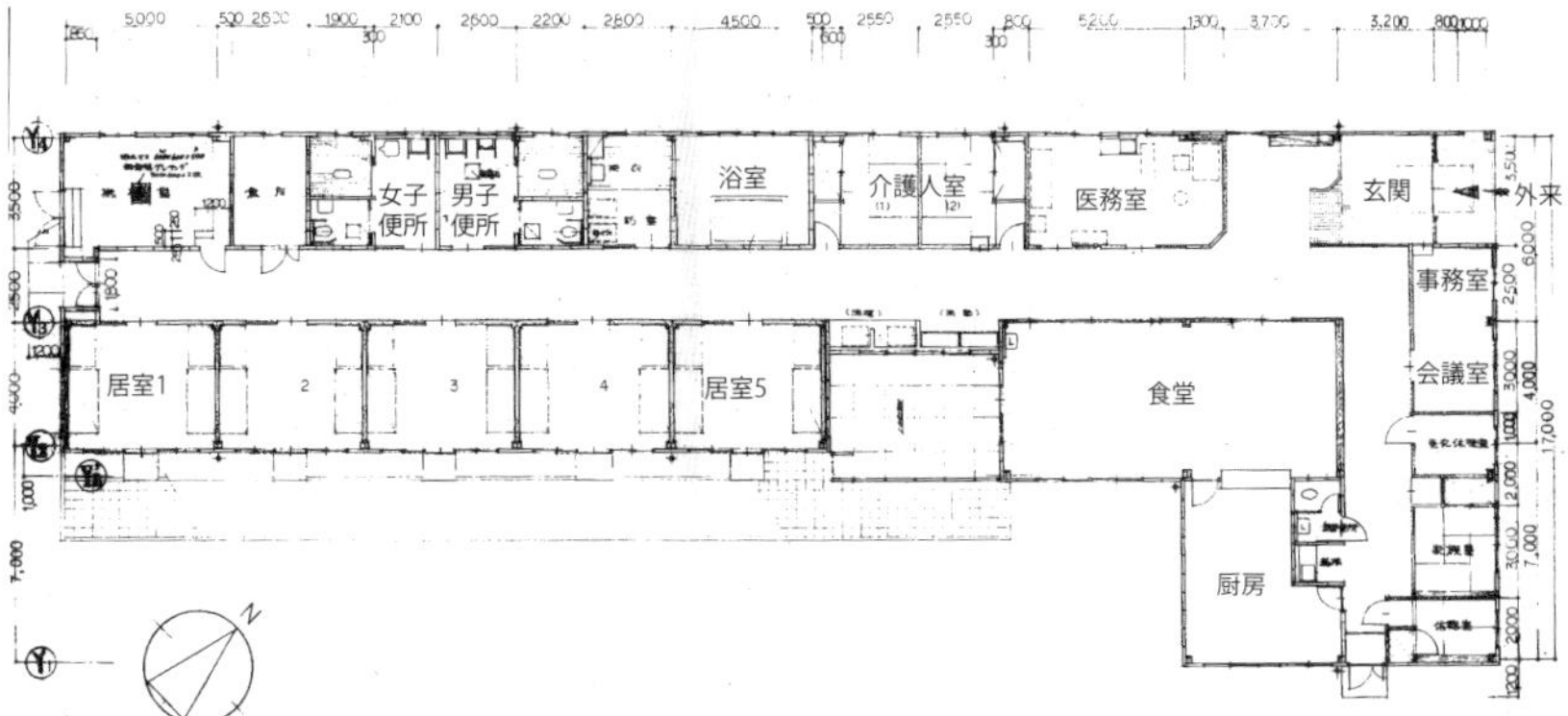

図1　しらゆりの家　平面図(提供：川口市)

る会」の活動に参加した1974年の8月であった。筆者自身、当時は、バリアフリーという言葉を知ってはいたが、実のところはまだあまりよく咀嚼できていなかった。「生きる場」にかかわってまもなく、仙台で「福祉のまちづくり」が始まっているという情報が入ってきたのである。福祉のまちづくりとはいったい何なのかを確かめるために、仙台を訪ねたのである。仙台訪問の直前には、1年前の73年9月に仙台で全国の車いす使用者が集まり福祉のまちづくりの全国集会を開いたとの情報を得た。全国車いす市民交流集会のことであった(写真7〜8)。事前に調べた朝日新聞の記事以外は集会の内容も知らず、とにかく何かが変わっているはずだと確信し、仙台市役所を訪問した。

仙台市役所に着くと、1年前に仙台のグループの人たちがつくったマップがあり、福祉のまちづくりとして紹介されていたが、市役所の職員は説明ができない状態であった。市の職員が福祉のまちづくりをどこまで理解していたかはわからない。おそらく当時の仙台市の障害者福祉政策の方向とは十分に一致していなかったのではないだろうか。

しかし少ない情報ではあるが、市内にある公共施設等を改善した「バリアフリーマップ」が残されていたことは幸いであった。筆者たちはそのマップに示されたデパートや公共施設のトイレを中心に一か所ずつ実測し野帳を作成した。仙台市民会館、宮城県スポーツセンター、仙台住友生命ビル、仙台西公園、宮城県立図書館、宮城県民会館★注9、宮城県福祉センター、三越デパート、藤崎デパート、丸光デパートなどである。当時の便器の大半はその後公共施設では使用されなくなった小判型である(写真10下記仙台市民会館、図2)。

同年には仙台調査の後、東京都町田市、三鷹市、京都市などのデパートや公共施設を

注9…ここには当時としては珍しいリフトも取り付けられていた。

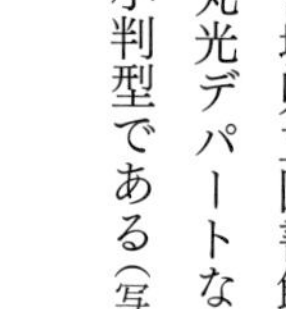

宮城県民会館のリフト

写真8

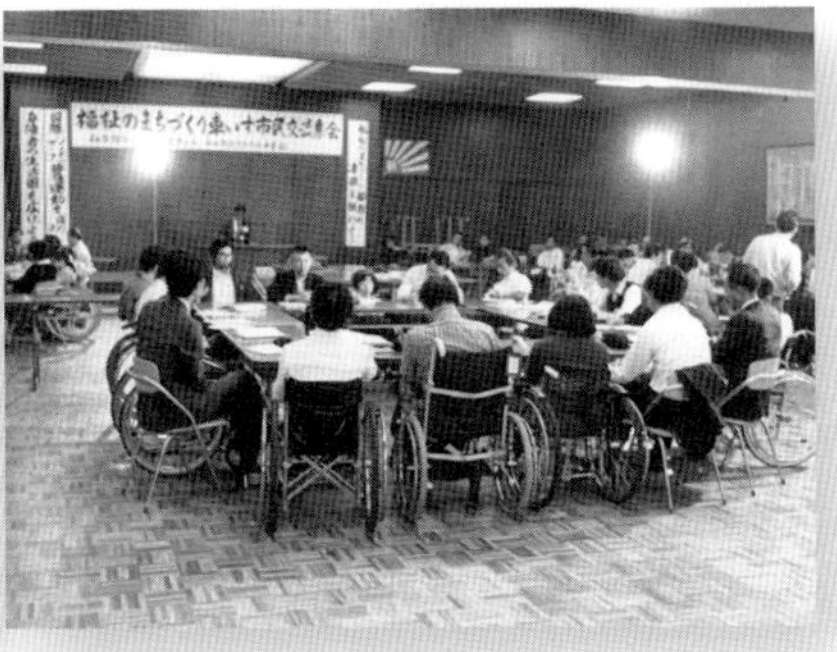

写真7

写真10[★注10]

写真9

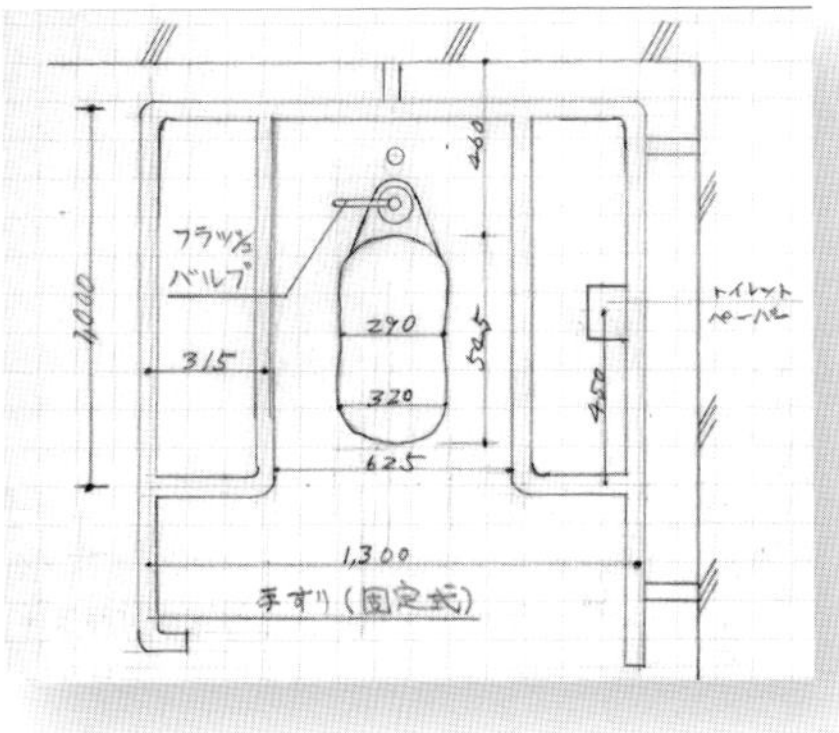

図2　仙台市民会館改修トイレの平面図

写真7　福祉のまちづくり車いす市民交流集会（仙台市役所1973年）全国から29人の車いす市民、29人のボランティアを含む150人が街の改善と障害者の権利を訴えた。
写真8　車いす市民交流集会の昼食の様子。
写真9　生活圏拡張推進本部の運動により改善された仙台市民会館のトイレ。
写真10　朝日新聞厚生文化事業団の助成でつくられた福祉のまちづくり啓発スライドの表紙：ユニバーサルデザインにつながる思想が感じられる。1973年9月の車いす市民交流集会でも上映された。

みんなの街づくり
注10…スライド作成の目的と題する2枚目のスライドには以下のことが書かれている。「このスライドは、私たち市民一人一人が基本的人権に基づき、自由と平等な社会生活を営むことができるような環境づくりを目指して、地域社会の一つの小さな諸問題を、市民運動として盛り上げ、改善の道を拓いていくために制作したものであります。」（原文は手書き）

順番に実測して回った記憶がある。

２０００年11月、川口の活動にかかわって26年が経過していたが、仙台の福祉のまちづくりのきっかけづくりを主導した菅野鞠子に初めて会う機会が訪れた。菅野は仙台の福祉のまちづくりのきっかけをつくった後、追われるように上京し、長く町田市ソーシャルワーカーとして市民活動を支援し地域福祉を推進していた。筆者が連絡を取り始めた時には町田市を退職し、再び福祉のまちづくりの原点である仙台西多賀ワークキャンパス近くに居を構えていた(写真11)。

菅野は次のように語ってくれた。

「3歳の時に小児ポリオを患った。仙台で生まれ、小児まひの治療が終わり、父が先に行った北満州へ母とともに渡航した。日本人の家は3軒しかなかった。そこで偏見をもたない育ち方をしたので、後の生き方に影響したのかもしれない。大学は東北福祉大学の1期生、卒業後日赤病院の相談室に勤務。その後国立西多賀療養所が合併した。療養所の先生が素晴らしかった。その先生は患者と医者だけでは障害は治らないという人だった。障害者がなんで街に住めないのかが私のテーマだった。宮城県肢体不自由児協会に移ってからの仕事は在宅心身障害児の担当だった。障害児が街に出ると周りの子どもが見ていた。どこに行ってもいい顔をされないが、ヘルパーには街に出してほしいといつもいっていた。

12月のボーナスの時期には、デパートに出入りする人をねらって街頭募金活動をやった。『街を車いすで歩けるようにしましょう！』というキャンペーン。１９６８年12月、

写真11　仙台西多賀ワークキャンパス

土日の2日間で44万円集まった。震えてやった記憶がある。そのお金で、歩行者天国の時に利用できるよう車いすを4つのデパートと県庁に寄贈、さらに空港に2台ずつ置いた。

しかし、一緒に活動している人が何時間たっても水を飲まない。街の中に車いすのトイレがないことに気づく。三越が全国ではじめてトイレを車いす使用者用に改修してくれた。仙台駅も便器に手すりを付けるようになった」

「ある会報★注11の中に、1969年アイルライドのダブリンで開かれた世界リハビリテーション会議の総会で、国際アクセシブルシンボルマークが制定されたことを知る。何の迷いもなくその普及を活動の中心に据える。鉄工所に頼んで、鉄板をつくってもらって夜中に歩車道境界の段差に鉄板を敷いて回った学生グループもあった。県庁や市役所にも陳情を始めた。西多賀ワークキャンパスに入所していた車いす使用者のMさんやボランティアとも信頼関係が深まり、一緒に街に出るようになる。こうした活動をNHK仙台放送局の丸山国広さんが全国発信をしてくれた。仙台だけではこの運動はつぶれていたと思う。これは69年のことである。ところが宮城県整肢拓桃園の施設長に呼びつけられた。何をやっているんだというのである。周りからもいじめられ自殺未遂までした」。

(2000年11月19日筆者のインタビュー)

菅野が語った証言を菅野の著書『気がつけばそれぞれがそれぞれに咲く野原かな』(2000年7月)や手元の資料から整理すると次のように取りまとめられる。

注11…日本肢体不自由児協会が発行していた会報「はげみ」。

表2　仙台の福祉のまちづくりの夜明け

・1960年、菅野、国立西多賀療養所に医療ケースワーカーとして就職
・1961年6月、菅野、重度身体障害者授産施設「西多賀ワークキャンパス」開設、職員として働き始める
・1967年、在宅重症心身障害児の運動会「おひさまといっしょに」が社会的に反響を得る
・1968年、菅野、宮城県肢体不自由児協会で在宅重症心身障害児(者)家庭奉仕員の活動に参画
・1969年11月、同協会の「第17回手足の不自由な子供を育てる運動月間」で募金活動(6日間)。回収募金で車いすを購入しデパート、商店街、動物園等に寄贈。この活動の中から西多賀ワークキャンパスの入所者とその入所者をサポートする東北福祉大学の学生ボランティアのコンビが生まれる。2人は、「ボランティアがどれだけ真剣に身体障害児者の問題をとらえているのか、自分たちの問題意識がかわいそうな人に与える姿勢にとどまっていないか、身体障害者自身も他からやってもらうという受け身から抜け出せているのか、自らの問題を身障者自身がしっかりととらえ主体的に取り組んでいくことの大切さがあるのでは」と考えて活動を開始、菅野は2人のサポート役に回る
・1970年10月、仙台市で上記の2人が「グループ虹」を結成する。2人は街に出たい、買い物に行きたい、自分たちが歩けない街の構造はおかしいなど議論をしていたという。子どもにとっても大人にとっても普通に家庭や社会で生活できる条件づくり、虹のような橋渡しができることを願って「グループ虹」と命名する。菅野の情報を基に国際アクセシブルシンボルマーク[★注]の普及を活動の中心に据える
・1971年3月、虹の会は、西多賀ワークキャンパスで障害者やボランティアを含めた「身障者研究会」として発展、その後「身障者生活圏拡張運動実施本部」に名称変更する
・6月、仙台駅で障害者が利用できる東北新幹線新仙台駅と町づくりキャンペーン、市内の洋式トイレ調査を実施
・6月、大阪肢体不自由児協会「身障者の生活環境を広げる運動の全国キャラバン隊」仙台到着
・7月、県議会へ6701人の署名とともに請願書を提出(身障者生活圏拡張運動実施本部名)。7月鉄道管理局へ車いすのまま利用できる窓口、改札口、ホームの改善、列車乗降を可能にするタラップの設置、便所の改善、エレベーターの設置、聴覚障害者のための電光掲示板の設置等を陳情。国内の新幹線ではじめて障害者からのバリアフリー化要求の動きである
・9月、朝日新聞厚生文化事業団の助成を受けて、生活圏拡張運動本部スライド「みんなの街づくり」109枚を作成し、仙台市内外で上映会を行う。身体障害者による都市や街の改造が、子ども、妊産婦、高齢者(当時は「老人」と呼称)の人たちへの広がりを見せた。ひとりの車いす使用者の行動が周囲に気づかせ他の市民グループへ波及し、障害者の問題がだれにも繋がっていくことを証明して見せた。市民による「福祉のまちづくり運動」の本格的な始まりである
・11月、NHK「こんにちは奥さん」で仙台の運動が取り上げられる。この取材を契機に、生活圏拡張運動本部、学生ボランティア団体「仙台ワークキャンプ」、「仙台子どもの城づくり委員会」の3団体により市民運動へと発展、「福祉のまちづくり市民の会」が始まる。国際シンボルマークの普及活動が広がりを見せる
・11月、三越デパート仙台店4階のトイレを車いす用に改造、南口玄関に国際シンボルマーク貼付、その後県庁、市役所も1階のトイレを車いす用に改造、県庁正面玄関にスロープが設置される
・1972年4月、仙台の運動がNHK「車いすと15人の仲間たち」として放映される このころ、仙台以外にも盛岡、東京、京都、兵庫等の生活圏拡大運動の情報が相互に流れ始める ・この後福祉のまちづくりを始めた菅野さん、他2人は様々な圧力に出合い、仙台を離れる

注…1969年ダブリンで開かれた世界リハビリテーション会議の総会でマークが制定される

仙台では、1960年代末に産声を上げた、車いす市民の当たり前の外出要求の運動が70年国際シンボルマークの普及運動へと発展、71年には他の市民団体を巻き込む「福祉のまちづくり」運動へと展開したのである。大きなきっかけとなったのは、69年国際シンボルマークが制定されいち早く仙台に紹介されたことであろう。その情報を見逃さなかった菅野の力が大きい。また、東北新幹線新仙台駅の新設もこの運動を盛り上げることに一役買ったのである。

仙台の動きを全国に放映したNHKや朝日新聞社などマスコミの力も大きかったが、すでに時代が施設収容ではなく地域福祉や地域の生活環境を変える糸口を探していたのではないかと思われる。

施設ではなく街で生きるという「素朴な」当事者の要望に気づかされた多くの仙台市民の動きが、やがて全国へと波及することになる。障害者の要求は、単に自分たちのためだけの都市づくりや生活環境づくりを獲得しようとしたのではない。高度経済成長期の間違った都市づくりを反省して、市民一人ひとりの暮らしやこれからの社会のあり様を気づかせるほんの少しのきっかけにをつくったに過ぎなかったのである。

しかしながら、何よりも残念なのは、仙台にいられなくなった福祉のまちづくりの先駆者たちである。なぜ、専門家や行政、あるいは周囲の仲間たちは彼らを仙台から遠ざけたのであろうか。

ちょうど彼らが仙台を出るころに、福祉のまちづくり車いす市民集会の企画が朝日新聞東京厚生文化事業団で始まるのである。朝日新聞社は仙台の動きを全国の車いす使用者に知らせる強い使命を感じていたとみられる。

筆者が川口の活動に参加した1974年は、国連で障害者の生活環境問題専門家会議が開かれた年でもあった。報告書は翌年世界に向けて発信されたが、そのタイトルが「バリアフリーデザイン」である。世界中の専門家が国連に結集して議論されつくり上げられた報告者には、「都市の生活環境の問題はもはや障害者だけの問題ではない、子どもも高齢者も含めた都市づくりに発展させなければならない」と明確に記されていた。まさに仙台のグループが一貫して発信し続けたゴールでもある。車いす使用者はそのちょっとした手助けをしようとしたに過ぎなかったのである。

仙台における福祉のまちづくりはデンマークで発祥しスウェーデンで開花したノーマライゼーションの実現を目指したともいえる。ノーマライゼーションは、日本には1981年の国際障害者年に到達している。

わが国の「福祉のまちづくり」運動は、必ずしも理念先行ではないが、「バリアフリー」、「ノーマライゼーション」の考え方が包含され、「人権の回復」と「社会環境の改善の必要性」が追求されていたのである。米国のバリアフリーでは、第2次世界大戦後における傷痍軍人対策と黒人の差別を撤廃する運動が大きな起点となっている。いずれにしても障害者による確信をもったまちづくりの行動が、今日でもなお、障害者以外の他のマイノリティの人々やグループに影響を与え続けている。

1980年代から90年代にかけて福祉のまちづくりやバリアフリーデザインが障害者に特化している、少数者のための配慮であるとして、障害者運動を分断し、歪曲化しようとした時期もあったのであるが、その本質を見ようとしていなかったのではないかと思われる。

仙台の「福祉のまちづくり」と「川口で障害者の生きる場を作る会」の運動の類似点は、市民を巻き込みたいという大きな流れであり、相違点は街と住宅という側面であろう。両者とも平等かつ普通に日常生活を送る社会環境の出現を強く求めていたのである。一方で、障害の違い、あるいは重さによる運動目標では理解し合えない課題も内在していたようにもとらえられる。

4……障害者問題の研究にかかわり始める

川口の運動に飛び込んで間もなく、筆者は研究者としてバリアフリー研究の重要性を認識する。この時期の筆者にもっとも大きな影響を与えたのは、国内では日本肢体不自由児協会内に設けられた「障害者の生活環境をつくる会」の活動（1971年3月設立、委員長吉武泰水）であった。この会は当時の建築、医療、福祉にかかわる障害者研究の第一線が集う場であった。その設立趣旨には次のように記されている。「障害者ができる限り独立した意義ある生活を送りうるための生活環境、社会環境の在り方を、各種の専門家の協力によってあらゆる角度から研究し、またできる限りそれぞれを現実に移すように努めるものである」。対象は「身体障害者、精神障害者を含み、老人、妊婦等を含める」。不定期であるが会誌が発行され、国内外の障害者の生活環境の実態調査や法制度の比較調査が報告されている。

表3　福祉のまちづくりを先導した障害当事者へのインタビューリスト

●文献調査	2001/06　対象：朝日新聞東京厚生文化事業団
朝日新聞東京厚生文化事業団は、NHKなどのマスコミと併せて仙台市における福祉のまちづくりの発祥をいち早く取材し、活動支援を展開、1973年9月の第1回全国車いす市民交流集会を主催した。その後も継続的に車いす市民集会を支援してきた。	
●インタビュー調査(調査年月順、役職等はインタビュー当時のまま)	
調査年月と対象者およびプロフィール	
① 2000/11 菅野鞠子	元町田市市民サロン職員、宮城県、仙台市における在宅重度心身障害児を支援する活動を契機に、障害者の生活圏拡張運動(福祉のまちづくり運動の前身)の発足に関与した。生活圏拡張運動の拠点となった西多賀ワークキャンパス創設者のひとりで、福祉のまちづくり提唱者。1973年からは町田市に招請され、ボランティア活動を支援する市民サロンを運営。
② 2000/11 横田弘	1970年代初期から脳性まひ者団体のリーダー的存在、1976年12月の川崎市におけるバス運行拒否活動などにかかわり、脳性まひ者の市民権獲得運動を推進。移動・交通・まちづくりにおける脳性まひ者の参画の契機をつくる。現在も神奈川県「青い芝の会」会長。
③2000/12 Y.M	西多賀ワークキャンパスの入所者、菅野鞠子と出会い、施設外での在宅重度障害者の外出支援活動「おひさまといっしょ」に参加、その活動を通じてM.Mと出会う。2人の議論から車いす使用者の移動、公共施設のバリアに疑問をもち、その改善をはかる「グループ虹」を結成、福祉のまちづくり運動の提唱者のひとりであり、生活圏拡張運動実施本部発起人のひとり
④2000/12 M.M	1969年大学1年生の時に仙台市の福祉ボランティア活動に参加、「おひさまといっしょ」への参加を契機にY.Mと出会い、後に生活圏拡張運動実施本部となる「グループ虹」をY.Mとともに結成、福祉のまちづくり運動発祥期の中心的存在。実施本部結成後は本部長として活動。
⑤2001/05 I.O	1972年ごろから東京都内で福祉のまちづくり運動を束ねた障害者の生活圏拡大運動東京連絡会のまとめ役。1973年に車いすTOKYOガイド0号の作成委員会代表。東京情報を全国に発信。現在も共同作業所代表。
⑥2001/05 A.Y	名古屋市内にあるカトリック教会の愛の実行運動(AJU)から重度障害者の生活をよくする会をつくる。そのリーダーとして住宅、福祉のまちづくりに取り組む。第1回の車いす市民集会に参加。74年第1回東海4県車いす市民集会および77年の第3回車いす市民全国集会を主宰。
⑦2001/05 H.K	1964年パラリンピックでの車いすバスケの選手。当時の体育館改善運動がまちづくり運動の始まりであるという。車いす販売で全国各地を回り仙台の生活圏拡張運動のグループと面識をもつ。74年に町田市に招かれ、ケースワーカーとして車いすで歩けるまちづくり、福祉環境整備要綱の立案と行政指導の先頭に立つ。車いす市民全国集会の運営委員長を長く務める。
⑧2001/06 T.K	朝日新聞厚生文化事業団事務局員として、全国各地の障害者が外出する運動を支援、第1回車いす市民全国集会では全国各地の障害者を仙台に集める。以降2年ごとに継続的に集会支援、その他電動車いすの普及活動、障害者の自立生活支援に取り組む。

上記のうち1973年9月、第1回全国車いす市民交流集会参加者は②、③、④、⑥、⑦、⑧の各氏

研究会が終了した年月は明らかではないが、障害者をとりまく福祉環境整備の基礎的資料として各方面に与えた影響は少なくないと思われる。しかし、筆者自身は、研究会の研究報告になぜか物足りなさを感じていた。筆者自身が八木下たちとの活動を体験しているために、この会が作成する報告書がどこか生活の匂いがしていないとの印象をもち続けていた。生きる場の活動の一環として動物園や駅のバリアフリー調査も併せて行っていた。建築面、生活面で勉強になったのは、川口の活動を始めて2年目の1976年、神奈川、埼玉、東京、千葉で行った特定目的公営住宅(障害者世帯向け公営住宅)の悉皆《しっかい》調査であった。当時、埼玉県と千葉では障害者向け住宅が2戸しかなかった。その時に出会った障害者はその10数年の後に、日本の障害者運動のリーダーになる方々ばかりであった。三澤了、秋山和明、井口要、中西正司などがすでに都営住宅で独立して暮らしていた。大半の人たちは生活保護を受給しケアを付けて生活していて、淡々と自分たちの生活を営んでいたように思われる。行く先々で、「君は建築が専門なのにどうして障害者の住宅を調査しているのか」という質問をたびたび受けて答えに窮した思い出がある。筆者はその時に「障害者の住宅問題を知りたいというだけではなく、すべての公営住宅のあり方につながるのではないか」と答えたような気がする。グループで住むことを目指した八木下たちの運動との違いを意識しつつも、社会がだんだんと変わっていくのは、当たり前のことなのではないかと考えるようになった。

八木下と一緒に1977年に建設省(当時)の住宅局に行った際には、住宅関係の係長に「あなたはなんでこんなことをやっているんだ」とけげんそうな顔をされた記憶がある。筆者は、専門的な住宅研究の経験はなかったが、障害者の家庭生活を1週間に何度か見るとか現場の問題が見えてきた、中には一日三度の食事を与えられているだけ、あとは板の間に寝かされているだけという「座敷牢」の実態も見ていた。「生きる場」に通い始めた時には、もう30年もバスに乗っていない、電車に乗るのもはじめてという人が少なくなかったのである。本当に住宅研究や社会福祉の先生方はこういう実態を知っているのだろうかと強い憤りを感じたのも事実である。当時はまったくといっていいほど、研究者という意識はなかったが、何をやっていかなければならないかということは自然に気づかされていたように思う。

車いす市民集会が開かれた１９７3年の元日付けの朝日新聞には「福祉元年」の特集が組まれていた。八木下に出会う前ではあったがなぜかその部分だけ強い印象が残っている。厚生省は様々な障害のある人の暮らしの場づくりに向けた法制度を準備していたのである。その具体化のひとつが障害者のコロニー政策であり、重い身体障害のある人を収容する身体障害者療護施設であった。どこにも受け入れられない重い障害者の生活の場がこうしてわが国の障害者福祉制度に登場したのである。

川口の「生きる場」の活動に参加し始めた2年後、今度は学生とともに川口市民の障害者に対する意識調査を独自に行った（写真12）。障害のある人が街で生きるために絶対に避けて通れないことに市民の意識や態度があると確信していたからである。障害者が地域で生きるための住宅「生きる場」の建設が予定されている地域と川口市の中心的市街地を中心に４２８世帯を対象に３０７世帯（71・8％）から回答（調査は留め置き方式）を得た。その結果、障害者のイメージはかわいそう（33・6％）、街で障害者と出会う頻度はたびたびが30・8％、ボランティア活動の経験は4％、障害者と接することの必要性は16・3％、

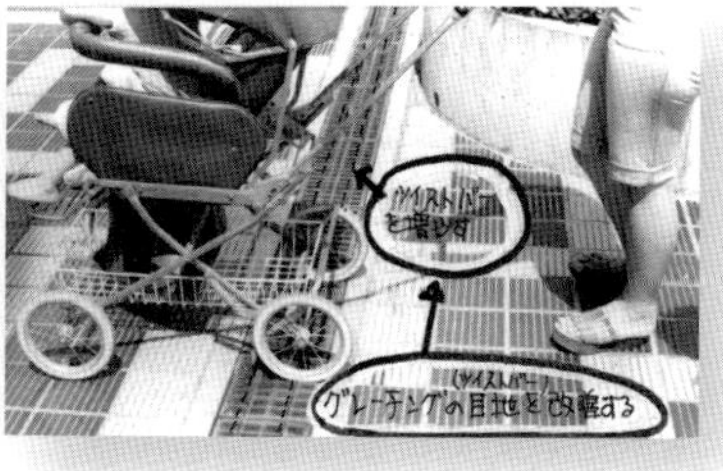

①

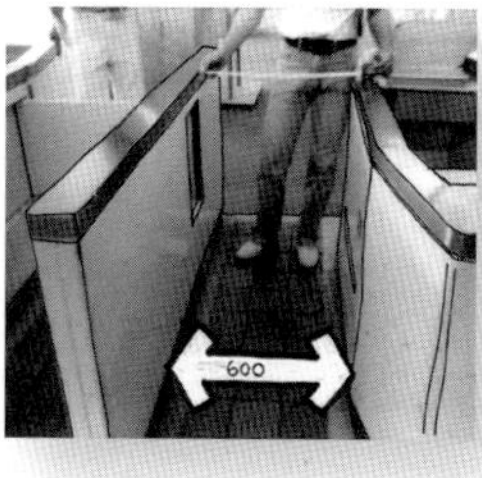

②

写真12　多摩ニュータウン点検調査
①ベビーカーのキャスターがグレーチングに挟まる。
②改札が狭く担ぎあげなければならい。

障害者収容施設は障害者を隔離している28%、そうではない42%、などの回答を得た。総じて思っていた以上に川口市内で障害者との出会いがあり肯定的な様子が見えていた。中小企業も多い地域の特徴を垣間見たが、西川口駅での定期的なカンパ活動でも1万円が入っていたことがあった。建築環境は厳しくとも市民意識は障害者に悪くはないとの印象をもち不思議な気がしたのである。ひょっとするとマスコミを通じた「生きる場」の活動が市民に知られていたのかもしれない。★注12

研究者として、本格的に福祉のまちづくりに取り組み始めたのは、1979年の多摩ニュータウンでのまちづくり改善調査からである。当時の住宅都市整備公団南多摩局のバリアフリーに対する取組みは先進的であり、団地造成時から一定のバリアフリー水準を確保しようとしていた。現地では視覚障害者や車いす使用者とともに実地調査を行い、「生きる場」以外で障害当事者と行ったはじめての調査となった。調査に基づき、公園や主要道路の改善案を一か所ずつ丁寧に提案した。

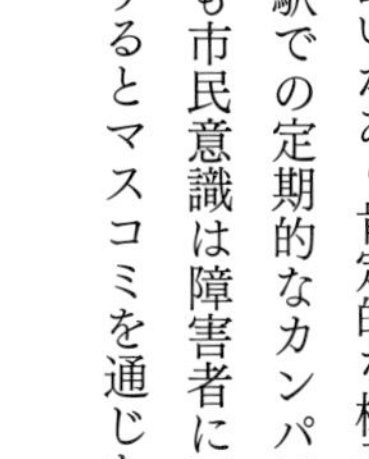

図3　駅員が車いす使用者を担ぎ上げるようす

注12…調査結果は毎日新聞首都圏版1978年4月27日に詳報された。

5……スウェーデンでみたノーマライゼーション

スウェーデンでの確信

東京大学助教授を辞し北海道リハビリー施設で勤務していた西村秀夫から、スウェーデンでケアつき住宅(フォーカスアパート)という新しい試みが始まっているという情報が八木下と私に寄せられた。

　スウェーデンのニュースやトピックスを扱う「フォーカス」というTV情報番組で、障害のある人の地域生活を支援する基金を募集し、4億円ほど集まったという。集まった基金でフォーカス協会を設立し、その基金のすべてを地域で生活するための障害の住宅開発に運用した。この情報が日本にも伝わってきたのだ。私たちが求めていたものは「これだ」と思い、さっそく八木下とスウェーデン大使館を訪問した。しかし大使館にはフォーカス協会の情報はまだ何もなかった。ただし、偶然にも大使館訪問は別な大きな情報をもたらした。それは障害者をとりまく政策計画を示した小冊子の数ページに、大きな施設を解体し障害者の生活の場を地域に分散して小さな居住単位にするというプランであった。★注13 八木下と私は、実は私たちが目指しているのはこれではないかと直感した。スウェーデンの北方の小都市ウメオの事例であった。

　どのようにスウェーデン側のカウンターパートを見つけるかが難題ではあったが、西村から日本女子大学の一番ケ瀬康子が1年間のスウェーデン留学を終えて帰国したばかりであると聞き、すぐに八木下と一番ケ瀬研究室を訪ねることとなった。一番ケ瀬から協力の快諾を得て、それからスウェーデン側と連絡をとりながら、1年後の8月14日から約1か月、スウェーデン社会保障調査団と称した一行5人のスウェーデン調査が実現した。ストックフォルムではアパートをマンスリーで借り5人の共同生活が始まった。

　到着するや否や私たちはノーマライゼーションという言葉を教えられ、フォーカス・アパートをはじめ障害者が独立して生活する様々な住宅やケアの様子、就労現場、インテグレーション（統合）が進む小・中学校等の教育施設をつぶさに見聞した。各地で脳性ま

注13…知的障害者の地域でのインテグレーション（統合）提案、1976

ひ者の団体や知的障害の団体、コミューンと呼ばれる市町村の職員にスウェーデンの福祉が変化してきた理由を繰返ししつこく尋ねた。

確かに出会うすべての障害者、団体の責任者、行政のスタッフ、ヘルパーすべての人たちが生き生きとしている。福祉の最先端は違うとショックを受け続けながら、日本にどう持ち帰ればいいのか、川口をどう成功に導けばよいかが脳裏を絶えず横切るのである。私の質問の大半もどうしても、困難をどう乗り越えたのかに集中し始める。歴史も文化も大きく異なる日本とスウェーデン。20世紀前半のもっとも貧しい社会の中で助け合って現代の社会制度を選択したスウェーデンと、戦後の混乱から高度経済成長を成し遂げ、その反動から様々な社会困難を抱える今の日本とでは状況があまりにも違いすぎたのである。日本の障害者福祉は収容施設の量産時代を目指し、一方スウェーデンでは施設を解体し個人の権利と平等を目指した障害者政策が社会目標として具体化しつつあった。過去の貧困からどのようにして人々が共助の体制を築いたのか、決してそんなに簡単には社会体制は変わらないはずなので、様々な大きなバリアを乗り越えたはずであり、その原動力はどこにあったのかが最大の関心事であった。それを知りたかった。

リクセル(人口1万数千人の小さな町)では、施設とデイサービスセンターのわきにグループホームが数年前にできたという。8人単位で1ユニット、2ユニット16人がワンセット、合計96人の構成である(図4、5と写真13–15)。

リクセルの隣町ウメオという人口3万人の町では、200人前後の大規模施設が訪問直前に解体され、すべての障害児者が、それぞれの町へ戻っているという。どこに戻ったのかを訪ねると、家庭に戻るわけではなく同年代の人々と同じように独立して生活で

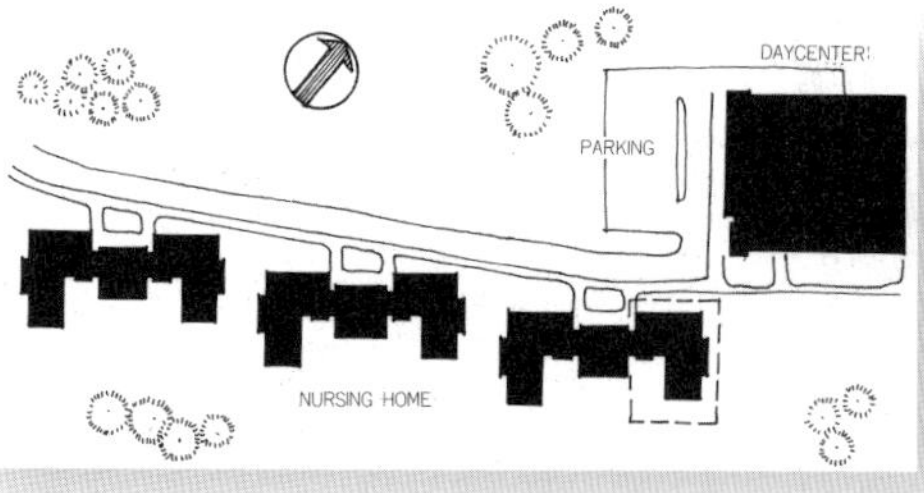

図4

写真13

図4　グループホーム配置図
8室で1ユニット、2ユニットで1棟を形成している。
図5　グループホーム内リビング
1ユニット内の様子
写真13　グループホーム全景
写真14　グループホームリビング
写真15　グループホーム個室

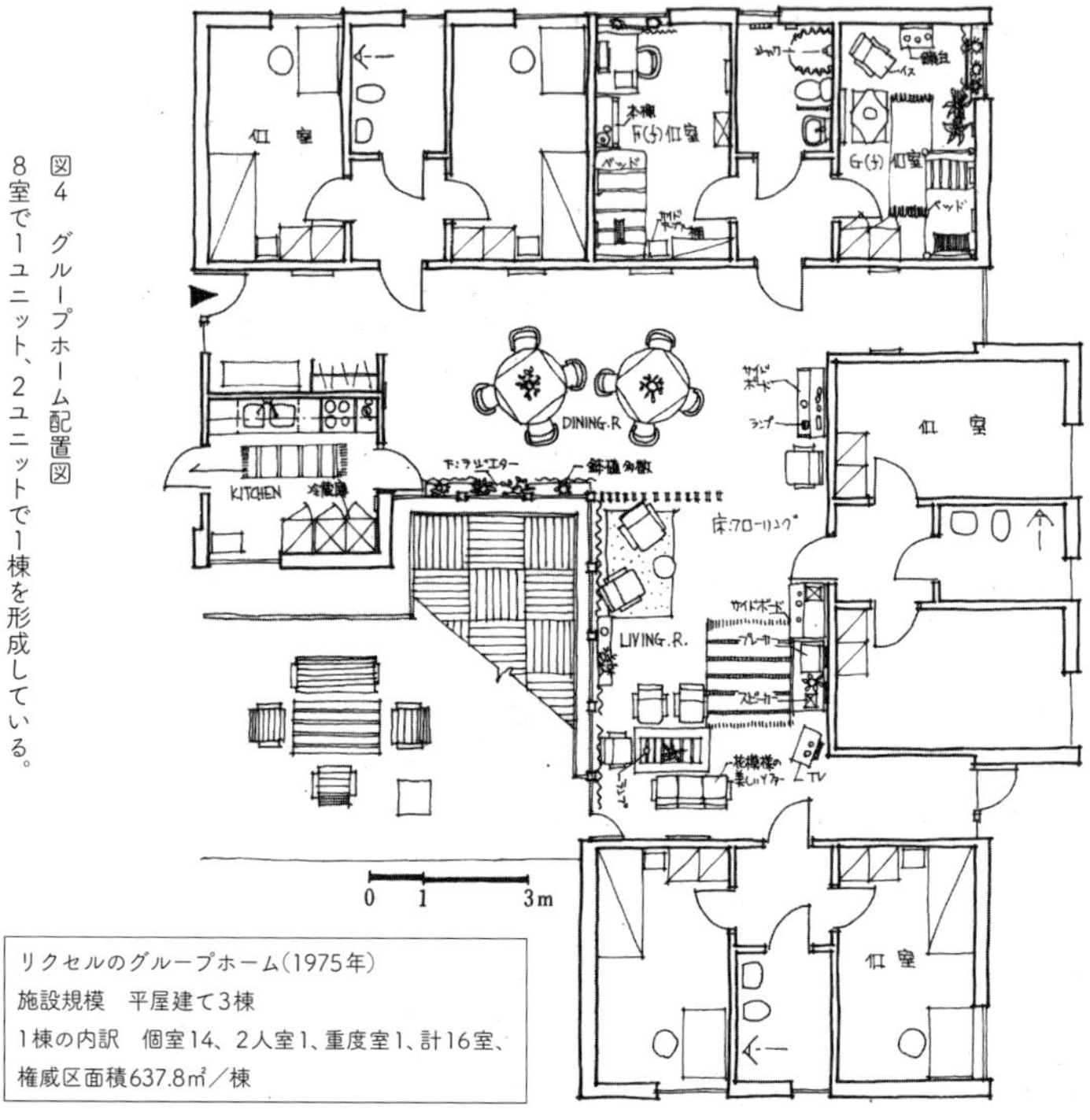

リクセルのグループホーム（1975年）
施設規模　平屋建て3棟
1棟の内訳　個室14、2人室1、重度室1、計16室、
権威区面積637.8㎡／棟

図5

写真15

写真14

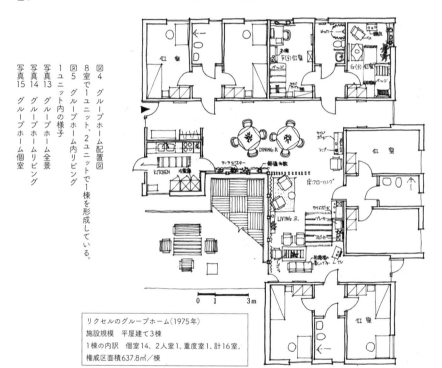

写真17

写真16

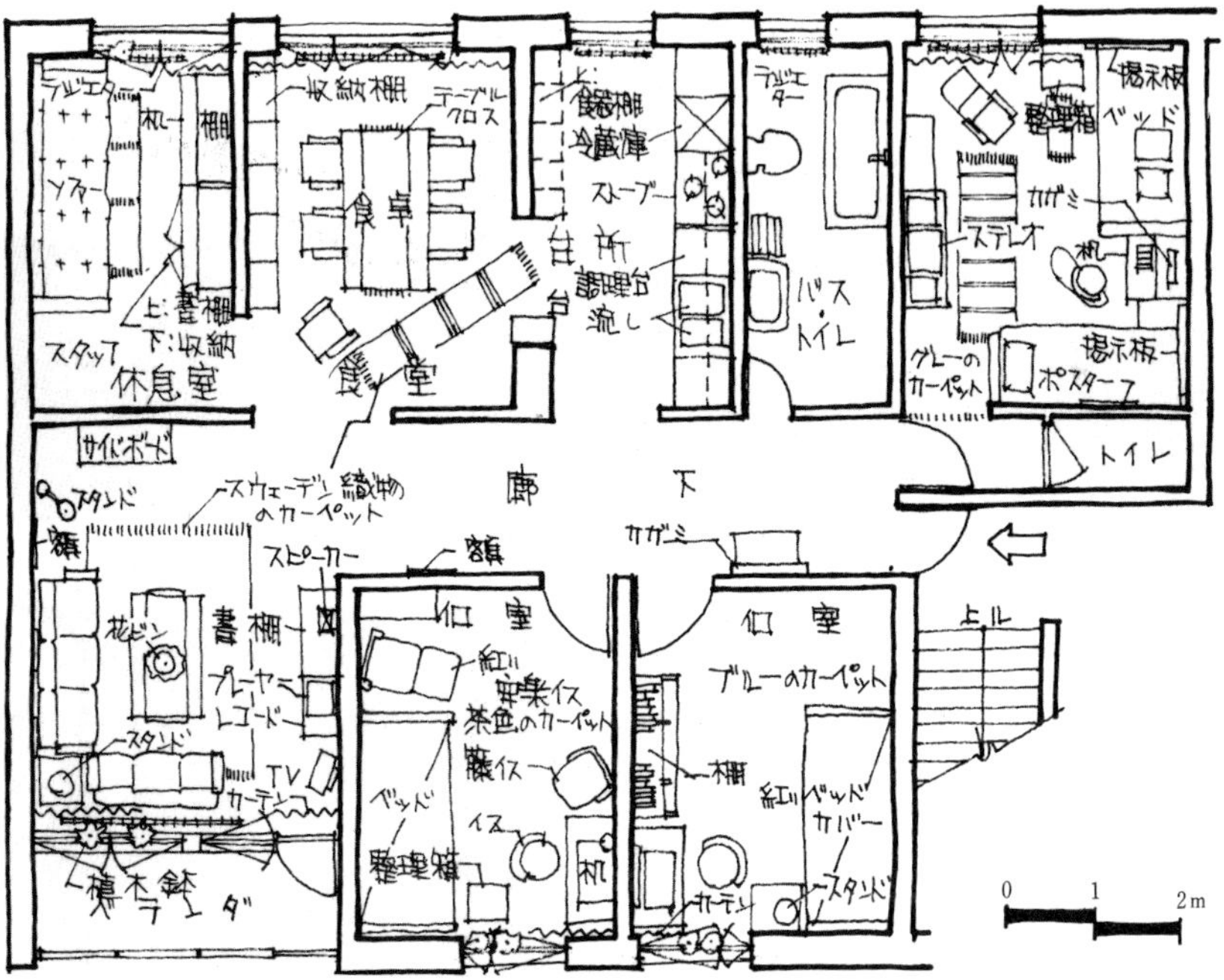

ウメオのグループホーム(1976年)
住宅規模　3階建て住宅団地の3住戸、
室数は各住戸により異なる。

図6

写真19

写真18

図6　グループホーム平面図
写真16　団地の風景
写真17　リビング
写真18　ツイーンルーム
写真19　シングルルーム。
壁紙は自分の好みで変えられる。

きる場へ、つまり住宅であるという。図6は典型的な既存集合住宅を活用したグループホームである。グループホームは通常4、5人で、サポートを受けながら生活するのだという。3階建ての集合住宅団地の中にいくつもの居住グループが点在し、スウェーデン大使館で入手したプランの実際版であるが、その実現度の高さに驚く。改めてスウェーデン訪問から40年を経た現在の日本の状況と照らしてみても、住まいがきわめて自然に地域社会にインテグレーションされている様子がわかる。

また、施設から地域居住への移行ではいくつかの選択肢があることも判明した。通常立地は普通の団地の内であるが、中には二十数人の住戸にデイサービスセンターを併設したいわゆるサービスハウスも居住形態のひとつであった。サービスセンター内には生きがい活動の場、リハビリセンター、食堂などがセットされているが、居室は個室が基本となっている。

イェーテボリ市[★注14]では、フォーカスアパートのひとつのタイプとなる平屋建ての完全にインテグレーションされた集合住宅地区を見学した。

1950年代末デンマークのバンク・ミケルセン[★注15]が提唱したノーマライゼーションが、スウェーデンで開花したのはベンクト・ニリィエ[★注16](B.Nirje)の力が大きいとされているが、地域に障害のある人がインテグレーションするということは、住宅ばかりでなく地域交通や生活環境の整備がなされなくてはならない。スウェーデンでは早くも建築法を60年代後半に改正した。78年の訪問時にはストックホルム市内の地下鉄の7~8割でエレベーターが設けられていたように思う。こうした政策を大胆に実行できる原動力は何かと行く先々で訪ねたのであるが、彼らの答えは決まっていて、「スウェーデンでは5人の意

注14…1964年にフォーカス運動を提唱し、重度障害者が地域にインテグレーションするための住宅設備を主導したブラッドゴード教授の拠点、イェーテボリ大学がある都市。

注15…バンク・ミケルセン：花村春樹、「ノーマリゼーションの父」N・E・バンク・ミケルセン—その生涯と思想、ミネルヴァ書房、1998、1950年代、デンマークのバンク・ミケルセンが知的障害者も普通の同年代と同じ生活を送ることが正常な社会のありようであるとするノーマライゼーションの考え方を提唱、1959年同国で制定された知的障害者法に導入される。日本には1981年の国際障害者年に広く伝わる。

注16…スウェーデン知的障害児者連盟(FUB)63年。ノーマライゼーションを発展させた。

見が一致した場合一旦政策に実行するようにしている。もし万が一政策が失敗したらやり直せばよい」と、いとも簡単にいうのである。行政スタッフの発言ではあるがこれらはどの地域でもほぼ共通であった。川口市の職員の発言とは信じがたいほどかけ離れていたのである。

こうした社会制度の変革を生んだ原動力である障害者団体のひとつ中枢神経障害者協会（MS FÖRBUNDET）のブルーノーラン会長代理は、1978年当時この歳月を次のように表現していた。「10年前は障害者が社会に適応しなければならなかったが、現在は、社会が障害者に適するように変化した。つまり、10年前は手助けを必要とし、それに感謝していたが、今日では、生きるために受けるべき当然の権利に変化した」と。

筆者が建築を専門にしていると話すと、「今までは建築に私たちが合わせてきたが、これからは建築が私たちに合うように変わらなければならない」と力強く主張された。この言葉は私のその後の研究や実践活動に大きな勇気を与えてくれたのである。

仙台の福祉のまちづくりの背景や重度障害者が生活する場を地域につくり出すという八木下の考え方に間違いがないことをスウェーデンで確認する。

スウェーデン建築法42a条項の出現

障害者を地域にインテグレーションするスウェーデンの住環境はどのように改善されてきたのだろうか。

スウェーデンでは1966年に建築法が改正されて、69年には就労環境のバリアフリー化が法制度化された。76年に建築法の42a という条項が改正された。とりわけ、42a条項は当時世界で最初の住宅のバリアフリーにかかわる基準であり大きな衝撃を受けた。翌年にまとめたスウェーデン調査リポート★注17とともに日本建築学会の先輩研究者にこの情報を伝えたが、誰からも心地よい反応が返ってこなかったのはなぜだったのか、いまだに理解できていない。建築法の考え方が、障害のある人の生活を想定した住宅に対してもかかわる画期的な改正であった。アメリカでも68年にバリアフリー法ができたが、住宅については81年の国際障害者年の時にようやくＡＮＳＩ（アメリカ国家基準）の建築基準に導入されたのである。アメリカにおける住宅のバリアフリーの法制化はさらに88年の公正住宅修正法まで時間を要したのである。

スウェーデンにおいても障害者福祉の前史は隔離と差別であった。１９５０年代に入るまで、ケアを必要とする大半の人々が、救貧院や施設、あるいは特殊な病院に収容保護されてきた。つまりそのことが彼らを社会の差別や疎外から保護するもっとも適切な方法であると考えられてきたのである。一方、家庭で生活する障害者は、わが国の多くのケースと同様に、家族によって隠されたまま、社会の偏見から耐え続けなければならなかった。

１９５０年代以後のスウェーデンの障害者福祉およびイデオロギーの変革にもっとも大きな役割を果したのは、障害者自身に他ならない。彼らは、50年代に入り次々に自分たちのグループ（部分的には親も含まれる）を組織し、様々な運動を展開した。そして、「すべての人々が平等でなければならない」というノーマライゼーションの原則を根底に、障害者の歴史的状況を変革してきたのである。

バリアフリーにかかわる建築法の改正は１９６６年、72、75年と続いた。こうした一

注17…髙橋儀平「スウェーデンにおける障害者の住生活と住宅政策の思想」東洋大学工学部研究報告、１９７９。

連の動きがノーマライゼーションへの道そのものでもあった。当時このノーマライゼーションを実現するもっとも有効な手段がインテグレーション（統合：Integration）とされた。スウェーデンではインテグレーションを、①物理的統合：コミュニティ内の住宅など物的条件の統合を意味する。②機能的統合：交通・買物・レジャー施設の利用などサービス機能の統合を意味する。③社会的統合：コミュニティにおける人的交流の統合を意味する、に区分し、それぞれの政策を掲げた。そして60年代末からこのような方針に支えられたスウェーデンの障害者は、教育、住まい、あるいは職場の各方面で徐々にではあるがその目標を実現しはじめていた。スウェーデン調査が実現した70年代後半は、スウェーデン社会自体が、障害者が普通の住環境で生活し、普通の学校で学び、共に働き、共に余暇を過ごすことを社会生活の基本とするノーマライゼーションの考え方が本格的に実現され始めていた時期であった。スウェーデンでインタビューした全国障害者連盟（DHR）や障害者団体中央委員会（HCK）は、①職場、②住宅、③交通の3項目を運動の中心に据えて、政府や地方自治体（Kommun）に圧力をかけていると明言していたのである。

1976年、最初の建築法の改正から10年を要し、住宅政策上画期的な建築法42aの改正が行われ、今後建設されるすべての住宅は、障害のある人★注18の利用に適さなければならなくなった。42aの改正により、スウェーデンにおける障害者の住宅政策はまったく新しい段階に突入したのである。

1976年に改正された建築法42aを要約すると★注19、

①余暇活動以外に供されている住宅、公衆が自由に出入りする建築物、あるいは職場として利用される建築物の各部位は、身障者および、年齢、ハンディキャップあるいは医

注18…スウェーデンではいまでも「handicapをもつ人」と表現するが本書では単に「障害者または障害のある人」と表現する。

注19…スウェーデンの建築基準（BBR）は2011年に多様な利用者を想定したアクセシビリティとユーザビリティの視点で大幅に改正されている。

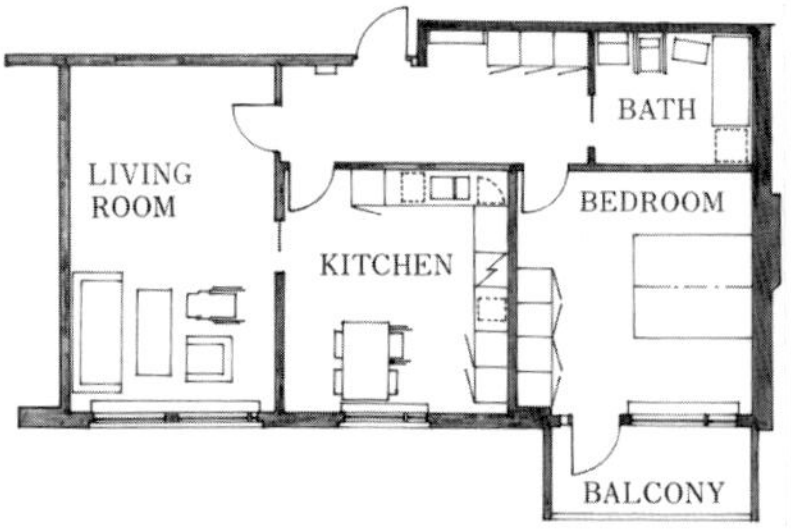

図7　フォーカスフラットのモデル
住戸面積は、
①1部屋＋キッチン43〜48㎡
②2部屋＋キッチン55〜79㎡
③3部屋＋キッチン80〜96㎡
まず驚いたのは住戸の規模である。
単身で40㎡を基本とする広さは、
わが国の世帯向け公営住宅の居住水準を上回る。
車いす使用者の移動がしっかりと考慮されている証明でもある。

学的理由により環境に適合することが困難な人々に対し、アクセシブルでユーザブルに設計されなければならない。

②2階建ての住宅、および最大数2住戸よりなるアパートまでは、エレベーターや類似した設備なしに建築できる。

この改正により、スウェーデンの障害者は、本人の意志に基づいて、住みたい地域と住宅を自由に選択できる可能性が拡大されたのである。なお、建築法を具体的に各地方自治体レベルで運用していくための最低基準として、SBN（SVENSK BYGG NORM）が存在していた。スウェーデン社会の住宅政策の目標は、いつだれが障害をもつようになっても安心して生活できる基本的条件を整えた住宅を供給することにある。

フォーカス協会とは何だったのか

スウェーデン訪問でもっとも印象づけられたのは、１９６４年に設立されたフォーカス協会の理念とその理念を実行する重い障害をもった人々の自立に向けた住宅の供給計画であった。65年春、スウェーデン放送とスウェーデンライオンズクラブはフォーカス協会の理念を実行するために必要な経済的援助を行うことを目的に、「赤い羽根」の名で募金デーを設定した。同年4月3日のみで予想をはるかに超える１２００万クローネ（約8億４００万円）が集まった。

この基金によりフォーカス協会は全国各地の身体障害者団体や協力者12人からなる運営委員会を設けて積極的に重度障害者の住宅開発に取り組んだ。イェーテボリ大学のブラッド・ゴード博士はその中心人物でもあった。

フォーカス協会は、重い障害者のだれもが自分の家をもち、職場で働き、余暇活動を楽しむことができ、だれもが周囲の環境に左右されない自由が保障された生活ができるように、次のような活動理念を掲げた。

①好きな地域で生活できること
②障害のない人々と同じ状態、同じ機会の中で生活できること
③信頼できる個人サービスが得られ安心した環境で生活できること
④自分に適した仕事を選択できること
⑤十分な余暇活動を楽しむことができること

これらの目的を達成するためにフォーカス協会がまず取り組んだのは、介助を含む個人サービスの供給と重い障害者が自立して生活できることを可能にするフレキシブルな

住宅設備の開発であった。

　とりわけ後述する住宅設備開発はフォーカス計画の基本であり、最終的には全国14地区272の住戸を供給することができた。また、フォーカスの様々なプログラムを実現するためには活発な住生活が営める環境づくりを進める必要があり、就労の場の確保、交通機関の整備、文化活動やレクリエーション活動の整備が必要条件とされた。わが国で福祉のまちづくり運動が発祥した1960年代後半から70年代の初めに、これだけの理念が日本からたった飛行機で10時間程度しか離れていない北欧の地で実現途上にあったということはやはり驚き以外の何物でもなかった。

　フォーカス・フラットの特徴は、おおむね住宅地域の中央に住戸が配置され、重度障害者が他の一般の人と同じような生活ができるように、多くのサービスを提供していることである。とりわけ、自由に文化活動に参加したり、ショッピングをしたり、働く機会が与えられていることは重要なインテグレーションの具現化であったと感じる。住宅地の中央に配置されたフラットは、10～15フラットあるいは25～30フラットの集住を基本として、一般住宅棟に統合された形になっている。個人サービスは24時間保障されている。事例としてテービー市のフォーカス・フラット（TÄBY Fokus Flats）を紹介する（図8、写真20－22）。

　建築年は1971年、6階建て、全体で200戸、フラットの床面積は1K＝47㎡、2K＝68・74㎡、3K＝94㎡である。世帯数は21世帯30人。その内、20人が有職者、3人が年金生活者、3人が子どもをもち、他の人は学生など若い人、12世帯は既婚組である。

テービーのフォーカス・フラットは協会が開発したもっとも典型的なものである。24時間常時ケアが必要な人はナーシングホームでの入居となる。ひとりで非常呼び出しボタンが押せることが入居条件になっている。スタッフは日勤のホームヘルパー20人、夜勤13人の体制。スタッフの離職率は高いという。ストックホルム市内ではこのような住居は2か所のみである。住む場所が選択できるという協会の理念にはまだ達していない。フラットとナーシングホーム間を移動する人もいる。立地的にはインテグレーションであるが、1棟に21フラットが集中しており、完全なインテグレーションとはいえない。1階には共用室として、共同食堂、入居者が自由に使えるキッチン、洗濯室(乾燥室)、スタッフルーム、事務室があり、フォーカス・フラットの管理諸室となっている。

スウェーデンでの見聞では、まず行政担当者が果敢に新たな政策にチャレンジしている様子が判明したが、やはり根底には障害者(団体)の強力な運動が存在していた。スウェーデンは高福祉高負担の代名詞で知られる福祉国家であるが、1978年当時の障害者の要望は年金ではなく働く場が欲しいというものであった。当時すでにスウェーデンの障害者の年金額は一般的な勤労者の税引き後の収入とほぼ同じレベルであった。日本では私たちがスウェーデンを訪ねた8年後(1986年)にようやく障害基礎年金制度が創設されたのであり、異国の地で先の見えない日本との違いを肌で感じたものである。

フォーカス協会が、スウェーデンの重度の障害者に大きな転機をもたらしたことは間違いない。だが、「障害者を施設に収容するのではなく地域の住宅に住み、働く機会と必要な交通手段を用意するほうがはるかに経済的で、かつ障害者に喜ばれる」というフォー

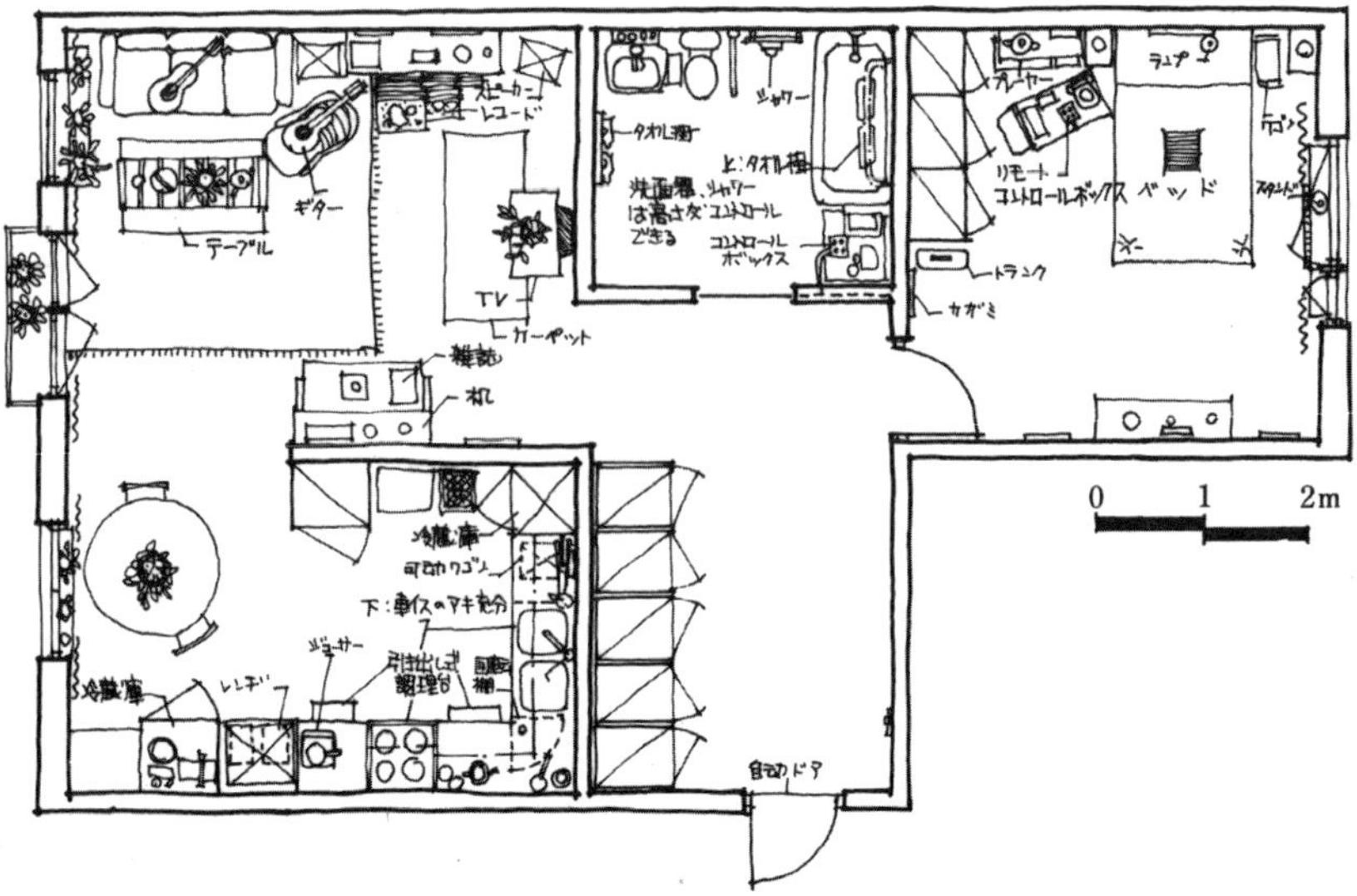

図8

写真21

写真22

写真20

カス協会の理念とスウェーデン社会の壮大な実験は、ノーマライゼーションという言葉以外には日本へはほとんど伝わってこなかった。

フォーカス居住者の多くは、フォーカス・フラットを利用する直前まで、ナーシング・ホームや家族、親戚の家で介助されながら生活していたという。フォーカス・フラットにより彼らは、施設や家族から抜け出し、自分たちのニーズに見合った住宅の中で主体的に生活を構築しようとしていたのである。

川口の「生きる場」で何が実現できるのか、その実現のためにあとどれほどの時間が必要になるのか、気が遠くなる思いで帰国した。それは、ちょうど40年前のことであった。

図8 テービー市のフォーカス・フラット 2K 68㎡
脳性まひ59歳、未就学、年金生活、78年5月に母の死去により入居、社会体験がない、言語障害があり、全介助。
写真20 リビングルーム
写真21 デイルーム
写真22 キチンユニット

第3章…バリアフリー法への展開と課題

呉越同舟とまではいえないが、国際リハビリテーション協会（RI：Rehabilitation International）と障害者運動は、国際的当事者組織である障害者インターナショナル（DPI：Disabled Peoples' International）が1981年に結成されるまで、専門家と当事者という関係が単に対峙するものだけではなかったと思われる。例えば、仙台の福祉のまちづくり運動に見られるように、RIが制定した国際アクセスシンボルマークはわが国の当事者運動への強力な味方となった。74年国連で開催された障害者の生活環境問題専門家会議の報告書「バリアフリーデザイン」も同様であった。同報告書では「バリアのない建物が少数のためにあるという古い考え方はもはや意味がない」、「健康な人と障害のある人との間には明確な定義が存在しない。現代では健康な人も障害があるのが実状であり、バリアフリーデザインが少数のためにあるという古い考え方はもはや意味がない」、「建築上の障壁とは何かについて理解すること、また、障害のある人の生活にどのような影響を与えているかを知ること、そしてその際に必要なことは健康な人、病弱な人、若者、高齢者、そ

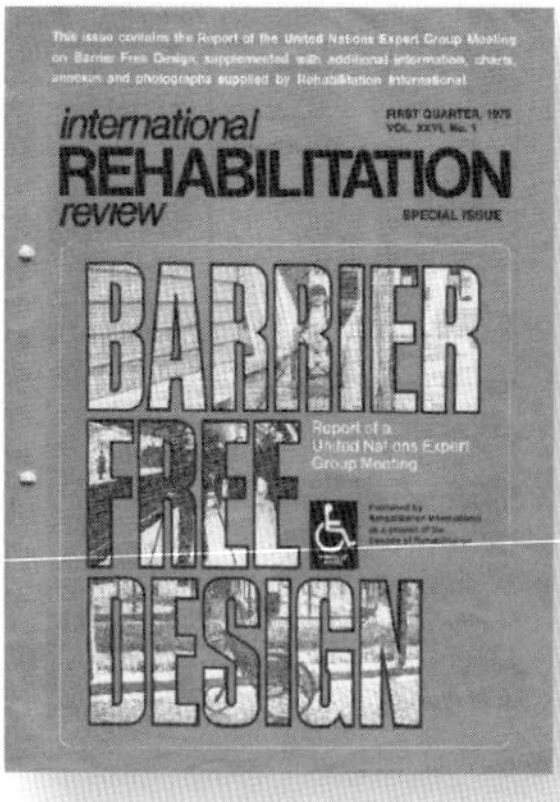

写真1　国連障害者の生活環境問題専門家会議（1974年）の報告を取りまとめたRIの定期刊行物の表紙

して障害者が何の不便もなく、妨げもなく自由に生活でき、移動できる都市をつくることが重要である」との報告を行っていたのである。「生きる場」づくりから福祉のまちづくりやバリアフリー問題にかかわることとなった筆者にとって、74年の国連リポートは大きな支えになった(写真1)。

バリアフリーやユニバーサルデザインに限らず、教育のインテグレーションも自立生活運動についても、いずれも今日では当たり前の考え方であり、実践であるが、1970年代のこのような海外情報は極めて貴重なものであった。

1……福祉環境整備要綱から福祉のまちづくり条例への動き

車いす市民交流集会の翌年、1974年8月、町田市で福祉環境整備要綱(表1)が制定された。町田市は全国に先駆けて、建築主が建築物を計画するときに市が定めた障害者等の利用に配慮したバリアフリー基準「ハンディキャップを持つ人のための施設整備基準」の設計への適合を建築主に求め、確認申請前に市に届け出る要綱を全国ではじめて制度化した。この時期は福祉のまちづくりの全国的な展開が萌芽し始めていた時期でもあり、町田市の要綱制定は驚きをもって受け止められた。74年に市職員となった近藤秀夫はこの要綱の実質的な実行者となる。バリアフリー基準も彼の手づくりであったという。町田市と近藤の名前は瞬く間に全国に知れ渡ることとなる。筆者もまた、仙台調査の直後に町田市を訪ねて、要綱に基づいて整備された公共施設を調査した記憶がある。

こうした町田市の新規施策は１９７３年に制度化された旧厚生省の身体障害者福祉モデル都市事業（表２）の影響も大きいとみられるが、高度経済成長政策の行き詰まりと市民生活を重視せざるを得ない行政施策の苦悩が後押しをした。改めて町田市の要綱をみると今日でもなおその先駆性が読み取れる。要綱化に踏み切った大下勝正市長の決断はその後も長く評価され続けた。

筆者らが１９９１年、身体障害者福祉モデル都市（１９７３～75、人口20万人以上53市）、障害者福祉都市事業（１９７９～85、人口10万人以上１５６市）、障害者の住みよいまちづくり事業（１９８６～89、人口5万人以上79市町）の3事業について指定を受けた計２８８市町に福祉環境整備要綱や指針の有無を調査したところ、[★注1]回答２２３区市の79市、全体の3割程度が何らかの要綱や指針を有していた（35.4％）。これらの要綱や指針は町田市からの影響を少なからず受けているとみられる。各事業の展開は、障害者福祉行政側の施策であり、今日のバリアフリー法の枠組みである建築行政ではなく都市構造の基本からみればおかしな対応ではあるが、都市や公共施設のバリアフリー改善にはとても大きな推進力になっていたのである。表２は73年にもっとも早く制度化された身体障害者福祉モデル都市事業の概要である。

これらのモデル事業は、１９９０年度からは住みよい福祉のまちづくり事業（人口3万人以上１１９市町）、94年度からは障害者や高齢者にやさしいまちづくり推進事業に受け継がれ、厚生行政の立場から福祉のまちづくりに関連する補助事業が継続された。ハートビ

注1…高橋儀平・大須賀郁夫・三澤了・八藤後猛「福祉のまちづくり総点検レポート」福祉のまちづくり事業評価研究会、日本障害者リハビリテーション協会、1991

表1　町田市の建築物等に関する福祉環境整備要綱(1974年当時の要綱、下線は筆者)

目的
第1条　この要綱は建築にあたって、その建築物がすべての市民が利用し得る構造とするよう建築主に協力を要請し、もって町田市における福祉環境を整備することを目的とする。
設計の前提
第2条　公共の用に供するすべての建築物および都市の装置はその設計の段階において、老人、妊婦、身体障害者等ハンディキャップを持った市民の優先利用を前提として計画されなければならない。
運用範囲
第3条　次に掲げる建築物は、ハンディキャップを持つ市民の利用を配慮して設計しなければならない。
(1)劇場、映画館、銀行、公会堂その他これに類する不特定多数の市民の利用を意図した建築物
(2)物販販売、飲食、娯楽業を営む店舗(店舗の混合で構成されるものを含む)で、売場または営業面積の合計が、1,500㎡を超えるもの(注：1975年10月からは500㎡に改正)
(3)学校、病院、図書館、公衆便所、庁舎その他これらに類する公共建築物
(4)市民の利用を意図した会議室、ホール、展示場その他これらに類する集会室を有する建築物で、その収容人員が30人を超えるもの
(5)その他市長が特に必要と認めた建築物(注：要綱制定10年後1984年の改正では、公営住宅、集合住宅9戸以上が加わる)
前項各号の他、不特定多数の市民の利用で営業が成立する建築物は最低限、入口の段差は解消するものとする。
整備基準
第4条　前条各号の(1)に定める建築物は建築基準法ならびに別に定める「ハンディキャップを持つ人のための施設整備基準」により施設整備を行うものとする。
事前協議
第5条　第3条各号の(1)に該当する建築物を建築しようとする建築主は、確認申請書または計画通知書を提出する前に建築計画の図面を市長に提出して協議するものとする。
付則
この要綱は、昭和49年8月1日から施行する。

表2　身体障害者福祉モデル都市事業(旧厚生省1973年)

1. 目的　身体障害者のための模範的な生活環境施設、設備を整備する身体障害者福祉モデル都市を設置し、これにより身体障害者の福祉についての一般住民の理解を深め、家庭に閉じこもりがちな身体障害者の生活圏の拡大を図るとともに、身体障害者の住みよい環境づくりの普及促進を図ろうとするものである。
2. 実施主体　人口20万人以上の都市1973年7月26日初年度全国6都市指定(高崎市、仙台市、京都市、北九州市、別府市、下関市)、(注：その後3か年で計53市を指定した)
3. 事業内容　①道路交通安全施設の整備、②公共施設の構造設備、③公共施設、公園等に車いすの配備、④移動浴槽車、リフト付きバス、⑤電話相談網等の整備、⑥身体障害者福祉についての普及啓蒙

ル法が成立した94年前後からは旧建設省、旧厚生省の両省による「人にやさしいまちづくり事業」が新たに制度化され、その後は次第に障害者問題を主体としたまちづくり施策から高齢者の人口増に対応する高齢化社会対策へとシフトした感が強い。とくに、95年阪神・淡路大震災以降の仮設住宅問題、コレクティブハウジング、グループホーム事業では障害者の避難問題もまったく片付いてはいなかったのであるが、高齢者単独世帯の居住問題に流れが加速していったように思われる。

一方、行政指導を担った福祉環境整備要綱や福祉のまちづくり整備指針に対して、障害者(団体)からの要望が強まったのは、福祉のまちづくりの法制化についてである。福祉環境整備要綱や福祉のまちづくり整備指針では、自治法上の条例ゆえに、建築基準法関係規定と異なり、建築物の設計時点で建築主にバリアフリー基準の遵守を義務として求めていない(表現上は義務的な部分もあるが、許認可権はない)点が問題の所在となっていた。つまり障害者の移動の権利や利用する権利が認められていないのである。行政が建築工事

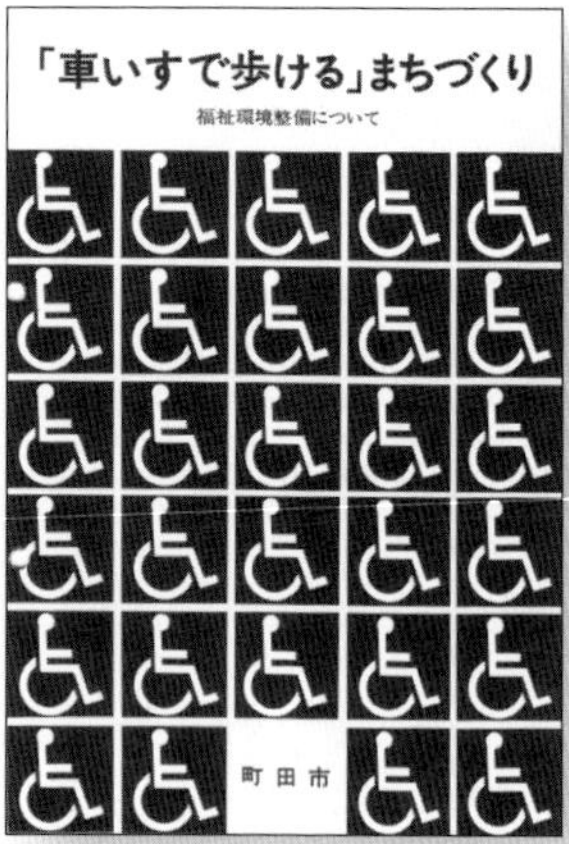

写真2　町田市福祉環境整備要綱パンフレット
大下勝正市長はその巻頭言で、
「町田市は昭和47年から『車いすで歩けるまちづくり』を合言葉に、
福祉環境整備に力を入れてきました。その基本理念は、
(1)人間の尊厳を守ること。
(2)人間の生活の場は、本来《家庭》及び《地域》であること。
(3)西欧先進国の歴史的事実に基づく反省により、ハンディキャップを持つ人を隔離せず
《地域社会》で見てゆくこと。つまり、色々な生活体験・社会体験を健康な人間と
同じように味わい、また社会参加の場をより多く確保していくこと等があげられます」
と述べている。

の許認可を有する建築基準法では、法を遵守しない限り工事着工ができないが、要綱や指針では届け出は行うものの、バリアフリー化を義務づけすることはできない。

もちろん町田市をはじめいくつかの自治体では事前協議の段階から、職員が粘り強く熱心に基準に適合するよう行政指導を行っていたが、届け出件数の増加、役所の担当者の交替等によって次第に要綱や指針を成立させてきた熱意が薄れてきたのも現実であった。結果、建築主や設計者の理解と同意を得るための働きかけも自然に弱くなり、障害者からの不満が増加していた。そのため、福祉のまちづくりに係る行政担当者、障害者、専門家は福祉のまちづくり条例によって義務化しないと建築主はバリアフリー基準を遵守しないのではないかと考えるようになったのである。

この問題の解決に対して後押しをしたのが、米国の公民権法に裏づけられ1990年7月に制定されたADA法(障害者差別禁止法Americans with Disabilities Act of 1990)である。この情報をいち早くキャッチした大阪府下の障害者団体は、90年初めから行政当局を動かした。大阪府の福祉のまちづくり条例づくりに国内で影響を与えたのが、77年の「神戸市民の福祉をまもる条例」である。この福祉条例によりはじめて地方条例にバリアフリーに係る建築規制の網がかかったのである。新たな福祉のまちづくり条例の施行日は兵庫県が先だったが、実質的な条例検討の開始は大阪府が先行した。大阪府の福祉のまちづくり条例のマニュアルは当時としてはもっとも見やすく、評判が良かったことを覚えている。

大阪府と兵庫県の福祉のまちづくり条例を皮切りに、その後山梨(1993年)、愛知(1994年)、滋賀(1994年)が、ハートビル法が施行された1994年以降は東京、神奈川、埼玉と続き、2002年のハートビル法改正、施行までにはすべての都道府県が福祉のまちづくり条例を制定している。これら福祉のまちづくり条例の根拠法は地方自治法第14条であり、これにより建築物に限らず道路、公園、駅舎等、つまりすべての日常生活圏にある施設を包含することができることとなった。このことが各地に波及した大きな要因でもある。しかし実はこうした各地の条例の制定や実施についても、要綱時代に問題視されていた整備基準のばらつきや運用上の拘束、罰則規定等を十分に果たすことができないままであり、むしろ問題を顕在化させることになった。★注2

そもそも、これら要綱や指針時代の整備基準の不統一感や整備基準の遵守について一定の解決策を見出そうと検討されたのが福祉のまちづくり条例化であった。筆者の記憶では、当初は建築設計者にもこの福祉のまちづくり条例が高齢社会に向けた社会基盤形成のための重要な事前協議案件として強く意識されていたように思われる。地方公共団体の担当部局も多くの自治体で福祉部局がその所管を担い、建築部局と連携してハード整備の達成に強い意欲をもっていたように思う。しかしすでに述べたように自治法上の条例であり建築確認法令ではないことから、次第に建築設計者の対応に変化が見え始めた。この要因は、ハートビル法の制定と２００２年に改正されたハートビル法の委任条例化に依拠しているととらえている。

今日でも福祉のまちづくり条例の事前協議、届け出ルールの多くは、工事着工もしくは建築確認申請30日前までに事前協議・届け出を終えて、その届出印をもって建築確認申請ができることになっている。しかし、実際には福祉のまちづくり条例の最低基準を満たさない場合においても、事前協議未了のまま届出印が得られ、別途指定確認検査機関により建築確認が認められているのが実態である。これを防ぐためには、福祉のまち

注2…同時期に、一時的ではあったが建築基準法施行令第40条を活用した建築物の福祉関係義務規定を新設した都道府県も少なくはない。こちらは横浜市、神奈川県等が先行した。

づくり条例のハード部分のみについてはバリアフリー法の委任条例である建築確認法令の一つとして制度化し、しっかりと検査することが必要である。義務規定は最低水準を示すことが多いので、より質の向上を目指す福祉のまちづくり条例とは相いれないのではないかとの議論もあるが、福祉のまちづくり条例の建築規定とバリアフリー法の建築規定という2つの建築規定が併存状態のまま福祉のまちづくり条例の形骸化を招くよりは、はるかに良いはずである。指定確認検査機関において、建築基準関係法令の審査の大半が委任されている現状では、このルールの見直しが極めて重要であるが、これについてはほとんど議論されないまま今日に到っている。

2……国際障害者年前後とその後の関連法制度の展開

やや前後するが、1981年の国際障害者年においてわが国は、ノーマライゼーション社会の実現を大きな目標に掲げ、国連のテーマである「完全参加と平等」を世界中のどの国よりも大きくアピールしたのであった。停滞していた経済活動や生活環境の回復のもと、障害者の市民権の獲得、障害者の社会活動への参加が時代背景として徐々にではあるが認知され始め、その動きを後押しする形になった。いわばこの年こそようやく戦後続いてきた障害者政策の転換年であったのである。筆者がスウェーデンでノーマライゼーションを体験してから3年後であった。

「障害のある人もない人も社会の一構成員であること、障害のある人や病気の人を排除する社会は正常な社会ではない」というノーマライゼーションの思想は、今もなお私たちの社会の課題でもある。１９８０年には、後年筆者も参加することとなる「国際障害者年日本推進協議会」がわが国を代表する約90の障害者団体によって結成され、障害当事者による政策提言を旗印として新たな時代の障害者運動を担うこととなる。

　こうした国際的な背景とイベントの動きを受けて、わが国の福祉のまちづくり法制度の整備が一挙に進み、１９８５年には、視覚障害者のための誘導用ブロックの設置指針（旧建設省）が通知された。[★注3]

　１９８０年代後半に入ると、88年東京の京王プラザホテル[★注4]で開催された国際リハビリテーション協会（RI：Rehabilitation International）の世界会議を契機に障害者団体が集結し、遅れていた障害者の交通アクセスを改善するための全国統一交通アクセス行動が組織化された。この交通行動はその後も毎年継続しやがてリフトバスの運行（１９９１年）、エレベーターの整備指針（１９９３年）、ノンステップバスの運行（１９９７年）に結実し、交通バリアフリー法（２０００年）の成立にも強い影響を与えた。この交通アクセス行動は現在もＤＰＩをはじめ全国各地の障害者団体に受け継がれている。

　実はこうした障害者自身による交通アクセス行動や福祉のまちづくり運動、自立生活運動を理論的にも行動的にも支えたのが、米国へ留学した障害者自身であった。ダスキンによる公益財団法人が１９８０年代初頭よりスポンサーになり、米国バークレー市にある自立生活センター（ＣＩＬ）などに多くの障害当事者を研修生として派遣してきたのである。研修生は米国の先端で動いている障害者の公民権運動、自立生活運動の最新情報

注3…この指針は視覚障害者の移動のための最重要な指針であるが今日まで改正されていない。都市交通、道路環境は当時とは大きく変化しており改正が必要なバリアフリー指針の一つである。

注4…京王プラザホテルはこの会議に合わせて15室のユニバーサルデザインルームを設置した。これ以降、国内のホテルに京王プラザホテルの経験が伝わっていったのである。

を日本に持ち帰り、すぐにその行動につなげていったのである。

1986年には米国の影響を受けたわが国最初の自立生活センターである「ヒューマンケア協会」が中西正司らによって東京・八王子に設立された。わが国ではじめて障害者による障害者のためのケア供給が開始されたのである。筆者は、この動きも福祉のまちづくり運動の一環としてとらえておく。

一方、いよいよ本格的な高齢社会を目前に控えて、様々な厚生、建設行政双方から高齢社会対策が政策課題に登場し始める。バリアフリーや福祉のまちづくりも例外なくその枠組みに吸収され始めた。筆者はその大半の施策や事業化の根拠は、70年代以降の障害者による福祉のまちづくり運動や障害者住宅政策の成果に立脚しているとみている。86年には、20世紀後半に向けた住宅、まちづくり、交通、雇用など、ハード面とソフト面を含む総合的な社会をつくるための基本方針「長寿社会対策大綱」★注5が閣議決定された。大綱では、地域高齢者住宅計画の立案、サービススタッフ付きの高齢者向け集合住宅「シルバーハウジング構想」が登場した。住宅・まちづくり施策が生まれ、89年にはゴールドプラン(高齢者保健福祉推進10ヵ年戦略)が策定された。

そして、1994年には、ハートビル法の成立と同時に、旧建設省から「生活福祉空間づくり大綱」★注6が発表され、旧建設省がはじめて「福祉」という看板を政策づくりに登場させた。現在進められている都市・建設行政の骨格はこの時期に形づくられたのである。旧厚生省では、1995年に高齢社会対策基本法を成立させ、翌年には「高齢社会対策大綱」を閣議決定した。同大綱でも居住水準のアップ、高齢期における生活支援、公共空間のバリアフリー化など総合的な支援策を打ち出している。

注5…高齢者の利用に配慮した住宅、高齢者が安全かつ円滑に行動できる交通機関、公共施設の整備改善の推進等が謳われた。

注6…個人の自立した生活と人間としての尊厳を保障される社会、高齢者、障害者を含むすべての人々が安全で快適な暮らしを営むことができる社会形成を目標に、バリアフリーの生活空間の形成等を目指した大綱。

以上のように、1980年代後半から90年代にかけては、本格的な少子高齢社会に向けて、21世紀への具体的政策の方向性を示す福祉のまちづくり関係法制が一挙に成立した。この間の障害者運動もまた成熟期を迎え、かつてのような要求型のみの当事者運動から専門家を含む政策提言に向けた多数の取組みがみられるようになった。ある面では障害者運動の転換というよりも、より確実な生活の場の獲得を目指し始めた時代がそうさせたのかもしれない。[★注7]

筆者が地域活動グループ「うさぎとかめ」を立ち上げたのが1980年5月、国際障害者年の前年であった。「生きる場」での「就学」が「単位未履修」のまま急に「卒業」期を迎えた感がある。[★注8]

3……ハートビル法成立の背景

ハートビル法[★注9]は、わが国ではじめて高齢者や障害者が利用する建築物のバリアフリーを推進することを目的としてつくられた法律である。

福祉環境整備要綱から福祉のまちづくり条例へ、全国各地で障害当事者等の要望を受けた地方公共団体による独自の法制度化が進んでいたが、高齢社会に向けて都市・建築環境の整備は待ったなしであった。今後に向けてできる限り早い段階で良好な建築ストックの形成が求められた。既存建築物・都市施設については、旧厚生省が1970年代

注7…障害者、研究者らの連携による成果としては、1983年第1回の日米障害者自立生活セミナー、87年神奈川県で行われたケア付き住宅研究集会、89年11月第1回自立生活問題研究全国研究集会、95年からの障害者政策研究全国集会、97年からの全国障害者市民フォーラムなどがある。国際障害者年日本推進障害者協議会は94年『障害者の生活環境改善手法』(編集責任：高橋儀平、彰国社)を出版した。

注8…1980年「川口に障害者の生きる場を作る会」で、筆者の居住地域に住む重い脳性まひ児が地域の普通学校に就学したいとの相談を受け、就学支援を依頼される。「うさぎとかめ」はその支援グループとして立ち上げた。足の速いうさぎも足の遅いカメも一緒に歩む気持ちを込めて命名した。

注9…正式名称「高齢者、身体障害者等が円滑に利用できる特定建築物の建築の促進に関する法律」。1994年制定。

以降独自に事業化した福祉モデル都市補助事業によるバリアフリー改修が進展はしていたが、地域限定的であったともいえる。

ハートビル法成立の前年である1993年3月には、国際障害者年の遺産である「障害者対策に関する新長期計画」が障害者対策推進本部より発表された。その「6．生活環境」には、「ノーマライゼーション理念の具現化のためには、建築物における物理的な障害の除去等は自立と社会参加を促進する上で不可欠である。」と記された。もっとも国際障害者年から10年後の長期計画の終了時点であったから政府としても遅い判断ともいえる。そして、「建築物の構造の改善のために、①障害者の利用に配慮した建築物の整備を積極的・効果的に推進していくために、できる限り法律または条例によりその実施を担保するよう努める。(略)③不特定多数の人が利用する建築物で新築されるものについては、障害者に対する配慮を積極的に進める。このため、地方公共団体における条例の制定等の取り組みの状況を踏まえつつ、建築物の整備に当たっての基準を整備する。基準達成のための各種の誘導施策を実施する。(略)⑤ウ、各省庁や地方公共団体がそれぞれ独自に決めている基準のうち、統一する必要があるものについては、できるだけ統一する。(略)オ、基準の作成、見直しに当たっては、障害者団体をはじめとする関係各方面の意見聴取を行うこと」等が取りまとめられた。この新長期計画に対していち早く動いたのが、心身障害者対策基本法を改正し、93年10月に成立した障害者基本法である。そして、基本法の趣旨を踏まえて、同年10月五十嵐建設大臣が建築審議会に対して「高齢社会の到来及び障害者の社会参加の増進に配慮した優良な建築物のあり方について」諮問し、翌94年1月建築審議会はハートビル法の成立につながる次のような画期的答申を行った。

「だれもが必然的に老いを迎え、障害をもつ可能性を有するという基本的考え方に立って、高齢者・障害者等を例外的弱者としてとらえ、特別な措置を実施するのではなく、社会全体を通じて、従来の高齢者・障害者等の利用を想定せずに講じられていた措置全般にわたって高齢者・障害者等への配慮が当然に組み込まれていくようにする等、すべての国民が一生を通じ豊かな生活を送ることができるような施策体系の確立に向けて積極的に取り組んでいくことが必要である。(中略)とりわけ、建築物の建築に当たっては、従来のように経済活動中心、成人中心といった効率優先の考え方から、高齢者から幼児まですべての人々が共生する場の創出という考え方への転換が求められている」。

ハートビル法の特徴のひとつは整備基準の適用対象と整備水準である。基準が適用される建築空間単位は「特定施設」と称されおおむね2000㎡以上で、敷地通路(アプローチ)、出入口、便所、廊下、昇降機(エレベーター等)、階段、駐車場を対象とした。整備基準は最低限の整備水準を確保する「基礎的基準」と、より利用しやすさを追求した「誘導的基準」に区分され、誘導的基準は、建築物を安全かつ快適に利用するために、できる限り整備することが望ましい基準として設定された。この誘導的基準を満たした「認定建築物」には施設整備への補助、融資、事業税等の特例措置が与えられる方策とした。

しかしながら、最初のハートビル法では、達成されなかったことがあった。建築基準法との一本化、バリアフリーの義務化である。建築審議会では、「新たな建築施策の体系は、その実効性を担保するため、全ての建築物について統一的・体系的に指導を行うことが可能な現行の建築基準法を中心とした建築基準行政及び建築設計を統括する建築士行政の双方と密接な連携を確保しつつ整備・運用されていく必要がある」と答申されていた。実際に成立したハートビル法は、建築基準法とは別枠の独立した法体系となり、知事による誘導、指導・助言にとどまったのである。ハートビル法制定の翌年に起きた阪神・淡路大震災（1995年）はハートビル法の改善を促すメッセージでもあった。たとえば避難所である学校に車いす使用者用トイレがないのは学校がハートビル法の対象外であるから、などの強い批判が起きたのである。ハートビル法によるバリアフリー整備の義務化は法成立から8年後の2002年の改正まで待つことになる。★注10

このようにハートビル法が制定された直後には、バリアフリー義務法ではないこと、事務所、学校、住宅などの建築物が法の適用対象外であること、既存建築物に言及していないこと、ADAとは異なり、障害者の利用が阻まれていても建築を禁止する法ではないこと、罰則規定がないことなどといった、様々な批判がよせられた。これらの批判の正当性を認識しながらも、段階的に見ればハートビル法の制定には大きな意義があったと考える。とくに、その後の経過をみても明らかなように、ハートビル法の制定が福祉のまちづくり条例の全国的制定を促進し、全国でばらばらであったバリアフリー建築基準の標準化に寄与したことは重要なことであった。

一方、1990年代後半に米国からユニバーサルデザインの考え方が伝わると、静岡県や熊本県などのようにいち早くユニバーサルデザインによる施設整備を推進する動きが出始める。その理由としては、福祉のまちづくりやバリアフリーの考え方は対象が狭く障害者のみをイメージしているからだという。しかし実際には、ユニバーサルデザインを標榜する自治体や企業の対象もまたその大半が障害者なのであった。

2000年4月の介護保険法のあと、5月には交通バリアフリー法★注11が成立した。交通

注10…阪神・淡路大震災後、学校の耐震化は進んだが、バリアフリー化は進まなかった。2011年東日本大震災が東北沿岸部を襲ったが、神戸と同じ問題が生じていたのである。2013年学校教育法施行令の改正によりインクルーシブ教育（障害のある子もない子と同じ学びの場が保障される）の規定が加わったが、学校は公共施設の中でももっともバリアフリー化が遅れている建築物のひとつである。

〈トピックス〉
阪神・淡路大震災を契機に、1997年に誕生したのが学際的な教育、研究のネットワークをもつ「日本福祉のまちづくり学会」である。学会は、震災復興に係る議論から障害当事者と研究者、行政の連携を目的として発足した。初代会長には阪神・淡路大震災において政府の復興委員を務めた一番ケ瀬康子日本女子大教授（当時）が就任した。

バリアフリー法の制定はハートビル法のあり方に大きな影響を与えた。交通バリアフリー法では新規交通施設のバリアフリー化を義務づけし、既存の交通施設に対しても努力義務のバリアフリー化を求めたのである。不特定多数の建築物でさえも乗り越えられなかった壁を、交通バリアフリー法ではいとも簡単に突破したのである。民間施設が大半の建築物と、民間とはいえ公共性の高い交通施設では難易度が違うという見方もあるが、少なくとも筆者にはそう見えた。これによりハートビル法の改正と建築物のバリアフリー化の義務化が現実的課題となった。

交通バリアフリー法の議論を見据えながら、5年を経過したハートビル法の今後の方針を論議する「建築物のバリアフリー検討委員会」が2000年10月、旧建設省住宅局長の諮問機関として設置された。01年1月末、同委員会は、建築物整備の義務化、ハートビル法対象の拡大、既存建築物への対応、総合的なバリアフリー対策、バリアフリー化教育のあり方や普及啓発の必要性などを骨子とする報告書をまとめ答申した。その後、国土交通省社会資本整備審議会の建築分科会でハートビル法改正の審議が行われ、02年7月、ハートビル法の対象施設のうち2000㎡以上の特別特定建築物の新築についてバリアフリーを義務づけすること(別法ではあるが建築基準法と同等の許認可法となる)、既存建築物については努力義務とすること、加えて地方公共団体によりバリアフリー法対象施設を追加したり、規模や基準を付加することができる委任条例規定を盛り込んだ改正法が成立した。[★注12] 改正ハートビル法は、その後交通バリアフリー法と一本化されたが、その骨格は変わっていない。

注11…交通バリアフリー法(高齢者、身体障害者等の公共交通機関を利用した移動の円滑化の促進に関する法律)は2001年11月より施行されたが、この法律は、第一に、駅、バスターミナル、旅客船ターミナル、航空旅客ターミナル、および鉄道車両、バス、旅客船、航空機などすべての公共交通機関にバリアフリー化を義務づけ(新設)したこと、第二に、市町村が作成する基本構想に基づいて旅客施設、駅前広場、および駅を中心とした一定地区(おおむね利用者が5000人/日以上の駅を中心とした徒歩圏域)を重点整備地区として面的に整備する方針を掲げていることが特徴である。

注12…施行は2003年4月。

4……バリアフリー法の展開が問いただすもの

2005年7月国土交通省は、交通バリアフリー法制定から5年を経過し、「どこでも、だれでも、自由に移動でき、だれもが使いやすい」生活環境の整備を国レベルで強化・推進するため、「ユニバーサルデザイン政策大綱」を制定した。この大綱には、「利用者の目線に立った参加型社会の構築」、「持続的・段階的な取組みの推進（スパイラルアップの導入）」というわが国のユニバーサルデザインの推進を特徴づける大きな2点が盛り込まれた。筆者はこのユニバーサルデザインを達成するには「公平」「選択」「参加」の3原則が重要であるとみている（図1）。ユニバーサルデザイン政策大綱は具体的な道筋が明示されておらず、詰め切れてはいない部分もあるが、総じていえば、特筆すべき国家レベルのユニバーサルデザイン政策大綱だと認識している。

この政策大綱の議論をベースに、生活環境のバリアフリー化を一体的に推進するために、ハートビル法と交通バリアフリー法を統合したバリアフリー新法が★注13 2006年12月に制定された。しかしカタチは変わっても福祉のまちづくり施策と同様、法の目的を達成するためには一貫して地域の戦略、そのための地域の成熟度が鍵になるとみている。地域の成熟度とは障害当事者や住民、そして行政の成熟度に他ならないが、今日ではここに地域企業、教育機関が絡んでくる。これらの関係性が弱いと計画はコンサル事業として立派な報告書ができあがっても、住民の盛り上がりはなく、魅力ある地域のバリアフリー事業の実現には至らない。

注13…バリアフリー新法は現在は「バリアフリー法」と称される。

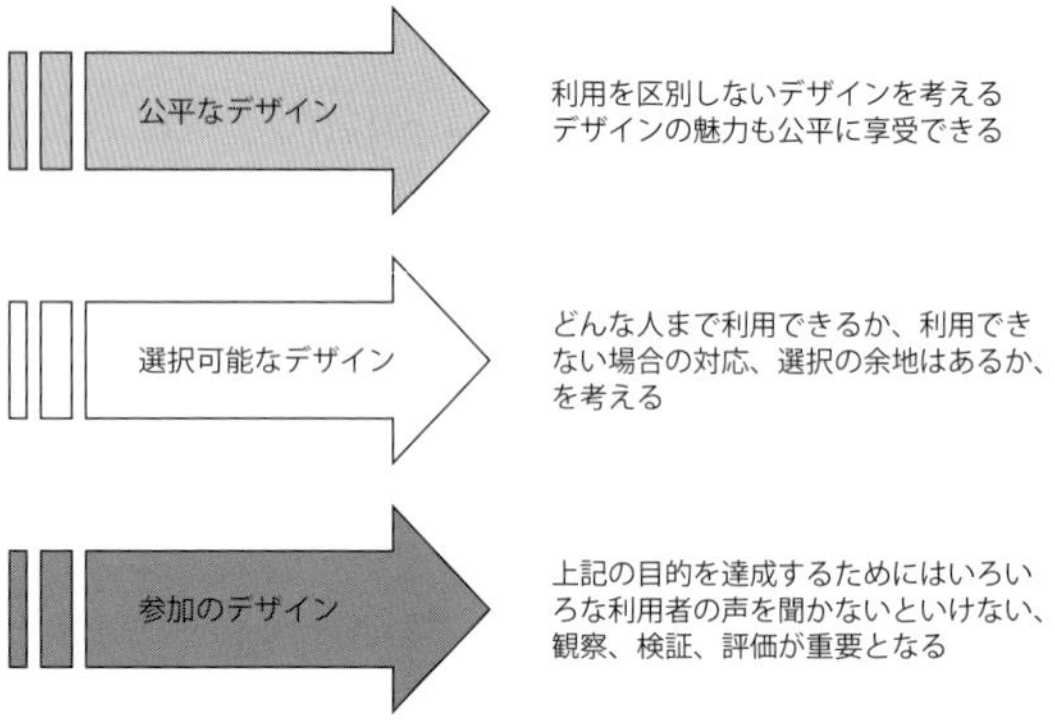

図1　ユニバーサルデザイン達成の3原則

バリアフリー法の当初の目玉は、住民の住民による住民のためのバリアフリー基本構想（住民提案制度）であった。しかし現状では住民提案制度を阻害する体制、つまり時間、コストをかけなければ提案ができない仕組みが地方公共団体によってつくられているように思う。住民提案制度を受け止める行政当局の能力が求められるが、障害当事者や住民からの声を真に受け止める力があってこそ、共生社会への道筋が描けるのではないか。

表3はこの間のハートビル法からバリアフリー新法成立までのながれである。建築と交通という従来の建設行政の実務面では完全に切り離されていた社会基盤整備の手法を、「バリアフリー」の一点で統合を図るのである。しかし、それを身近な地域で構想し実行するのは、地域行政や地域住民に他ならない。障害者によるまちづくりの歴史は、徹底的に自分たちの社会からの排除を否定したところからスタートしている。

日本におけるバリアフリー化の進展は、障害のある市民が長期間にわたり、各地域において主体的かつ独自に「福祉のまちづくり」活動を展開してきたという特徴を有する。

表3　ハートビル法からバリアフリー新法に到るながれ

1994	**ハートビル法** わが国初の統一的なバリアフリー建築設計標準を定める。
1999	**静岡県自治体初のユニバーサルデザイン室** ユニバーサルデザイン行動計画を立案し、ハード、ソフト両面からのアプローチを開始。全国初の「ユニバーサルデザイン室」が登場したが2007年度より組織変更された
2000	**交通バリアフリー法** わが国の交通環境改善にとって画期的な法律となった。都市や地域のバリアフリーの推進に与えた影響は大きい。整備の義務化を方向づけた
2002	**ハートビル法改正(学校、共同住宅、事務所等を対象施設に追加)** 2000㎡以上の建築物のバリアフリー化を義務付け、指定確認検査機関や自治体の権限による整備基準適合命令ができる。また付加(委任)条例により自治体が独自に建築物のバリアフリー化を推進できることとなった
2004	**ハートビル法の改正により文科省「学校施設のバリアフリー指針」を策定** インクルーシブ教育環境に向けた本格的な指針づくりが始まる
2005	**国交省「ユニバーサルデザイン政策大綱」** 交通バリアフリー法の５年後の検証と今後の整備のあり方を示す。国交省が初めて建設行政にユニバーサルデザインの考え方を導入した
2006	**バリアフリー新法制定** ハートビル法と交通バリアフリー法を一本化し、ハード、ソフトの両面からバリアフリーを推進する法律である。バリアフリー基本構想をもとに地域のバリアフリー化、ユニバーサルデザイン化の推進を図る

これは米国における黒人や障害者の公民権運動と共通する部分も少なくはないが、それほど徹底してはいない。一方で、バリアフリー化を社会全体の問題として取り組んだ北欧諸国とも大いに異なる。日本の国民性なのか、政治家や行政当局による政策の遅滞なのか、はたまた市民自体に問題があるのではないかとさえ思われる。

日本の場合、１９８０年代後半から時に市民主導、時に行政主導により徐々に煮え切らないままにバリアフリーや福祉のまちづくりが進展した。

ある時には、市民、行政、事業者、研究者・専門家ともにバリアフリー化の問題を狭義の障害者問題としてとらえ、それらの活動を社会の片隅に追いやり、障害者問題の格子の中に抑えこもうとした。

そして、バリアフリー法は制定10年を経過し、２０１８年5月、東京２０２０オリンピック・パラリンピック競技大会を見据えて、国連障害者の権利条約★注14（２００６年）の理念を導入した改正を行った。改正バリアフリー法の詳細は後述するが、これまでのバリアフリー化、福祉のまちづくりの問題点、課題を次のように整理しておきたい。

１つ目は、バリアフリー化が障害のある少数市民のためという認識が定着したことである。これは「障害のある市民を特別視する」意識が継続している証左でもあり、同時にバリアフリー化の社会的意義を見失うことにも通じていたように思われる。とりわけ「はじめからだれもが利用できる」というユニバーサルデザインの考え方が登場したことにより行政や専門家の間でさえ、「バリア」を社会全体の問題としてとらえず、「障害者問題」と同一視し、前後の脈絡がわからない市民はバリアフリーを否定的にとらえた場合もある。加えて、一部の障害者のためにバリアフリー化することが費用負担に馴染まないという事業者論理にすり替えられ、既存環境のバリアフリーの発展の阻害要因になったともいえなくはない。

２つ目は、デザイン技術の面である。設計者や行政の担当者が、福祉のまちづくりガイドブックや技術的マニュアルを参考にすることのみで、車いす使用者の移動が達成でき、視覚障害者の歩行困難が解消されると思い込んだ点である。各自治体の福祉のまちづくり条例や各種ガイドラインづくりにかかわる筆者の反省でもある。周囲の環境を見

注14…２００６年12月採択、２００８年５月発効。２０１８年８月現在締結国・地域は１７７国・地域。日本は２０１４年1月20日に批准した。

ず幅員や勾配などの数値を当てはめれば、障害のある市民の移動問題は解決するだろうと考えられてしまった。その結果、利用者の参加がなくてもバリアフリー化を進めることが可能となり、利用状況を勝手にイメージしたバリアフリーが数多く生まれた。もっとも典型的な失敗例は視覚障害者を誘導するブロックの多彩なデザイン表現である（写真3）。

3つ目は、利用者参加の問題である。バリアフリー法では基本的に区市町村がバリアフリー基本構想の立案主体として位置づけられている。その基本構想の立案過程では市民、事業者、施設管理者らが参加し参加型の協議会が構成されるが、発言者の過半は市民側である。事業者は聞き役に回る。一方で基本構想から特定事業計画の立案に移行すると、細かな技術的側面もあり、市民の参加は得られていない。現状のバリアフリー基本構想では、計画過程でいつの間にか市民、利用者が除外されてしまう構図が生まれている。プロセス上このことについて疑問に思う市民が多いはずであるが、ルールとみなされだれも発言はしない。

4つ目は、情報の共有と経験の継承である。それぞれの地域で進めてきたバリアフリー技術情報の共有化と継承が十分に行われているように思えない。バリアフリー化の失敗事例、成功事例を事業者、行政、市民、当事者全体で共有し公表する仕組みが不可欠である。同時に、事業者の限界、利用者のニーズ、整備の範囲、内容、法基準の適用、検証、評価システムなどなど。一見対症療法的に処理されやすいバリアフリーではあるが、少なくとも都市計画事業と同様に10～20年程度の長期的スパンで計画し、評価することが必要であると改めて考える。もちろん都市空間か単体の建築物かによりその対応

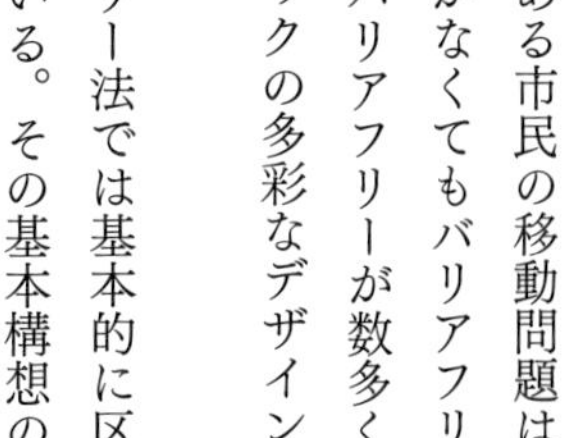
①

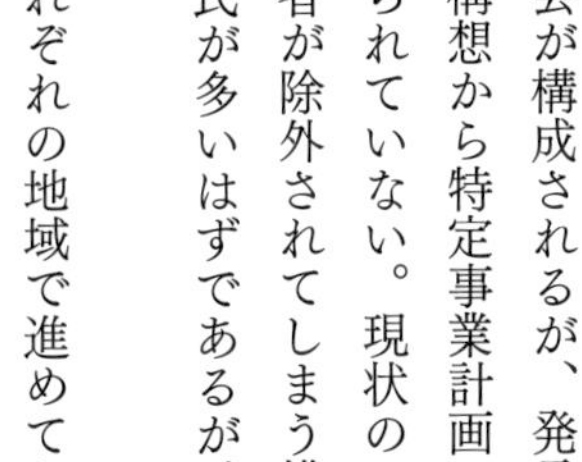
②

写真3　誘導ブロック敷設の失敗例
①バス停から公共施設に繋がらない視覚障害者誘導用ブロック
②左右が異なる色や形状の異なる視覚障害者誘導用ブロック

表4　バリアフリー・ユニバーサルデザイン化を推進するための今日的課題

1．地域(住民)、行政、企業間の合意形成が不十分
2．バリアフリー・ユニバーサルデザイン技術基準の開発と基準適正化に伴う根拠研究の不足
3．バリアフリーに対する市民・地域の評価制度の構築
4．施設管理者、建築主、交通事業者の負担、利用者の負担、合理的配慮の考え方の検討
5．バリアフリーやユニバーサルデザインを達成する設計理念、発注仕様、施工者姿勢、バリアフリー・ユニバーサルデザイン確認・完了検査方法の改善
6．未来へ残す明確なストック理念の構築、継続的な環境形成の必要性

も異なるが、表4で示す合意形成のための時間(コストも含まれるが)は相当数必要と考えるのが妥当である。そのことが良質なバリアフリーやユニバーサルデザインへの展開につながるはずである。

最後は、面的なバリアフリー法本体の課題であり、その中核をなすバリアフリー基本構想への期待である。バリアフリー法の趣旨は、すべての市民に向けて、建築物、鉄道、道路、公園、航空機、船舶、その他の車両など市民生活の移動、利用が連続的につながることにつきる。

国交省の交通、建築、公園、道路の各分野が国土政策から市民生活まで連続的に連結され、従来の縦割りの枠組みを法令レベルで一本化されたことを強く意識する必要がある。そして、その具体化を目指すバリアフリー基本構想の役割は大きい(図2)。しかしながらバリアフリー法の制定後、12年を経過した2018年度末時点でも、その策定率は全国1741市町村の303団体、約17%にとどまっているのである。国交省の調査では、単一的な施設整備の進展、総合計画にかかわる時間、人、コストが対応できないことが理由としてあげられている。しかしネックは策定費と住民参加の問題である。前者は首長の判断によるが、基本構想の必要性の理解と判断に他ならない。後者は市民や障害当事者の参加問題につきる。経験のない行政職員は障害者の行政施策への参加

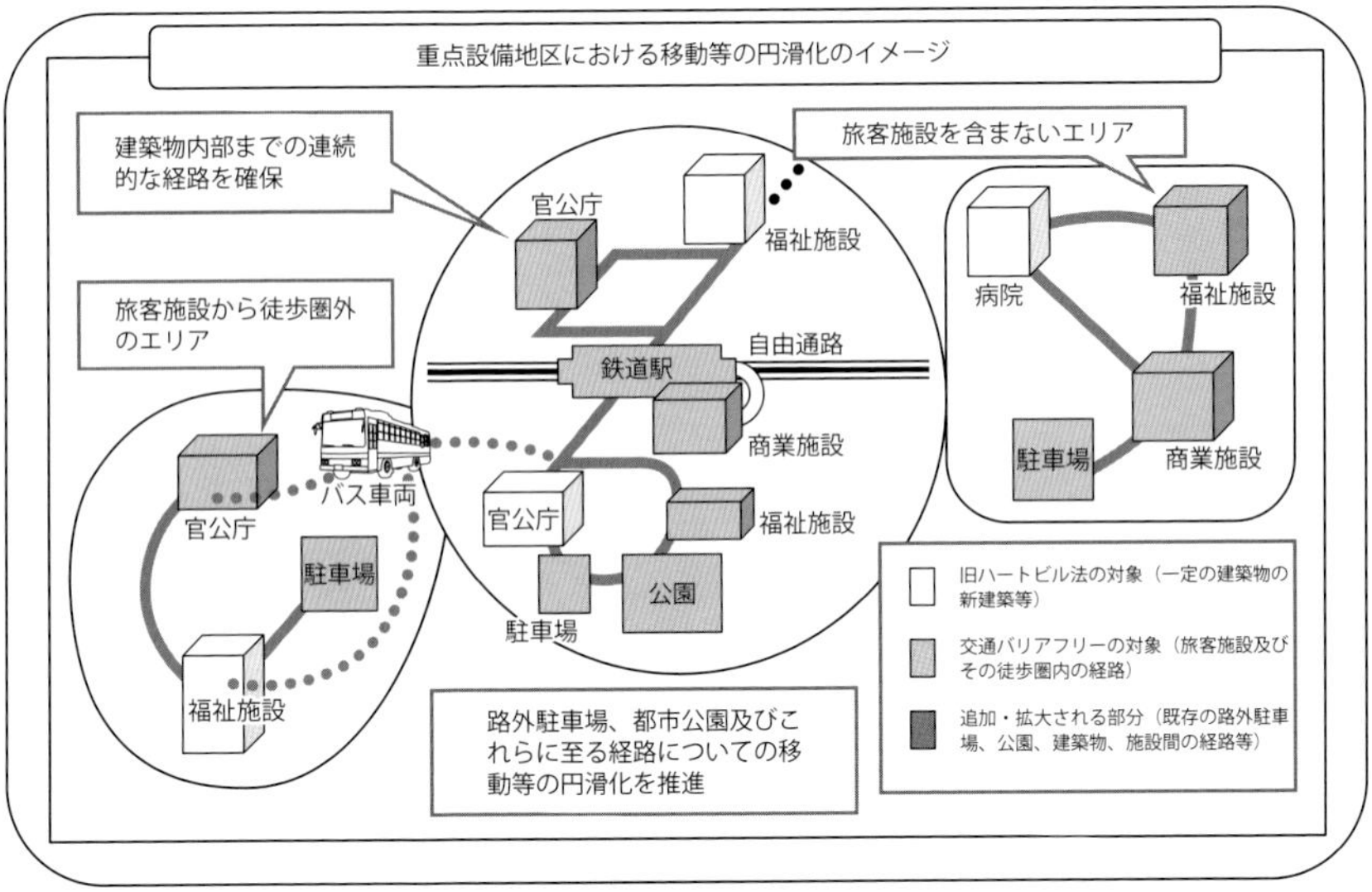

図2　バリアフリー基本構想の概念図（出典：国土交通省2006年法制定時資料）

基本構想は市町村が中心に作成する。

図はバリアフリー法基本方針に基づき一定の生活関連施設（建築物、公園、駅等）があれば、どのようなエリアでも基本構想が作成できることを示している。

施設のバリアフリー化は法に基づき単体でも行われるが、基本構想が定める重点整備地区内の生活関連施設や生活関連経路（道路等）が基本構想に基づいて整備のための事業計画に定められた場合（特定事業計画という）、既存施設のバリアフリー整備が法的に義務化される。バリアフリー基本構想のポイントは、市町村の担当者が各施設管理者に事業計画の策定を合意してもらうことにある。

に極めて慎重である。これは基本構想の策定現場に限らないが、「共生社会」を形骸化させてしまうことになる。バリアフリー法を地域単位で運用するときには、法が何のためにつくられたのかを理解することから始めなければならない。

第4章・・・いま、改めて問うユニバーサルデザイン

1……ユニバーサルデザインの前史

バリアフリーデザインの始まりには、日本と米国、あるいはヨーロッパそれぞれの違いはあるが、ほぼ類似した社会状況が垣間見られる。すなわち、19世紀後半から繰り返される戦争、自然災害、交通事故、多様な疾病の出現、そして人権の回復が社会問題化するタイミングと密接に絡んでいた。これは今日の世界情勢の中でも、まったくといってよいほどその構造は変わっていない。とりわけ戦争による影響は大きい。かつてリハビリテーション医療は１９１９年の第1次世界大戦後に急速に発展した。日本では、23年の関東大震災後の復興から肢体不自由者のリハビリテーションが本格的に始まっている。

第2次世界大戦後は、とくに戦勝国である米国において退役傷痍軍人の社会復帰問題に関係して、国家施策としてのバリアフリーが広まった。加えて、１９４０年代後半および50年代前半に流行したポリオ（小児麻痺）の発生とモータリゼーション化による交通事故等による障害者の増加が背景にある。周知のようにこれらの社会的な動向と黒人の差別を撤廃する公民権運動にみられる人権の回復、権利獲得運動が障害者の社会参加、バリアフリーの発展を促したのである。

社会活動への参加や権利回復のための施設改善要求とそれに応えるバリアフリー建築基準は、１９５０年代までは米国でも存在していなかった。60年代初頭、イリノイ大学のティモシー・ヌージェント(Timothy Nugent)教授らにより、基準の検討が始められ、61年、世界ではじめてのアクセシビリティに関する設計基準「建築物や設備を身体障害者にも近づきやすく利用しやすくするための仕様書(American National Standard Specifications for Making Buildings and Facilities Accessible to, and Usable by, the Physically Handicapped)」が米国基準協会(ASA：American National Standards Institute)により刊行された。公民権法同様この基準作成の指示は当時のケネディ大統領であったことはよく知られている。ＡＮＳＩ基準は60年代に、全米各地の州機関や連邦機関によって建築法規や建築規則内のバリアフリー基準として採用されていくが、英国の60年代、そして日本の70年代のバリアフリー基準形成[★注1]に大きな影響を与えた。68年の世界最初の米国建築物バリアフリー法(Architectural Barriers Act)もこの基準がベースとなっている。

文献によると、[★注2]１９７０年の中ごろまでには、全米でおよそ65の様々なアクセシブル設計法規や規則があり、その大半は、似かよってはいるが、異なる運用がなされていたといわれている。例えば、州をまたぐ同じ開発プロジェクトに、いくつもの基準や法が適用される事態も生じたという。これにより、建設業界や製品業界の混乱を招くこととなり、バリアフリー基準の問題点が指摘されることとなった。当然利用者である障害者自身にも有益ではなく、建設業界も反発することになっていく。

これらの状況は、福祉環境整備要綱や福祉のまちづくり整備指針が、隣接する県で異なったり、同一県内で異なる指針が存在していた時代、つまり福祉のまちづくり条例の制定前後とまったく同様である。日本の場合は、残念ながら建設業界がそこまで意識し

注1…１９６２年英国王立建築家協会でのヌージェントの講演を契機に、英国基準協会(British Standards Institution)は、63年同様の基準を制定する。その作業にかかわったセルウィン・ゴールドスミス(Selwyn Goldsmith)は同年に名著『Designing for the Disabled』を出版した。同書は九州大学の青木正夫らにより『身体障害者のための生活環境設計』(74年)として翻訳された。ゴールドスミスは後年、ヌージェントについて「彼はすべての人がアクセスできるようにと主張していた」(２００３年)と述べている。しかし結果的にはアクセス基準は社会への統合に向けた基準ではあっても、「身体障害者のため」にとどまった。これは日本の「福祉のまちづくり」でもまったく同様であった。

注2…James A. Bostrom, Ronald L.mace, Maria Long, Adaptable Housing, HUD, １９７８、障害者の環境改善に関する海外文献等の調査研究、(財)日本障害者リハビリテーション協会、１９９１、83-１６８に所収

ていたとは思えないが、設計者や研究者の一部からは少なくとも基準統一への課題が指摘されていたことは事実である。

こうした問題や障害の概念の変化を背景にして、ＡＮＳＩ Ａ１１７・１の基準担当事務局は、１９６１年版基準の見直しに着手した。対象建築物には新たに住宅設計仕様も追加され、80年ＡＮＳＩ、Ａ１１７・１の改正が公布された。84年には、ＡＮＳＩの技術仕様の大半が連邦統一アクセシビリティ基準（UFAS : Uniform Federal Accessibility Standards）に組み込まれた。これ以降、すべての連邦政府機関では、建築物に関する改正アクセス技術仕様書を使用することになった。このＵＦＡＳ基準は、さらに、86年版ＡＮＳＩ技術仕様書に統一され、全米ほとんどの州およびすべての連邦政府機関にアクセシビリティ基準を満たすために同一の設計仕様の使用が義務づけられた。その後90年の米国障害者差別禁止法（ADA : Americans witu Disablities）の成立とともに、92年に施行されたＡＤＡアクセシビリティ・ガイドライン（ADA Accessibility Guidlines）に導入され、さらに２０１０年のＡＤＡアクセシビリティ・デザイン・スタンダード（2010 ADA Standards for Accessible Design）に拡充されながら受け継がれている。

ちなみに、米国で障害者による公民権運動の集大成として結実したＡＤＡおよびＡＤＡＡＧは、それ自体の考え方、人権への配慮、基準到達度は日本のバリアフリー法および建築設計標準を超えているが、ユニバーサルデザインのガイドラインではなく、アクセシブルな最低整備基準を示しているに過ぎない。ＡＤＡはユニバーサルデザインのゴールではなく、基盤であるというのが筆者の基本的な理解である。

日本における福祉のまちづくり条例からハートビル法へ、そしてバリアフリー法に到る基準の流れにかかわる諸問題、とくに基準の不統一と建設業界の無理解が、米国でも同様であったことが文献から確認できる。立地、人口構造等の地域特性を有しながらしだいに州や市町村の建築法規と連邦および州規則、仕様書が同一の方向に移行していくのは国内外を問わず同じ原理なのであろう。そしてさらに、地域特性がそこに加わりながら地域のバリアフリーやユニバーサルデザインの目標が設定されていくのかもしれない。

すでに述べたように、米国、そしてノーマライゼーションの国、デンマークやスウェーデンが、日本より一足先に施設からの脱却を政策に反映し、そのことが加速度的に基準や法制度を生み出した。ただし、その原動力となったのは、米国が公民権法という人権回復法であったのに対し、北欧諸国は貧困を社会全体の課題としたものであった。以下ユニバーサルデザインの登場に至る経緯である。

・1961年　米国基準協会がアクセシビリティやユーザビリティ（Usability）をベースにした世界初の基準を制定。
・1964年　米国公民権法(civil rights Act)成立。★注3
・1968年　米国建築障壁法(Architectural Barriers Act)成立。世界ではじめて、バリアという言葉が法律文書に登場した。ただし、当時は連邦関係の公共施設が対象。公共施設での障害者の差別禁止。
・1977年　米国リハビリテーション法504条(1973年改正法)施行。連邦の公共施設以外でも、連邦から補助を受けているすべての事業では障害を理由とした差別を禁止した画期的な条項であり、90年のADA法の原型となった。

注3…マーチン・ルーサー・キング牧師らが指導した黒人差別撤廃運動により成立。人種、宗教、性、出身国、皮膚の色で雇用、教育等の差別を禁止した。東京オリンピック開催のわずか4か月前であった。その前年にはケネディ大統領が暗殺されている。しかし、公民権法には、障害は入っていなかった。これが障害者の人権獲得と障害を理由とした差別禁止法(ADA法)の制定につながる運動に発展した。

・1985年　ロン・メイス★注4がユニバーサルデザインを提唱（American Institute of Architects★注5 "Universal Design", Designers West Nov.1985, 147-152

・1988年　公正住宅修正法（FHAA：Fair Housing Amendment Act、公民権の制定）。4戸以上の集合住宅における不動産業務で障害を理由とした差別禁止。日本では2001年に施行された高齢者居住安定確保法にやや近い表現があるが、人権法との違いは大きい。

・1989年　ロン・メイス、ノースカロライナ州立大学内にアクセシブルハウジング・センター（The Center for Accessible Housing）を設立。住宅の領域でアクセサビリティからアダプタビリティの住宅開発を本格化、ユニバーサルデザイン概念を具体化するための開発である。これと比べ、60年代後半に始動したスウェーデンにおけるフォーカスアパートの開発時期の早さがよくわかる。

・1990年　米国ADA法の制定。障害者の公民権法である。リハビリテーション法504条では連邦政府が関与する事業に限定されていた障害者差別禁止をあらゆる公共的なサービス、雇用、情報関係（通信）の場面に拡大して障害を理由とした差別を禁止。公共、民間の施設であるか、連邦の補助を受けているか否かにかかわらない。

・1996年　ロン・メイス、アクセシブル・ハウジング・センターをユニバーサルデザイン・センター（The Center for Universal Design）に名称変更（表1、写真1）

・1997年　ロン・メイスらユニバーサルデザインの7原則発表★注6

注4…本名はロナルド・メイス（Ronald Mace, 1941-1998）。本文ではロン・メイスと呼称する。ユニバーサルデザインを1985年に提唱した。

注5…米国建築家協会（AIA）

注6…7原則とは、公平、柔軟、単純と直感、認知、安全、効率、スペースと広さである。本章113頁で詳述する。ユニバーサルデザインとは、可能なかぎり多くの人が利用できるデザイン、サービスをいう。

写真1　ユニバーサルデザイン・センター（1998・10）

表1　ユニバーサルデザイン・センター（The Center for Universal Design）（ノースカロライナ州ローリー）
1998年10月Leslie　C.Young、Dick David インタビュー

1989年、米国政府の資金援助と教育機関の協力を得て、ロン・メイスがノースカロライナ州立大学の中にセンターを設立した。設立当初は、障害者のためにどのように、どのような住宅環境をつくるべきか考えてみようという意味を込めて"The Center for Accessible Housing"と名付けた。その後1996年に住宅環境にかかわらずあらゆる「モノ」を扱い、幅広い目的で一般に利用されるデザインの開発を目指して"The Center for Universal Design"（ユニバーサルデザイン・センター）と名称を変更した。センターは補助金で活動を行っており、その大部分は米国政府からのもので、その他、民間企業・個人からの補助金も受けている。 センターは以下の4つの部門で構成される。合計13人のスタッフで活動中 ① リサーチ部門：どのように「人」と「モノ」が相互作用するかを研究 ② トレーニング部門：ユニバーサルデザインの研究会・セミナーなどを企画・開催 ③ デザイン部門：新しい概念を取り入れたデザインアイデア（または、改善案）を提供 ④ インフォメーション部門：一般への情報提供・情報交換、印刷物などの作成・出版

2……ロン・メイスの出発点

ロン・メイスは車いすを使用する建築家であり、工業デザイナーであった。また、自身は障害者や高齢者のための環境デザインを専門とするバリアフリー・エンバイロメンツ社(Barrier Free Environments, Inc.)を経営し、アクセシブル製品の開発や販売をしていたこともあり、バリアフリーに対する建設会社の批判と同時に、特化したアクセシブルデザインのもつ問題を強く意識せざるを得ない立場でもあった。

1985年に発表したユニバーサルデザインの論文は、ロン・メイスが障害当事者として10年間に渡りアクセシブルデザインを推進してきた経験をもとにした総括でもあった。その論文でロン・メイスは次のように述べている。

「われわれの社会には、なんらかの身体的障害を負う人々が数多く存在するが、建築家や設計士の多くは自らが設計する建築物や製品がそういった人々の生活にどれだけ甚大な影響を及ぼしているのかをほとんど認識していない。比較的軽度な運動障害を抱える若者が、アクセシビリティの問題が理由で家族と自宅で暮らすのが困難となり、養護施設に入れられてしまう。また、薄暗い灯りの下でメニューの小さな字が読めず恥をかくことを恐れた老夫婦は、レストランに出かけることをやめてしまう。あるいは、経験のある管理職が、急に車いす生活を強いられることになり、職場のアクセシビリティの問題が原因で辞職せざるを得なくなれば、会社は有能な人材を失うことになる。また、耳の不自由な人だけが非常ベルの音が聞こえないために小さな火事にもかかわらず焼死してしまうこともある。このような事態は、建築物や製品がユニバーサルデザインに立脚して設計されていれば発生し得ないものばかりである。」（圏点、訳とも筆者）

日本ではバリアフリー、米国ではアクセシビリティと呼ばれるが、1980年代から90年代にかけての米国においても理解と解決策が困難な時代であったことがわかる。その困難であった時代であったからこそ、「ユニバーサルデザイン」の概念が発見されたともいえる。そして、「高齢化が進む米国社会では、これからますます身体的不自由を抱える人々が増えてくると考えられる。こういった点からしても、これから10年後、ユニバーサルデザインを支持する声は高まってゆくだろう。アクセシビリティ改善のニーズに経済的な観点から対応できるのはユニバーサルデザインだけである」と。

ロン・メイスらは、1988年に成立した公民権法のひとつ「公正住宅修正法」（FHAA、1988年）を出発点として、住宅建設業界からの批判を受け止め、新築住宅を最初から全面的なアクセシブルデザインにするのではなくて、基本的な部分のみアクセシブルとし、残りはユーザー、入居者に応じて設備を組み合わせる「アダプタブル・ハウジング」の概念を生み出したのである。アダプタブル・ハウジングはまさにユニバーサルデザインの序章であった。

そして、アダプタブル・ハウジングのガイドライン作成にかかわったロン・メイスらは、1994～97年にかけてユニバーサルデザインの開発を促進する研究を、ノースカロライナ州立大学アクセシブル・ハウジング・センターで開始する。95年8月、全米各地から建築家、プロダクトデザイナー、環境デザイン研究者など10人の専門家が集結し、

表2　ロン・メイスの発言(1998年6月亡くなる2週間前の米国テレビインタビューより)

「私は、当センターの創設者であり、ディレクターです。このセンターは、ノースカロライナ州立大学の中に位置し、米国政府などから補助金を受けながら、主に住宅施設をユニバーサルデザインに変えていくことを目的として活動をしています。私は、27年間に渡りユニバーサルデザインを研究し続けてきました。多くの人にこの研究を広めようとした当初は、建築構造にバリアフリーの考えを取り入れ、障害者の中でもとくに車いすの人を対象にしたものを研究していましたが、なかなか受け入れてもらえませんでした。しかし改良に改良を重ね、それがやがて車いすの人のみでなく、その他の障害をもった人々、もたない者といったすべての人々にとって有益なデザイン、つまりユニバーサルデザインへと変わっていきました。私自身25年間建築事務所で働いてきましたが、その間、建築業界では、従来通りの設計を実施してきました。そんな中で、障害をもつ人々の多くが、生活の不便さを訴え続けてきました。私は、これをひとつの重要な問題として取り上げたのです。そのことが今日のユニバーサルデザインへと発展しました。このセンターは、大学の中に設立されていますが、国が所有するセンターであり、ユニバーサルデザインを推進していく場所です。ここでは、建築分野のみならずもっと広範囲な分野に関しての開発設計を行っており、また常に新しいコンセプトを取り入れたデザインの情報技術指導などを広く一般に公開しています。このことがより多くの人にユニバーサルデザインに感心をもたらすきっかけとなり、近年ユニバーサルデザインの基本的な概念である7つの原則を発表しました。従来の建築デザインは、主に成人した男性を中心に考えられており、高齢者・女性・子どもそして障害者のことを考えてつくられたものではありませんでした。これからの「建築物」、「モノ」は、使用するすべての人々のために考案されていくべきであると考えています。とくに今後さらに高齢化が進むため、今まで以上に「利用者にとってやさしいデザイン」を考えていかなければならないのです。障害者は、現状の建築設計では、生活に不便さを感じてしまいます。障害者・健常者にかかわらず、すべての人々にやさしいデザインを考え開発していこうと考えています。おそらく今後数年の間に、すべての人々にとって使いやすく、障害者にとっても特別な感じを与えない、かつ低価格のデザインが求められていくでしょう。昨年6月にニューヨークで開催された国際学会で「障害者用の宿泊施設」が議題として取り上げられましたが、そのことを討議していくうちに、「人はだれでも年を追うごとに障害をもちやすくなり、生活に不自由さを感じていくのは当然のことである」といった話になりました。それならば「障害者のために」ということではなくて「すべての人のために」建築設計を考えるべきであるということに、参加者のほとんどが同意しました。このことが徐々にですが、建設業界に浸透していったのです。私個人は、普通の建築家であり、ユニバーサルデザインの専門家ではありません。「自分は、障害をもっているからこれは使えない」とか「障害をもっているからこっちを使わなければならない」といったように「自分は、障害者である」という気持ちをもたざるを得ないのが現状の建築物です。これらの建築物を障害者にとって受け入れやすい、自分は障害者であると感じさせない建築物に変えようと考え、取り組んできただけです。ユニバーサルデザインに取り組みはじめた約20年前の建築デザインと自分が求めているユニバーサルデザインには、あまりに大きなギャップがありました。そのために非常に多くの時間を研究に費やしました。」

(ユニバーサルデザイン視察報告、監修髙橋儀平1998年11月)

ユニバーサルデザインのガイドラインづくりが開始された。[★注7]そして生まれたのがユニバーサルデザイン7原則である。

ロン・メイスが生み出したユニバーサルデザインは、米国の住宅マーケットとアクセシブル・デザインの開発・改善、さらには「区別をしない、分離をしない」人権戦略を強く意識しながら課題解決に向けた努力が積み重ねられてきたものであることがわかる。まったく新しいデザイン概念というよりも、市場と障害者の権利保障の両面からデザインの融合性を高め、障害という特別なデザインニーズを意識しながらも、より広範なユーザーニーズをいかに満たすことができるかというステップ・バイ・ステップのプロセスが反映されたものと解釈できる。

ロン・メイスは続ける。「障害をまったく経験せずして生涯を終える人はごくわずかに過ぎないだろう。人の一生のニーズに配慮することにより、われわれはだれにでも使いやすい環境をつくり出すことができる。しかし残念ながら、設計の専門学校では障害者や子ども、高齢者、女性について、さらにはそういった人々のもつ様々な能力についての教育が行われていないため、建造物をアクセシブルにするための正しい知識を備えていない建築士が多い」。

注7…Wolfgang FE.Preisen, Elaine Ostoff, Universal Design Handbook, The Mc Graw Hill, 2001 ユニバーサルデザイン・ハンドブック2001、136頁。日本語版が2003年丸善より出版されている。

3……アクセシブル・ハウジングとアダプタブル・ハウジング

米国では、1980年のANSI基準や改正版ANSI基準の公布以前から、多くの州や連邦機関ではそれぞれ独自の障害者用住宅（アクセシブル・ハウジング）の設計仕様を開発してきた。これらの仕様の大半は、車いす使用者のみを対象とした機能に焦点を当て、しかも新築の多世帯向け集合住宅の通常5～10％の住戸にのみ課せられるものであった。

1970年代後半以降、この仕様の運用が障害者に特化し過ぎているとの批判が住宅建設業界から起き、一定の割合★注8（5～10％）でアクセシブル・ハウジングを建設しても、戸数が少なく、満足できる住宅が少ないため障害者自身が借りなかったり、家族が使いづらい、あるいはデザインの魅力がなく障害のない人は借りないという問題が浮かび上がってきたという。とくに連邦政府が資金援助する事業に対して、障害者差別の禁止を謳った77年リハビリテーション法504条の施行後に、建設された住宅に多くの課題が積み重ねられた。こうした現象は規制強化と市場性がマッチしていないことから起こったのであるが、規制強化の先行が結果として「アダムタブル・ハウジング」という新たなデザイン概念を生み出したのである。では、アダプタブル・ハウジングとは何か。

504条の適合を超え1988公正住宅修正法を満たす住宅がアダプタブル・ハウジングである。アダプタブル・ハウジングについては次のように説明されている。少し長くなるが、アダプタブル・ハウジングの重要な概念を示しており要約を紹介する。★注9

注8…5～10％の特別な住戸（障害者用住宅）を供給するシステムはその比率があまりにも少ないため、障害者が自分に適したアクセシブル住宅を捜し出すのが困難だった。（出典は注9）

注9…髙橋儀平、香山千加子訳、アダプタブル住宅、障害者等の環境改善に関する海外文献の調査研究、日本障害者リハビリテーション協会、83-168、1991。

「数少ない特別な住戸（アクセシブル・ハウジング）を要求していくことは期待されたほどうまくは進展しなかった。例えば、障害者のために計画された住戸であるのに、障害者が借りないという事態もしばしば生じた。（略）一部の建設業者や家主にとってはアクセシブル・ハウジングを非障害者世帯に賃貸することが悩みの種であった。つまり通常の居住者の多くは、浴室の手すりにみられる病院のような外観や、低い作業面を備えたため高さの揃わないキッチンカウンターを好まなかったのである。

キッチンに膝が入るスペースを確保するために、ベースキャビネットの収容量を犠牲にしたくない人もいた。一部の家主はアクセシブル・ハウジングを非障害者用に貸すために家賃の値下げをしなければならず、収入減ともなった。実際多くの家主は、収入減になると感じていたし、定型的アクセシブル・ハウジングの義務的な比率を削除するか、徹底的に縮小するように要求する運動を始めた住宅所有者もいた。

ANSI基準研究チームと障害者グループは、こうした圧力に対して、定型的なアクセシブル機能を排除し、外観上の問題を解決するために柔軟性が必要であることを認識していた。このような中で、アダプタビリティの概念が登場したのである。

アダプタブルな住宅という概念の導入によって、住戸は入居者のニーズにより合ったものとなり、非障害者に好まれないような特別で異質なアダプタブル・ハウジングの外観が排除されることになった。また、住宅開発業者が定型的アダプタブル・ハウジングを賃貸する際に生じるいくつかの問題を軽減し、すべての人のニーズに合うような住戸をより多く供給する方策を示したのである。住宅をアクセシブルにするために、この標準的なアプローチ方法が支持されていることで勇気を得たいくつかの州は、建築法規の

図1　アダプタブル・ハウジング
アダプタブルハウジングとは、ANSI A117（1986）に定められたアクセシブルな機能をもつもの。車いす使用者のために特別に設計するのではなく、障害者、非障害者の区別なく利用者のニーズに合わせて必要な設備や部品を付けたり外したり、調節したりすることができる住宅である。

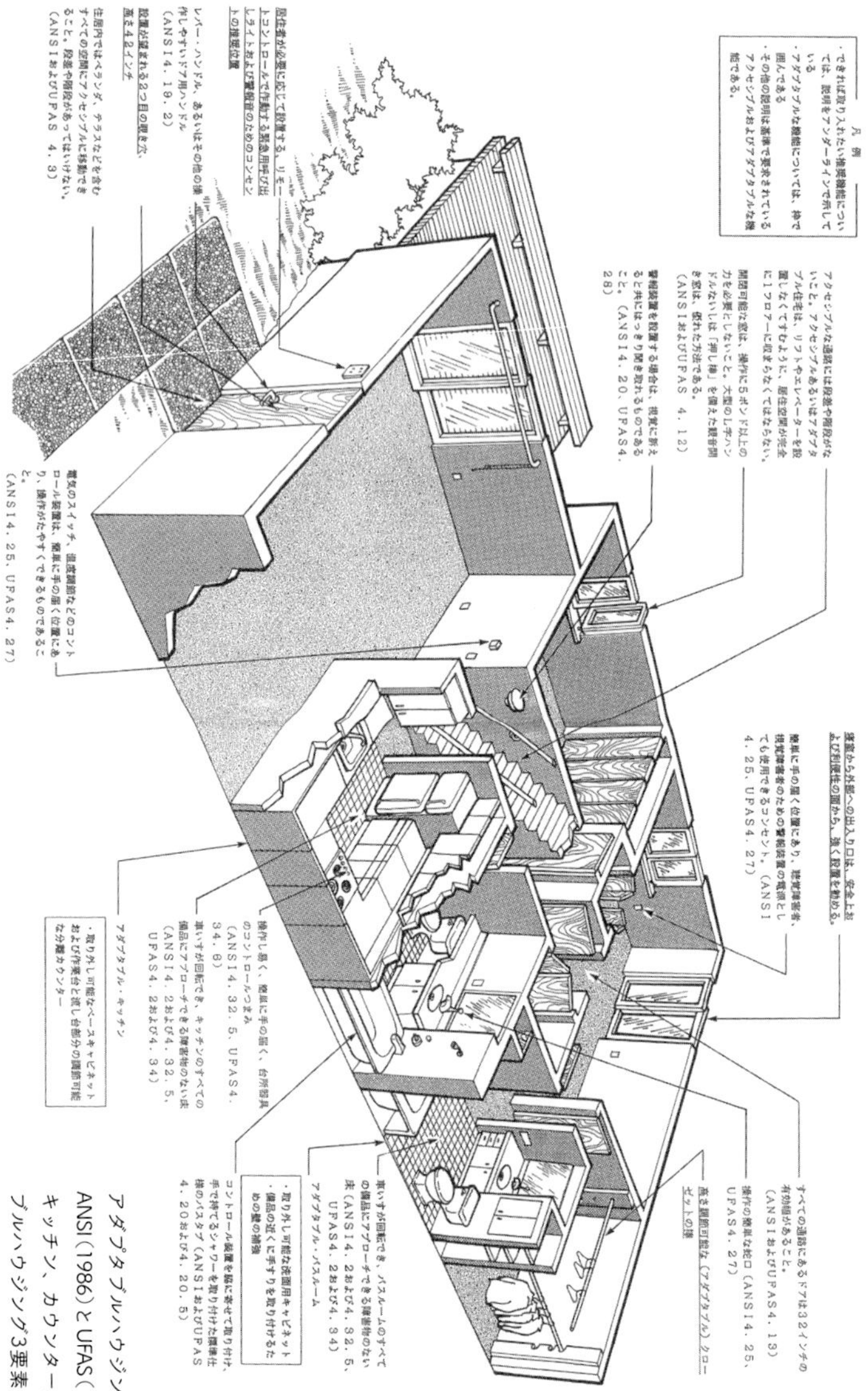

アダプタブルハウジングの標準図
ANSI（1986）とUFAS（1984）基準をベースにキッチン、カウンター、手すり等のアダプタブルハウジング3要素が説明されている。

アダタブルハウジングの3要素

1. 取外し可能なキッチンベース・キャビネットがあり標準的外観である。

2. カウンターの一部が標準の36インチから28インチの高さまで調節可能である。

3. 入居者に合わせてバスタブ、シャワー、トイレに手すりを付けることもできる壁補強がある。

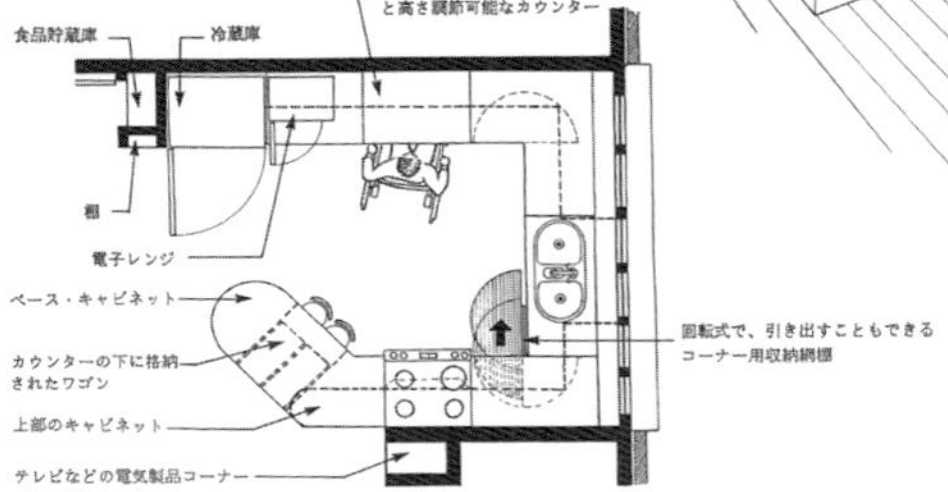

図38　アダプタブルな機能を備えたキッチンの平面図

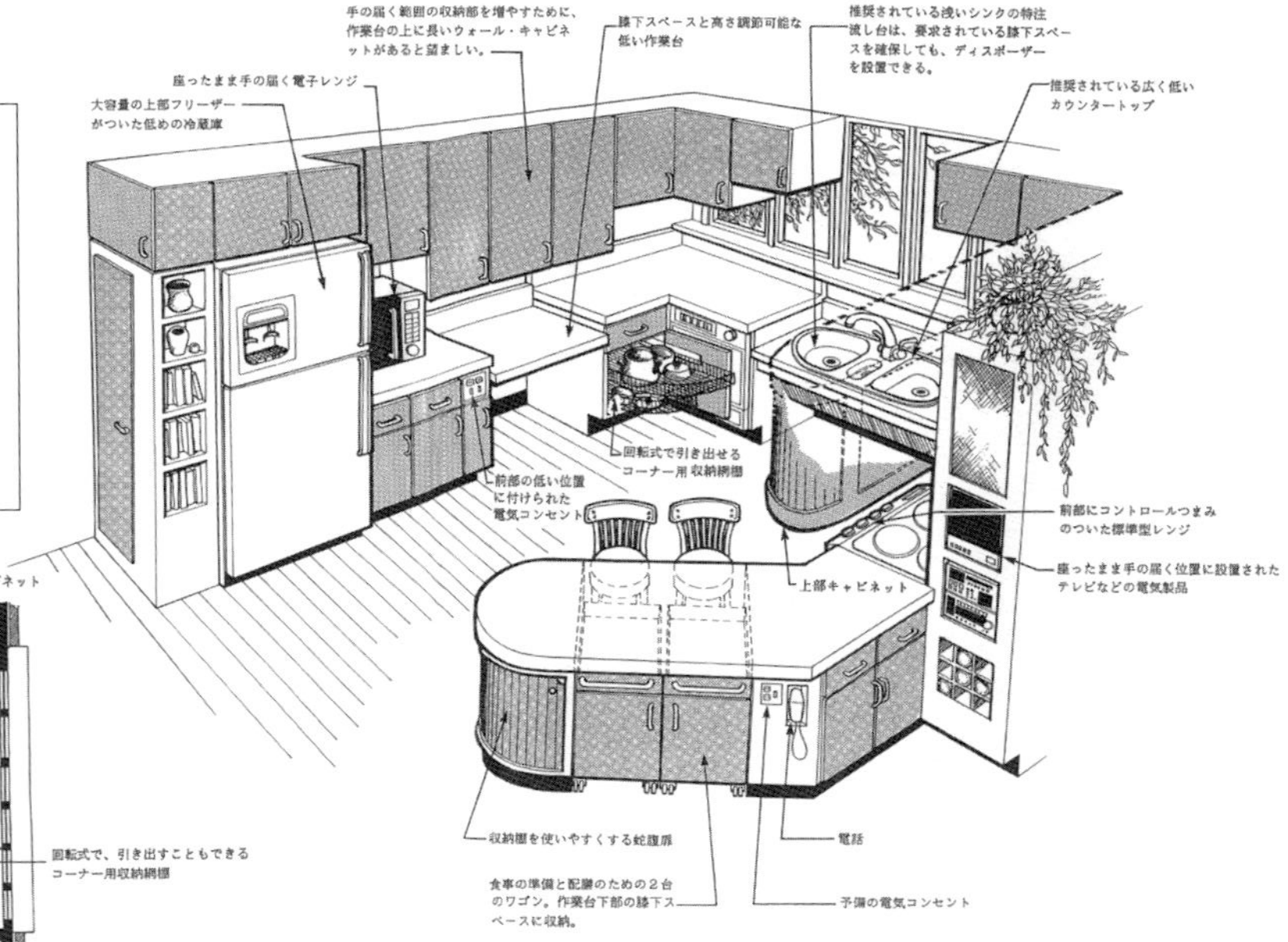

アダプラブルキッチンの標準図
車いす使用者でも使いやすいキッチン、カウンター、収納スペースを示している。

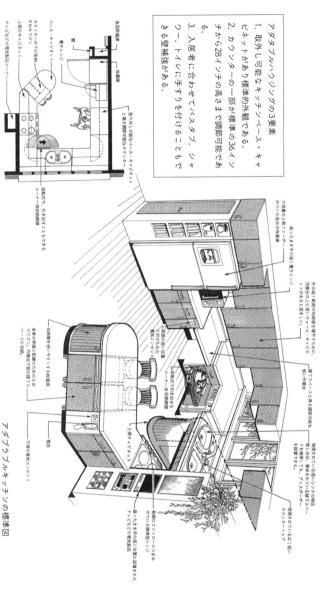

中に定型的アクセシブル・ハウジングに代わるものとして、アダプタブル・ハウジングの概念を取り入れた。

アダプタブル・ハウジングとは、特別な外観を呈していないアクセシブル住戸、あるいは、ある要素を付加し調節することにより、各々の居住者のニーズに合わせることのできるアダプタブルな機能を有した住戸のことである。アダプタブル・ハウジングには、ANSI（1986年）およびUFAS（1984年）基準が要求するすべてのアクセシブルな機能が備わっており（例えば幅の広いドア、段のない床面、アクセシブルな通路など）、調節可能な機能を選択することも、反対に固定的なアクセシブル機能を選択することも可能である。

アダプタブルな設計が適切に行われれば、住戸の外観は通常の標準住宅となんら変わりはない。個人のニーズに適応できるアダプタブル機能が備わっていることで、外観が通常の住戸と異なるアクセシブルな機能を必要としなかったり、望まなかったり、あるいはそれが不便だと思う人々にとって、アクセシブルでもあるその住戸は魅力的なものとなる。市場性の向上に加え、居住者が必要とする時には障害物のない膝下スペースや手すりなどを供給することもできる。

しかし、アダプタブル・ハウジングの概念が発達するにつれて、住宅供給側にも消費者側にも、この概念に対するある誤解が生まれてきた。建築業界では、アダプタブル・ハウジングとは、障害者が入居するにあたって、あるアクセシブル機能を必要とした場合に改築ができる標準住戸のことだと思っている人々もいた。この改築とは、ドアを広げ、アクセシブルな玄関を付け足し、キッチンとバスルームをつくり直し、アクセシブルな収納場所を供給する、などである。このような理解をしていた家主は、改修のために賃借人を60～90日待たせなければならなかった。これは双方にとって時間とコストがかかり現実的ではなかった。真のアダプタブル・ハウジングは、改修したり、構造的な変更を加えたりすることなく、設備などを調節することで居住者に対応できるものである。基本的なアクセシブル機能は、すでに住戸内に取り入れられていると考える。構造的な変更を必要としない項目には、①カウンターや流し台の高さを変える、②作業台、キッチンの流し台、およびバスルームの洗面台下部に膝下スペースを設けるためにキャビネットを取り外す、③必要に応じて手すりを取り付ける、などが含まれる。これらの変更は、新しい入居者に際して、待たせることなく実施することが可能である。建物のメンテナンス担当者、居住者自身、あるいは家主がこれらの簡単な調節をほんの数時間で行うことなのである。

障害者や障害者団体、あるいは車いす使用者の中には、アダプタブル・ハウジングは定型的なアクセシブル住戸より使いにくいのではないかと危惧をいだく者もいる。また、アダプタブル・ハウジングは設計上アクセスがあまりよくないのではないか、建築主や管理者が、住戸を十分に適応させるのを嫌がるのではないかと恐れている。しかしアダプタブル・ハウジングは、正しく建設された場合には、定型的なアクセシブル住戸に要求されているのとまったく同じ機能を備えたうえで、通常いくつかの機能をキャビネットなどで一時的に隠しておくとか、また、それらの機能を必要としない人々が居住者になる場合には、その機能を省略することも可能なのである。このように、アダプタブル・ハウジングは、居住者の特定なニーズに適応させることのできる機能をもつ住戸であるといえる。

4……ユニバーサルデザインの7原則

　ユニバーサルデザインとは、「年齢、国籍、性別、個人の能力を問わずだれもが可能な限り利用しやすいデザイン」のことである。そして特別なデザイン対応を避けることが求められる。しかしどの程度までが「ユニバーサルデザイン」と呼べるのかは、ロン・メイス自身も明確な答えを出してはいない。1998年11月、筆者はユニバーサルデザインの発祥の地、ローリーにあるロン・メイスの晩年の住宅を訪ねたことがある。ロン・メイスはその年6月29日に自宅で急逝していた。自宅では車いすを使用しているロン・メイスの晩年のパートナー、ジョイに会うことができた。ロン・メイスの寝室、バスルーム、書斎の各空間はロン・メイスが使いやすいように改修されていたが、トイレやクローゼット、リモコン式の照明など必要最小限の改修に止め特別な対応を少なくしていたことが印象に残っている（写真2〜5）。ジョイは明確に「特別な設計にすると需要が少ない分だけコストが高くなる。だれもが使えるようにしてコストを下げる必要がある」と語った。ロン・メイス自身ももっともシンプルにかつ広範に利用できるデザインを模索していたことがわかる。

　しかし、興味深かったのは、そのロンの家もキッチンはまったくアダプタブルあるいはアクセシブルではなかったことだ。ジョイは「ロンは調理をしなかったので必要なかったの」と明るく笑っていた。

写真3

写真2

写真5

写真4

写真2　書斎、ジョイさん
身体動作が少なくて済むようにコンパクトにまとめられている。
写真3　キッチン
ロンは調理をしなかったのでキッチンの改修に関心を示さなかった。
写真4　寝室
コンパクトで必要な家具や設備が取り纏められている。
写真5　バスルーム
手すりも後付けで、簡単な改修に見える。

ロン・メイスは自身が車いす使用者であったが、実業家であり、ユニバーサルデザインに強く向かわせたのは事業者への「理解」ではなかったかと考えられる。事業者にも受け入れられるアクセシブルデザイン、つまり障害のないユーザーに好まれるデザインを、障害者を「特別な扱い」と感じさせないデザインにに可能な限り一致させようとしたのである。アダプタブル・ハウジングからユニバーサルデザインへ、住宅を手がかりにアダプタブル・デザインの進化を追及したのである。2000年代以降、日本においてこの「特別な扱い」を感じさせない考えが、福祉のまちづくり行政、障害を意識した建築、交通さらには文化活動、多様なユーザーへのサービス提供方法として定着してきた。今なお実現は難しいが、あらゆる市民生活の場面で受け入れられやすいデザイン概念として発展してきた。米国と同様、福祉のまちづくりやバリアフリーへの抵抗感と行き詰まり、差別意識を乗り超えて、すべての人をインクルーシブするという心地よさを背景に市民社会への浸透を図ったのである。しかし、日本においてユニバーサルデザインが広がりを見せた背景には、高齢社会への模索の中で次の一手が見出しえなかった企業が、新たな市場の可能性として着目したことであった。ユニバーサルデザインを障害者問題の理解を飛び越えて企業が導入したのである。そして今、その付けが現実となり、「心のバリアフリー」が叫ばれている。

日本では、2000年ごろから10年間はユニバーサルデザインの全盛時代でもあった。しかし、企業でのユニバーサルデザインの過半は、障害の理解や車いす使用者、高齢者、視覚障害者向けであるか、逆に障害のある人を除いた高齢者や子どもなど部分的なマーケットだったのである。限定的かつ利益中心のユニバーサルデザインの実践による事業の発展に限界があるとみなした企業は、再び方向転換を行う。もちろん表面上は社会からの企業評価に大きな支障が生じないよう徐々に表出を少なくした。ホームページの更新は少なくなり、あるいは最前線から外した。表面上は共生社会対応の要とし、多様性とユニバーサルデザインを標榜しながら、一部セクションを残し組織としてほぼ完全撤退ともいえる状況が2013年以降続いている。今後、ユニバーサルデザインの可能性があるとすれば、教育現場や子育て現場、あるいは多様な市民を包含するコミュニティ再生の糸口が必要となる現場かもしれない。もう一度「まちづくり」に戻るのであるが、行政の動きがさらにみえにくい。

ボストンでADAやユニバーサルデザイン教育を推進するNGOアダプティブ・エンバイアランメンツ★注10の創設者であったイレーン・オストロフの主張は明快である。「ユニバーサルデザインは障害者の人権獲得からスタートした。そのことを忘れてはいけない」。また「ものをつくる時、環境をつくる時、人が中心にいなければならない。分離は差別と認識することからユニバーサルデザインが生まれたのだ」(1998年)と語る。アダプティブ・エンバイアラメンツではユニバーサルデザイン推進にあたり、デザインプロセスへのユーザー参加という考え方を徹底的に押し進めてきた。そして自身が障害児教育にかかわってきた経験からユーザー参加とは、「教師、親、生徒らが、どうすればすべての子どもたちが共通の学校で学べるかをユーザー自身(教師、親、生徒)が考えることである」と、イレーンは主張する。★注11

ユニバーサルデザインの7原則は、ユーザー中心に考えられたものづくり、ユーザー参加型環境づくりの概念といえるが、その中心には、米国社会特有の人権と平等の精神

注10…1978年創立、現在はヒューマンセンタード・デザインに名称変更。

注11…1998年、ボストン訪問時の談。

が存在する。ユニバーサルデザインの7原則は、対象やシーンにより様々な解釈と応用が可能な幅広い原則であると認識できる。

筆者は表3のように7原則をとらえている。

以上、7原則はいずれも公共性の高い環境、ものをデザインするための共通原則ととらえられる。結局のところ、ロン・メイスが提唱したユニバーサルデザインは米国のマーケット社会を反映し、①使う人が中心であること、②すべての世代に対応すること、③市場性が高いこと、の3点が重視されていると考えられる。ユニバーサルデザインは、その製品や環境の設計のために考慮すべき創作プロセスである。一般にデザインの仕事は建築家やデザイナーの世界である。ユーザー参加はそのプロセスのひとつに過ぎず、最後はデザイナー自身の判断と責任に委ねられる。一方、ユニバーサルデザインはそれを戒め、絶えずユーザーの評価を求め続け、その評価を次のデザイン思考に活かしていく持続的なデザインである。

5……日本におけるユニバーサルデザインの展開と特徴

日本におけるユニバーサルデザインは、米国よりさらに広い考え方、対象、プロセスとなり、行政施策、研究実践、建築設計、製品開発、さらにサービスへと展開している。

表3　ユニバーサルデザインの7原則

①公平性：黒人による差別撤廃運動というアメリカ社会の歴史を反映している。世界標準としてのもっとも基本的なコンセプト。公平性とは、経済活動への参加、教育や就労のチャンスの公平性であり、多様な差異を乗り越えてお互いを認め合うということにつきる。すべてのユーザーがものや空間を等しく利用できるということは、ハード面だけでは解決しないことも多く、質の高い人的対応やサービスが選択できることが必要である。様々な考えをもった住民や客層に対応する行政サービスや経済活動には不可欠な考え方である。

②柔軟性：可能な限り多様な一人ひとりのニーズと能力に対応すること。どのような人にも使用方法が選択できることが求められる。住民にかかわるまちづくり行政の職員にとって不可欠な受け止め方であり、優柔不断ではなく的確な判断力と決断力が同時に求められる。またユーザーニーズをデザイナーが受け止める姿勢であり、市場性が高められるか否かの判断根拠になる。ユニバーサルデザインの代名詞のひとつである左利き、右利きの両者に対応できる「ハサミ」もその一例である。

③単純性と直感性：ユニバーサルデザイン全体のコンセプトの軸となるわかりやすさを表現している。地域、歴史、慣習、文化など、利用者の活動経験や知識、言語等にかかわりなく単純でわかりやすい表現である。利用しやすいデザインとは、何らかの形態、かたちに結実する。公平性を補完するコンセプトである。政策レベルでも単純かつわかりやすい実行が伴うべきである。

④認知性：「単純性と直感性」とほぼ同意語の概念である。ピクト(絵文字)、言語、触知情報等五感に対応する認知概念である。年齢、視覚や聴覚など障害のある人にもわかりやすい高い技術や伝達手法を用い、一人ひとりのユーザーにより深く対応するコンセプトである。

⑤許容性(安全性)：ユニバーサルデザインを表現するのにふさわしいキーワード。ユーザーのリスクを最小にする。もし誤って使用した場合でも最小リスクとなるよう安全性に配慮した空間、道具・機器デザインの基本要素である。商品開発と同様、行政がもし誤った判断や政策を実行したことがわかれば、できる限り早い段階で住民のリスクをくい止める。住民はまたその誤りに寛容であることが求められる。柔軟なかつ的確な判断力でユニバーサルデザインを実現する。

⑥効率性：ユーザーに余計な負荷を掛けないで利用できる効率性を意味する。また特別な設備を用意するのではなく、同じデザインでの共用(空間や設備の効率性)を求める。ロン・メイスは、戸の方式で、もっともシンプルなものは、ドアがない開口部と表現しているが、安全や環境との調整では問題もある。

⑦アプローチのスペースと利用しやすさのためのサイズ：立位でも座位でも、様々な高さに対応できるデザイン、つまり個別ニーズへの対応も忘れてはならないと警告する。乳幼児連れと障害者のニーズは異なる。必要な設備や機器、ケアスペースなど、個別ニーズへの対応はユニバーサルデザインを進めるためには避けては通れないテーマである。

(注：解説は筆者作成)

日本には1990年代中ごろ以降に本格的にユニバーサルデザインが伝わり始め、行政や企業は障害者を想起する福祉のまちづくりやバリアフリーデザインから、ほぼ同時にユニバーサルデザインへ舵を切り始める。すでに述べてきたように、筆者は日本における「ユニバーサルデザイン」の原点は、70年代初頭に生まれた「福祉のまちづくり運動」にあると思っている。ちょうどロン・メイスが障害者の権利獲得運動やアクセス問題に長くかかわってきたこととも類似する。

考えが類似する国際リハビリテーション協会が定めた国際アクセスシンボルマークや米国の文献「Building for Everyone」(1969年)は、当時仙台で福祉のまちづくり運動を始めた市民や当事者にも大きな勇気を与えた。仙台の運動にも根底にはユニバーサルデザインの考え方が存在していたともいえる。そのひとつの成果が、朝日新聞厚生文化事業団の助成事業でつくられた、仙台市の福祉のまちづくり運動の啓発スライド「みんなの街づくり」である。

このように福祉のまちづくりは、市民によって立ち上げられた「みんなのまちづくり」として、ユニバーサルデザインと同じ方向を有していたのである。しかしその後、車いす市民が掲げた福祉のまちづくりは、「福祉」という冠があることで「障害者」のためのまちづくりだと建設行政や建築家、デザイナー、研究者によって狭く解釈されたのであった。「福祉」を使用した車いす使用者たちが決して誤っていたわけではなく、障害者を狭い行政施策に閉じ込めようとした人たちが建築設計者や行政、市民に存在していたということである。

70年代後半からバリアフリーデザインという言葉が頻繁に使われるようになったが、

ここでもバリアフリーを障害者のまちづくりへと狭める意識が強く存在していたように思う。結果、「すべての人を対象」とした、「障害者だけの権利を掲げない」ユニバーサルデザインが市民社会に受け入れられやすくなったのである。

１９９０年代に入って、社会の高齢化が待ったなしで進行し、地方自治体でも福祉のまちづくり条例が成立し始めたが、ユニバーサルデザインが伝播するまでは、依然として「障害者のためのまちづくり」という論評から抜け出す術があったわけではない。

おそらく、２０２０パラリンピック東京大会以降のユニバーサルデザインのまちづくりの中にあっても、実は障害のある人の人権問題や社会参加の運動から抜け出せないのではないか。

地方自治体が求めてきたユニバーサルデザインの実態

日本におけるユニバーサルデザインの立て役者は、地方公共団体である。その出発点は１９９９年、静岡県のユニバーサルデザイン室の設置に始まる。静岡県は当時福祉のまちづくりやバリアフリーの停滞を打開するためにユニバーサルデザインの考え方を導入し、生活・文化部にユニバーサルデザイン室を全国ではじめて設置した。情報の行き渡る部署にユニバーサルデザイン室を置くことで、「バリアフリー」という障害者を想定した政策から脱却を試みた。実際には、従前のバリアフリーデザインそのものの政策が継承されたのだが、全国の都道府県に大きな影響を与え、瞬く間に伝播したのである。

静岡県の取組みはわずか数年で、熊本県、三重県、福島県、埼玉県、佐賀県、山形県など全国各地に広がった。70年代の福祉のまちづくり運動が当事者主体で全国に広がったのとは異なり、ユニバーサルデザインは完全に行政主導で進み、全国への展開はあっという間であった。この急激な地方公共団体の取組みが一時的にせよ企業の取組みと連動したといえる。やはり背景としては交通バリアフリー法の制定（2000年）、ハートビル法の改正（2002年）、ユニバーサルデザイン大綱（2005年）、バリアフリー法の成立（2006年）などの法制度の動きも関係したと思われる。

しかし、現実的には、ユニバーサルデザインの指針やガイドラインを作成している地方公共団体の中で、庁内各部署までユニバーサルデザインの考え方が浸透していたかとなると疑問である。当時筆者らは独自に地方公共団体を対象にユニバーサルデザイン調査（2003、2004年）を実施したが、どの団体でも庁内合意がもっとも大変であると回答していた。バリアフリーとユニバーサルデザインの違いについて説明を求められたり、その理解がないと前に進めないと錯覚したり、ユニバーサルデザインは当たり前のことだと反論されたりで、十分な説明ができなかったのではないか。地方公共団体の中には、住民参加でユニバーサルデザイン推進指針をつくり上げたものの、翌年度からはユニバーサルデザインに関連する予算さえつかないところも見られたのである。結果的にわずか数年でユニバーサルデザイン担当職員が削減されたり、ポストがなくなる事態を招くことになった。

当時ユニバーサルデザインを担当する職員からは次のような意見が多く寄せられていた。「ユニバーサルデザインを説明するために多くの言語が必要であるが、これでは簡単、わかりやすいという本来のユニバーサルデザインではないのではないか」、「ユニバーサルデザインがなぜ必要なのか理解してもらうことが難しい」、「ユニバーサルデザインは絶えず進化することはわかる、しかしそうした変化と当面の予算獲得が一致しない」、「少子高齢化、国際化の中で必須の施策であることは認めるが、ユニバーサルデザインの視点が様々な施策と関連するため、統一的な意見でまとめていくことが困難」、「ユニバーサルデザインを説明すると単純にコストアップだという反応がある。費用対効果が見出しにくいのではないか」、「いかにして市民意識を喚起するかが問題だが、その効果をどう計るかが見えにくく施策の設計に苦しんでいる」、「一職員としては必要性を理解していても専任の部署が設けられていない、スタッフがいない」などなど。

一方で数的には少ないが、群馬、仙台、新潟などでは各部門の職員を集めて自主的に「ユニバーサルデザイン研究会」を立ち上げ、様々な課題や住民とのかかわりを自主研究したところもある。

2012年ごろからは、ユニバーサルデザイン担当職員が激減し始めたのである。ユニバーサルデザインの施策といっても、中味をみると、従来からの福祉のまちづくりやバリアフリー施策と何ら変わらず、単に看板の付け替えに終わり、自然消滅したのだともいえる。概念と実効計画と予算化にかかわる乖離が大きかったのであろう。

日本におけるユニバーサルデザインの評価

2000年初頭ユニバーサルデザインが高齢化の進む日本に到来し、その後、アジア諸国に拡がっていった。日本社会が世界のユニバーサルデザインの一翼を担ってきたことは間違いない。

日本のように地方行政団体が組織的にユニバーサルデザインを政策課題に掲げ、率先して取り組む姿勢は欧米ではまったく見られない。もちろん先に述べたように大半はユニバーサルデザインもバリアフリーデザインもほぼ同義語的であり、考え方、目標も変わらないとみなされているからなのかもしれない。

地方公共団体が、ユニバーサルデザインを導入する理由について前述の調査でみると、もっとも多いのが「職員意識」の改革である。つまり「利用者本位のデザイン」であるユニバーサルデザインの考え方を借りて、市民生活に直結する行政サービスの本質を理解する意図が伺える。次いで「組織体制」の改革である。地方行政におけるユニバーサルデザインの導入は、市民、県民向けというスタンスをもちながら、内部職員の意識づくり、行政組織の改善への働きかけが強く打ち出されたのではないかととらえられる。

中には、ユニバーサルデザインの考え方を導入する事業を優先的に採択する行政団体もあったが、都市施設など環境整備面になると「財源確保」への危惧が見られ、都市施設や物的改善の政策を避ける傾向がある。総じて地方公共団体のユニバーサルデザイン推進力は担当者の熱意、ボランティアに依存しており、脆弱である。ユニバーサルデザインで重要な市民参加型の各種事業も、ひとたび行政支援（つまり補助金）から外れると、事業の継続性が途切れてしまうことが少なくない。市民社会の成熟性がないままにユニバーサルデザインが導入され、適切な効果が見出せないと判断されたとも考えられる。

表4はユニバーサルデザイン導入前後の自治体担当職員の率直な声である。改めて日本におけるユニバーサルデザインの導入意義を総括すると次のようにとらえられる。

①80年代後半から本格化した都市施設、交通機関のバリアフリー改修が進展せず、障害者の社会参加が遅れていたこと。１９９４年には建物のバリアフリーを促進するハー

表4　自治体のユニバーサルデザイン取り組み意識(2004.07、東洋大学髙橋儀平研究室)

【意識・教育】

・ユニバーサルデザインについての県民、事業者の理解が必要。

・ユニバーサルデザインの必要性についてはまだまだ認知度が低い。

・ユニバーサルデザインが日本語としてこなれていない、言葉自体の説明から入らないといけない。

・ユニバーサルデザインは規制すべき事業ではないので住民意識をいかに高めていくかが課題。

・ユニバーサルデザインの定義の広義、狭義の線引きが難しい。

・流行に左右されずに言葉の意味を伝える継続した施策が必要。

・福祉のまちづくりとの差異を明確にすることが難しい。

【組織・情報】

・ユニバーサルデザインに関する専任の部署がない、専任のスタッフがいない。

・ユニバーサルデザイン施策は全庁的な取組みであり、そのための仕組みづくりが重要。

・ユニバーサルデザインは部局横断的な取り組みが不可欠だが、組織上それが困難。

・庁内でユニバーサルデザインに関する情報が共有できていない。

【実行】

・ユニバーサルデザインの理念は理解できても行政での具体化手法は難しい。

・啓発を重ねることでユニバーサルデザインの考え方が重要であると理解しても、各部門での実行に結びつかない。

・ハートビル法、福祉のまちづくり条例から出発しているが、公共施設としてユニバーサルデザインをどこまでできるかはこれからの課題。

・ユニバーサルデザイン施策の展開には地域活動が不可欠だが、市町村や市民団体との協働が不足している。

【財源】

・自治体財政が悪化しており、「新たな概念＝新たな予算」に拒否感がただよっている。

・ユニバーサルデザインを考慮すると行政、企業などにコスト・アップのイメージがある。

・費用対効果が得られないとの考えが強い。

トビル法が成立したが、多くの建築主、設計者は特別な対応としてのバリアフリー意識から変わることはなかったこと。２０００年に交通バリアフリー法が、06年にバリアフリー法が成立し、ユニバーサル社会を構築する法基盤が整ったことなどが、ユニバーサルデザイン導入の大きな推進力となった。

②また男女共同参画社会やダイバーシティ（多様性）の到来もユニバーサルデザインを後押しすることになった。とくに子育て世代の社会参加が必須となり、子育て環境の整備が必須であった。

③観光立国として外国人観光客の誘致と急増も大きな背景にある。具体的には多言語表記が公共施設や交通機関を中心に幅広く実現し始める。

④地域社会では高齢者の孤独死などが報道され、市民による自助、共助、公助の役割分担による安心してくらせるまちづくりが重要な課題となってきた。

⑤加えて２００６年には国連障害者の権利条約が成立、ユニバーサルデザインの考え方が提起されたことも大きな導入要因になっていた。

しかし今日の企業のユニバーサルデザインを振り返ると、先行した企業でも、ユニバーサルデザインの色あせ感はぬぐいきれない。２０００年代初頭には多くの企業が競い合うようにユニバーサルデザイン担当部門を新設していたが、ほぼ後退している。

高齢者、障害者、子ども、外国人などすべての利用者を考えないといけないことは十分理解されてきてはいるが、市場ではなく人権をベースとした考え方に、消費者のニーズが連動していないと判断している。多くの大手企業ではユニバーサルデザインと称しても「障害者のためのデザイン」の枠組みをいまだに脱しきれていないのが実情である。

とりわけ2011年の東日本大震災以降は、エネルギー問題と環境共生問題が最重要課題となり、ユニバーサルデザインの取組みは減じている。しかし筆者は今こそ、東北の被災地は過疎化、超高齢化した地域であるからこそ、ユニバーサルデザインを高齢者や障害者が安心してくらし続けることができる復興のまちづくりの中にしっかりと位置づけておくべきであると考えている。

日本におけるユニバーサルデザインの特徴は、企業と行政という2大推進体制にある。日常生活用品やマンション業者、住宅設備メーカー、自動車産業など大手企業の過半が、何らかの形でユニバーサルデザインの考え方を商品開発に取り入れている。一部企業においては企業の社会的責任（CSR）、社員教育の動きも活発ではあるが、基本的には超高齢社会におけるマーケット戦略であるといえる。その手法は新たな戦略的拡大といった側面であるが、今なお道半ばである。

6……ユニバーサルデザインの今後の課題

ロン・メイスは生前「私はユニバーサルデザインの専門家ではない。自分が障害者と感じさせない建築物をつくろうと取り組んできただけ」（1998年6月）と語っている。ユニバーサルデザインの基本はわかりやすさ、そして何事にも柔軟な思考である。こうした考え方は一時的にせよ、やや閉塞感が漂っていた2000年代初頭の日本の行政や産業界に大きな活力を与えたと考えられる。技術者が優位に立っていた時代から、一市民である利用者や生活者がデザインの決定プロセスに責任をもって参画できる時代に入ったのである。

国内外のこれまでの動きをまとめると、ユニバーサルデザインとは、いわば人がくらし、生きていくためのごく当たり前な行動にかかわることだとわかる。しかし、私たちはなぜユニバーサルデザインを必要としているのか。このことの答えは、それぞれのごく単純な生活シーンに存在しているはずだ。ある人は自己実現として、ある人は組織の再編として、ある人は政策転換の手法として、ある人は当事者参加のデザインのシンボルとしてその必要性を認識する。やがてユニバーサルデザインという言葉や表現を使わないで、ユニバーサルデザインの目指すものに近づくことになるかもしれない。街、住宅、道具、コミュニケーションにほんの少しの手を加えることで利用者をより増やしながら、早急に取り組むべき課題を今後のユニバーサルデザインの展開に向けて十分にとらえるべきである。

第1に、多数の高齢者の意向を早急に突き止める必要がある。現状のユニバーサルデザイン論議は、やはり障害のある人の検証で始まっているといっても過言ではない。地域における高齢者の生活シーンが十分に取り入れられておらず、高齢者の発言が本当に少ないのである。

第2に、行政においてはやはりユニバーサルデザイン基本方針の見直しであろう。原点に立ち戻り、その際には、地域や企業の特徴を最大限にアピールすることが重要である。

第3に、多様な選択肢を導入する必要がある。ユニバーサルデザインは、すべての利用者を同時に満足させることが理想ではあるが現実的には困難である。

第4に、バリアフリーデザインが古く、ユニバーサルデザインが新しいという認識ではなく、どのようなまちを、どのようなくらしを市民が望んでいるか、その具体化を図る考え方と技術を議論すべきである。「区別は差別である」というユニバーサルデザインの基本を改めて認識する必要がある。

本章の最後に、バリアフリーとユニバーサルデザインについて改めて、まとめておく。

①日本でバリアフリーという言葉が流行し始めたのは、人口の高齢化による高齢者の住宅改修、そして、生活環境整備が強く叫ばれ始めた1980年代後半からである。国では、物的環境、制度、意識、情報の4つのバリアがあると説明する。★注12 この考えは障害のある人が自立し、社会参加する際に支障となる主たる4つの既存バリアを除却しようというねらいから生まれた。

②評判の悪いバリアフリーは、既存のものを改善する際に、スマートに表現できない状況をつくり出している場合が多い。これはバリアフリーデザインが悪いのではなく、改修設計をする人の理解と表現、経験の問題である。センスのある改修は、美しくかつ環境とうまく調和できるはずである。

③次に、論じる側の問題である。例えば、対象の狭い(実は限りなく広いのであるが)障害者問題へのアプローチに抵抗を感じる人がいる。つまり偏見である。あるいは複雑すぎる障害者問題に目を向けようとしない場面も見受けられる。

注12…平成7年版『障害者白書』総理府編は、バリアフリー社会を目指した初めての総合的な白書である。4つのバリア(障壁)を明確に説明している。

④行政の責任も大きい。行政は障害者が主張したことを、そのまま障害者対策として採用するか、あるいはまったく取り入れない。このことが最大のバリアである。問題を普遍化してバリアフリーの適用対象を広くしていかなければいけない。障害のある市民の主張は多くの場合、単に住民の一員として生活に必要な当たり前のことを当たり前に発言しているに過ぎない。

⑤そしてプロセスである。ユニバーサルデザインはまさに参加のデザインであり、企画から施工、維持・管理にかかわる参加が理想となる。バリアフリーも当然参加のデザインであるが、将来の管理まで予測してはいなかった。

⑥最後にデザインの利用対象であるが、これは両者ともほぼ全体を包含しているはずである。もしバリアフリーを狭い利用者のみに限って論じているとすれば、論じる人の経験が狭く、不足しているだけである。そして、ユニバーサルデザインのもっとも特徴的なことは、許容性や単純性、認知性、効率性である。これらの点についてはバリアフリーではあまり論じられて来なかったといえる。

バリアフリーとユニバーサルデザインの違いをわかりやすく傾斜路（スロープ）でたとえれば、バリアフリーは最低限の法基準に合致させるために12分の1勾配を遵守するが、ユニバーサルデザインは勾配そのものをも検討して12分の1がよいか、さらに多くの人が使いやすくなるためにはどの程度の勾配がよいかを多様なユーザー参加を得ながら総合的に検討する。また傾斜路の路面、手すりや周辺のまちのデザインとの調和にも配慮する。筆者は両者の差異を埋めることが重要であると理解する。

第5章…当事者参加、住民参加の理念と建設プロセス

1……ユニバーサルデザインの取組みから見えてきたこと

すでに述べてきたように、今日、ユニバーサルデザインの理念や実行のあり方が様々に議論されている中にあって、その中心に位置づけられるのは、尊厳である。尊厳とは個人が互いを人間として尊重する基本原則である。しかしながら依然として「障害者」の理解（筆者はだれだかわからないような「障害」の理解というより、障害「者」の理解、つまり尊重が重要と思う）が大切であることは間違いない。筆者が福祉のまちづくり運動にかかわって以来、バリアフリーにかかわるすべてのキーワードが障害当事者の「参加」であった。しかしユニバーサルデザインと表現すると「障害の有無にかかわらず……、能力の有無にかかわらず……」と、すべての人の公平性が前面に押し出されるのだが、問題は、だれがどのようにユニバーサルデザインを企画し、推進しているのか、そのプロセスに障害者がどのようにかかわっているのかである。ユニバーサルデザインの評価を決定づける大切なポイントである。

筆者自身もユニバーサルデザインを標榜し主導していたが、個人的な経験と認識に過ぎないこともあり反省点が少なくない。他の事例でも、福祉のまちづくりやユニバーサルデザインの計画あるいは設計プロセスで、障害者の参加が少なく、設計者や研究者、コンサルタントによるユニバーサルデザイン事例が多い。

本来であれば、バリアフリーやユニバーサルデザインを達成するためには、設計者やコンサルタントによる代弁ではなく、少数者としてのユーザー、障害者自身の意見が極めて重要となる。しかし現実的には、当事者自身の経験差が大きく、議論の果てに優先順位の決定が難しい。一方、建築家や設計者はそのこととは関係なく、自分の設計が妥当と考えて図面を描かなければならない。

とはいえ、公共的施設の計画においては、障害のある市民が障害のない市民とともに対等に施設計画に参加することがユニバーサルデザインの基本である。建築家や設計者にとっては、法で定められたバリアフリー法の移動等円滑化基準は遵守の対象であり、ユニバーサルデザイン・マニュアルや各種ガイドラインは、公共施設でなければほとんど検討対象にはならない。ましてや設計活動に障害者の声を取り入れる(当事者は参加ととらえる)こと自体はとても面倒なことであると長い間思われ続けてきており、法制度で規定された要求は十分に自分たちで解決できると考えている。あるいはそのことにより設計者が考えるデザイン性が損なわれるととらえている。依然として、ユニバーサルデザインのゴールは何かと問われると答えられる設計者は少ないのである。

このような設計者や建築家の考え方や行動は、ハートビル法が制定されて以降、極めて根強いものがある。日本では、傾斜路(スロープ)を優れた建築デザインの一要素と考える設計者は少なく、階段や段差を多用することが建築デザインだと理解する。エレベーターは法的に要求された設備であり、各種の階段の段鼻をわかりやすくカラー塗装したりすることは、経路のデザインが損なわれると理解するのである。

改めて言えば、すべての人に公平なデザインをもたらすユニバーサルデザインは、障害者の参加がなくして成立しないということなのである。いくらユニバーサルデザインがすべての人を対象にしていると言い張っても、様々な障害者を排除していては議論の出発点にはならない。障害者を特別に優先するのではなく、設計上の重要な問題や課題解決の困難さがそこに凝縮されていると認めるべきなのである。

しかしながら海外の優れたユニバーサルデザイン事例を紹介する際にいつも感じるのは、海外ではほとんどデザインへのユーザー参加がないのではないかと思われることだ。著名な建築家が障害当事者とワークショップを行ったという事例を聞くことはない。しかし、私自身感心するほどスマートなアクセシブル・デザインになっていることが多い（写真1、2）。もちろん反対の場合もある。とはいえ海外の建築家が日本の建築家より障害者を理解しているとは思えないのだが、少なくとも、法やガイドラインの意図・背景について深く洞察しデザインしているようにも思われる。このように筆者が感じる建築家の差は何か。それは、本来的デザイン、デザインはいかにあるべきかへの自信の有無なのかもしれない。

日本の建築家や設計者が残念なのは、ユニバーサルデザインに自信をもとうとしていないことである。筆者は繰り返し、ユニバーサルデザインの実現にはユーザー参加が重要だと述べてきた。しかし現実には設計のたびにユーザー参加ができるわけではない。実際には大規模な都市施設や都市空間、あるいは駅舎などのように多くの人が利用する施設でも十分な障害者参加を得ることは難しい。

まちづくりにおいても、よくて政策や計画決定までであり、具体的な設計行為への参加はよほどのチャンスがないと生まれない。他の国でも設計者がていねいにユーザーの意向調査を行い、設計に反映しているとは思えない。要求があって初めて対応している

写真1　ニューヨーク、フランク・ガイド・ライト・グッゲヘーム　ミュージアム

写真2　アトランタ、リチャード・マイヤー「ハイミュージアム」

のが実態であろう。

日本型参加のプロセスでは、同じテーブルでの議論が重視される。日本において行政や設計者がもっとも敬遠するのがこのシーンである。設計者が「自尊心」を傷つけられると感じるのかもしれない。しかし、本当に敬遠すべきことなのかは疑問である。こうした日本型参加のユニバーサルデザイン手法は日本独特の土壌、文化、平等観によって生まれたものだ。繰り返すが、ユニバーサルデザインの先進国、多様な社会を標榜する欧米で真に多様な障害者が集まり継続的に計画や設計に関与する仕組みを聞いたことがない。[★注1] 筆者は日本型参加の仕組みをアジア諸国に伝承したいと考えている。

本章では、著者がかかわった計画事例を通して、参加の形態によってユニバーサルデザインがどう変わるのかについて考察する。

筆者が参加したユニバーサルデザインを大別すると、①施設の基本設計の終了後にユニバーサルデザイン計画(主としてアドバイス)にかかわったケース、②プロジェクトの設計者選び(プロポーザル)の段階から施工完了まで継続的にユニバーサルデザインにかかわったケース、③基本計画、基本設計の設計当初から専門家の立場としてユニバーサルデザインにかかわったケースに区分される。本章ではこれらの代表事例として、①さいたま新都心、②ぬまづ健康福祉プラザ、③イオンモール東久留米店の事例を取り上げる。この内、①、②は公共施設、③は民間施設である。

ユーザー参加は、ユニバーサルデザインを推進する基本的なプロセスではあるが、これまでの問題点をあらかじめ整理しておきたい。

注1…2012ロンドンオリンピック・パラリンピック競技大会のレガシーとしてオリンピックパークの整備でBEAP(Built Emvironment Access Pamel)という当事者参加型の組織が形成されているが、こうしたケースはイギリス国内でもまれであろう。(文献:日本福祉のまちづくり学会、福祉のまちづくり研究、特集「オリンピック・パラリンピックレガシー調査報告」菅原麻衣子、二〇一九年三月。)

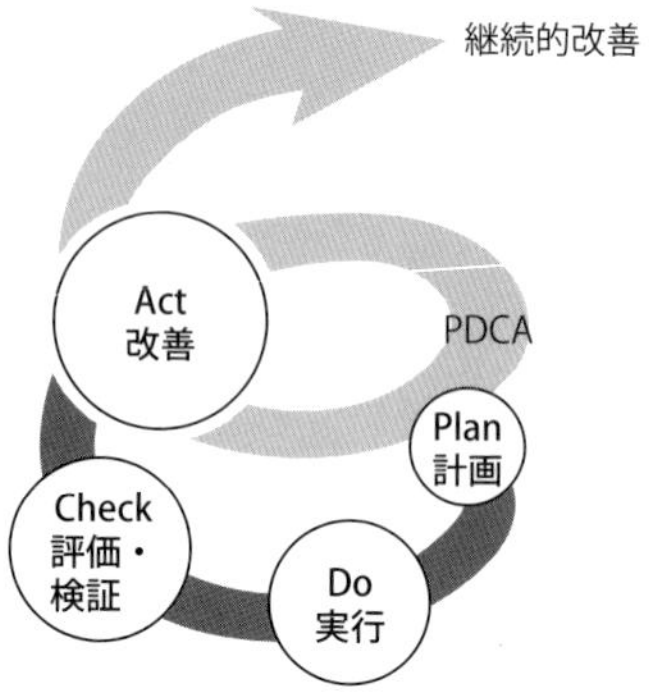

図1　PDCAサイクル
ユニバーサルデザインの発展、進化、課題解決のために
PDCAサイクルによる事業改善が不可欠。
PDCAサイクルは事業そのものではなく、計画者、事業者、参加した住民、障害者自身にも当てはまる。
利用者層の多様化の確認と
ユニバーサルデザインの発展は相互に連動する。

・ユーザー参加の多くが構想段階、基本設計段階における意向調査（例えばアンケート調査、意見聴取）にとどまっていて、設計に関与しきれていないケースが多い。

・ユーザー参加の多くが、車いす使用者や視覚障害者、聴覚障害者に限定されている。プラスして高齢者や乳幼児連れが加わるが、実はもっともマジョリティである障害のない市民の参加がほとんどないのである。反省ではあるが、ユニバーサルデザインの当事者論が欠けている。

・ユニバーサルデザインの専門家といわれるコンサルタントや研究者のみの主導で、障害者が参加しないユニバーサルデザイン・プロセスも少なくはない。これも筆者自身の反省である。

・設計が進むと、後戻りできない段階でのユーザー参加、あるいはユーザーの意見聴取と同時並行で設計が進められるが、実際には絶えず設計先行、工事先行で進み、ユーザーへの説得手段としてワークショップや意見聴取が行われることもしばしばある。ユーザー参加とはいっても、工事の終了後あるいは内覧会だけというのもあり、新たなユーザー意見が出ても、改修とはならないケースもある。

・非常に残念なのは、障害者が地域住民、あるいは地域団体に所属といったケースが大半であるため、住民や各種団体に対して謝礼を支払うという基本的理解が進んでいないことである。参加が事業者や設計者をサポートするボランティアになっており、対等な関係性が築けないなどである。

ユニバーサルデザインのプロセス・実施を明確に「標榜」するためには、基本構想、設計者選定、基本計画、基本設計、実施設計、施工の各段階において、市民、当事者の参加を少しでも取り入れていく必要がある。さらに、その後の事後検証・評価でも長期的視点で参加の取組みが求められる。大半は施工完了時点までの検証である。筆者はユニバーサルデザインのもっとも重要な評価は利用開始後にあるとみている。不定期であっても利用開始以降にユーザーによる評価が行われ、改善を促す提案が行われることが望ましい(図1)。

2……さいたま新都心計画とバリアフリー都市宣言

さいたま新都心プロジェクトは、旧国鉄大宮操車場跡地への副都心建設で、首都圏の中でも副都心構想がもっとも遅れていた埼玉県の悲願であった。総面積は旧国鉄操車場

表1　さいたま新都心「バリアフリー都市宣言」

これからの都市は、子どもからお年寄りまで、性別を問わず、障害のある人も外国人も、すべての人が自らの意思で自由に訪れ、様々な人と交流し、安心して快適に活動できるまちづくりが求められています。このため、さいたま新都心では、人にやさしいまちづくりを進めるほか、ここで活動する人々がお互いを思いやる温かい心を育む、人と人のふれあいを大切にした街にしたいと考えます。来るべき21世紀が、誰もが自立し、希望を持って生きられる社会となることは、県民すべての願いであり、さいたま新都心がこの理想社会の実現に大きく寄与することを目指して、さいたま新都心をバリアフリー都市とすることをここに宣言します。

表2　さいたま新都心の建設経緯

1985年3月	埼玉中枢都市圏構想、大宮操車場跡地に新都心整備等を位置付ける
1986年6月	第4次首都圏基本計画、浦和市、大宮市を業務核都市に位置付ける
1988年1月	国の機関等移転推進会議設置
1989年5月	さいたまYOU And Iプラン新基本計画、さいたま新都心整備プロジェクト
1989年8月	14政府機関2特殊法人の大宮操車場跡地移転決定
1991年2月	官民「さいたま新都心建設促進協議会」を設立
1991年11月	さいたま新都心総合着工式
1992年11月	さいたま新都心中核施設整備検討協議会の発足
1993年10月	建設省、官庁施設移転街区設計協議会を設置
1994年11月	けやきひろば(仮称)提案競技最優秀作品を決定
1995年2月	さいたま新都心まちづくり推進協議会の設立
1995年3月	さいたまスーパーアリーナ(仮称)提案競技最優秀作品を決定
1996年5月	さいたま広域合同庁舎起工、6月関東郵政局等庁舎起工
1997年2月	バリアフリー都市宣言、1月　さいたまアリーナ(仮称)起工
1998年8月	さいたま新都心駅・自由通路工事着工
2000年4月	さいたま新都心駅開業、
2000年5月	さいたま新都心街びらき

写真4

写真3

跡地を中心に47・4ha、ここに中央省庁の部分移転が計画された。埼玉県は、その都市整備構想の目玉として、1997年2月全国で初めての「バリアフリー都市宣言」を発表した。この新都心は浦和市、大宮市、与野市の合併を促す「さいたま市」構想の大きな役割を担っていた。

さいたま新都心におけるバリアフリー

筆者がさいたま新都心計画のバリアフリー計画に参画したのは1997年9月であった。「バリアフリー都市宣言」の半年後である（表1）。さいたま新都心計画のバリアフリー都市宣言は当時としては全国初の大規模開発におけるバリアフリー化構想である。どんなバリアフリー計画をどのように進めるのか非常に興味をもって待っていたことを思いだす。

その年の8月下旬、埼玉県の新都心施設課の担当者が突然研究室を訪ねてきた。埼玉

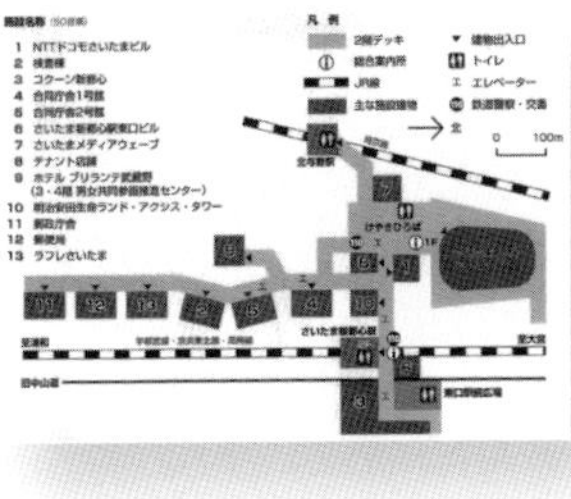

図2　バリアフリーマップ（触地図対応）

写真3　さいたま新都心全景
写真4　けやき広場
写真5　さいたま新都心駅自由通路
写真6　設置された触地図
写真7　音声付き拠点サインの配置

写真5

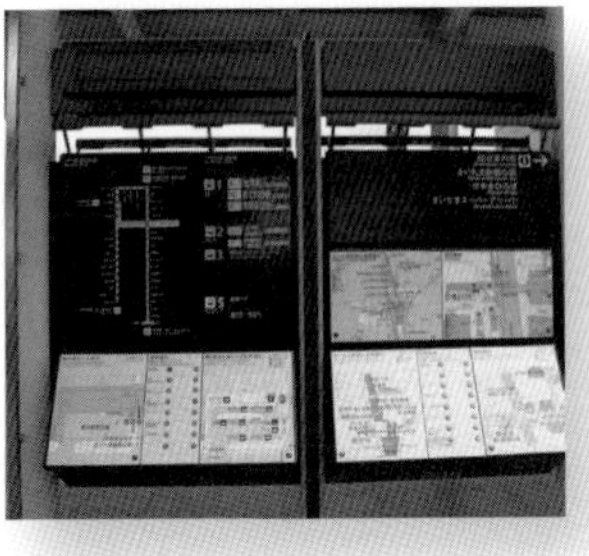

写真6

写真7

県は新都心で「バリアフリー都市宣言」をしたが、具体的な内容が決まっていない。どのような進め方をすればよいか、どのような目標を定めればよいか、当事者の意見をどこまで聞けばいいのかなどの質問を受けた。だいぶ後のことになるが、２０１４年7月、ザハ・ハディド監修による新国立競技場の基本設計終了後に訪ねてきた日本スポーツ振興センター（ＪＳＣ）の場合と大いに類似する。新国立競技場の話が来た時に真っ先に浮かんだのは、方針は示しているが内容とどう対応していくかが見えなかった点である。そのことはさいたま新都心のバリアフリー経験と状況がよく似ていた。

筆者が埼玉県とかかわりをもったのは１９９３年4月の福祉のまちづくり推進指針の議論からであったと思う。同年８月福祉のまちづくりの検討委員会が設置され副委員長として加わった。そして1年半の検討を経て、１９９４年12月ハートビル法の制定年に福祉のまちづくり条例の方向性を固めた。こうした経験からさいたま新都心計画への協力が求められたと認識している。

筆者は直ちに埼玉県内の主要な障害者団体を集め、障害者とともに一緒にバリアフリー計画を立案する必要があると提案した。埼玉県の決断も早く、1週間後にはバリアフリー・ワークショップ「さいたま新都心バリアフリー研究懇談会」の大枠が決まった。こうした迅速な行政決定は当事者との信頼感を生み出す最良の方法である。集まった障害者団体は県内を代表する15団体であった。１９９７年11月より計5回の懇談会と県担当者との研究会を実施した。この間、当時動き始めた視覚障害者誘導用ブロックの輝度比の実験を大学校内で行い、新都心での連続的誘導ブロックの敷設につなげた。

さいたま新都心のバリアフリー計画では、当時はほとんど認知されていない「ユニバーサルデザイン」という名称を使用してはいないが、目標も検討内容、まちびらき後のＰＤＣＡ検証も、今日のユニバーサルデザインとほぼ同じである。筆者らは、次のような新都心のバリアフリー計画を取りまとめ、実施設計途上、建設工事中の各事業者との協議を徹底的に行った。

さいたま新都心のバリアフリー事業の特徴

さいたま新都心のバリアフリー事業はそれまでにはないいくつかの新たな試みを展開した。いずれもその後のわが国のバリアフリーの取組みと、北京２００８オリンピック会場の整備にまで影響を与えたのである。

写真8　さいたま新都心駅総合案内所（サブセンター）

① サポートセンターの試み

ハードのバリアフリーにソフト面のバリアフリー計画を当初から組み込んだわが国初の試みであった。背景に、新都心のエリアが極めて広く、かつ多様な施設が存在している。これらの施設をどうつなぐかが最大の課題であったことが挙げ

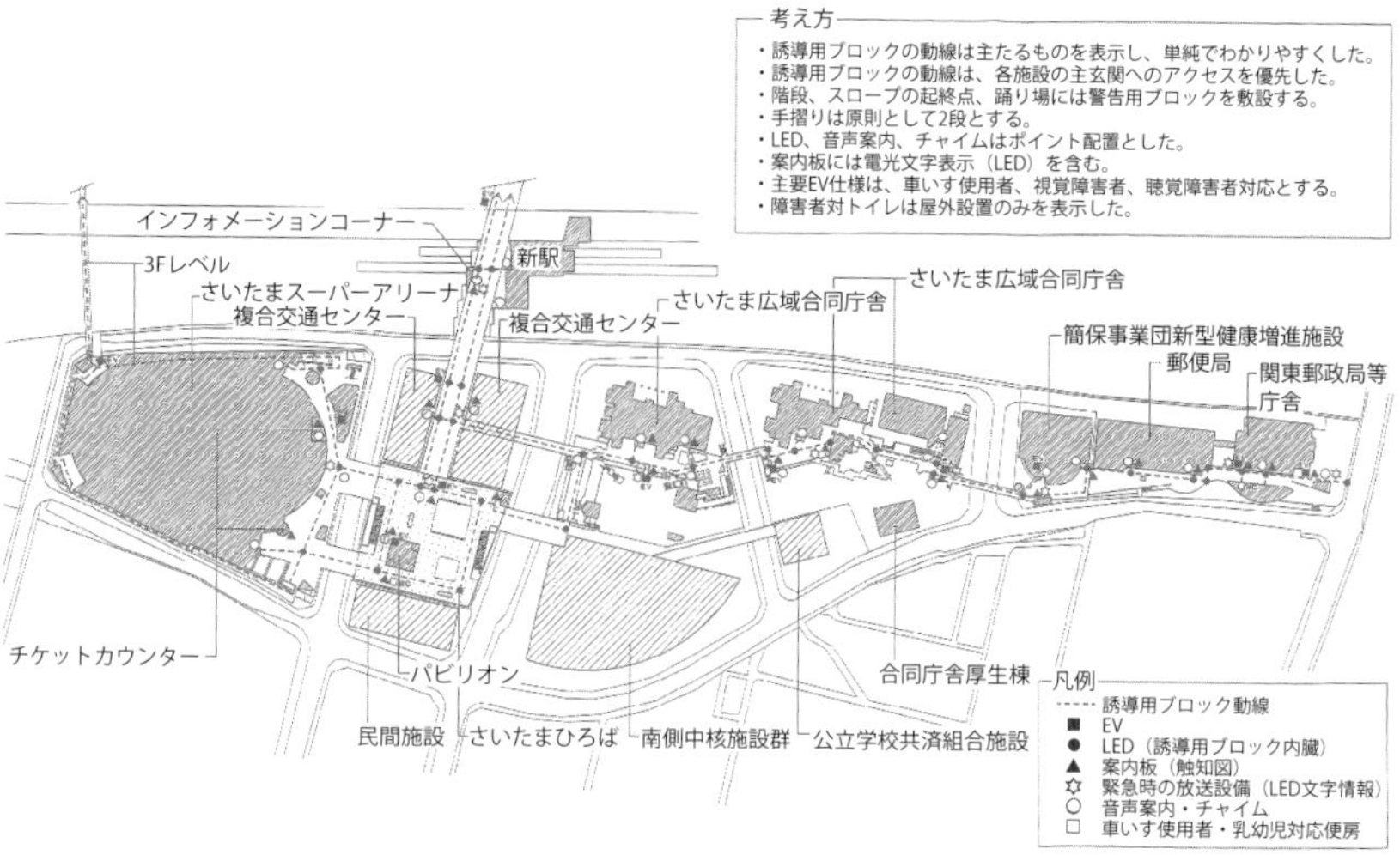

図3　さいたま新都心のバリアフリー計画（1998年3月時点）

られる。加えて業務核施設が中心であり、街の賑わいも同時に創出する必要があった。その結果、エリア内に会場など人的対応のための総合案内窓口としてサポートセンターを設けることとした。メインセンターをけやきひろば（名称「さいたまひろば」）1階に設け、公募で組織された10数人の新都心ボランティア（名称「さいたま新都心バリアフリーまちづくりボランティア」：登録者60人を超える）が毎日常駐するものである。ボランティア活動の対象は障害者ばかりではなく乳幼児連れの人や外国人などだれにでも対応する。サブのセンター（写真8）を新都心駅の自由通路内に設け、来訪者のためにベビーカー、車いす、音声案内の貸し出しに対応する。新都心ボランティアがさいたまひろば内の拠点を中心に様々なイベントを仕掛け、あるいはイベント支援を図るというものである。

②連続的な移動ルートの確保

最大の課題は、視覚障害者の誘導である。新都心では技術的課題はあるが、触地図、誘導用ブロック、音声案内を連続的に併用することとした（写真7、図3）。新都心駅構内自由通路には、通常1本のみの視覚障害者誘導用ブロックを、県と調整して安全な通行を確保するために左右2本とした。新都心駅から各施設への案内サインは、視覚障害者誘導用ブロック、音声案内、固定サインを連続的かつエリアごとに設けた。ペデストリアンデッキにはすべての施設に通じるシェルターを設け、雨の日もベビーカーや車いす使用者の移動に配慮し、聴覚障害者が傘を差さずに手話ができる必要があるとの懇談会意見を活かした。聴覚障害者に配慮してこのようなシェルターを設置したケースは他では聞くことはない。

③便所

通常サイズの車いす使用者用便房を男女共用とし、混雑緩和のためにやや広めの簡易型車いす使用者用便房を男女それぞれに設けることとした。実は基本設計段階で新都心全体で公共便所がかなり少ないことが判明、少しでも多くの車いす使用者が利用できるようにするために、男女別一般便所内に確保したのである。この配置は県内でも初の試みであったと思う。

④その他の対応

ボランティアセンター内に授乳室、休憩スペース、情報サービスコーナーを設けた。

⑤当事者参加とPDCAサイクル

新都心のバリアフリー懇談会の課題はまちびらき後の継続性であった。まちびらき直前の県当局との話し合いで、さいたまスーパーアリーナ・バリアフリー見学会、北与野歩行者デッキ延長工事時、ラフレさいたま（旧郵政事業庁）のバリアフリー点検、東口大型商業施設設計時の計4回に当事者参加のワークショップが開催された（写真9）。

さいたま新都心づくりが残したレガシー

さいたま新都心のバリアフリー計画では、いくつかのバリアフリーレガシーが残された。ひとつは先に述べたまちづくりボランティアである。ハード面だけではなくソフト面のバリアフリーを当初から重要な計画として検討していたのは、埼玉県の中心エリアとして県民全体で新都心の運営を盛り上げようとしたことである。5か国語による外国語ボランティアなどの導入もこの領域における先駆的活動である。これらの活動によりさいたま新都心のまちづくりボランティアの活動は第1回国土交通大臣バリアフリー・ユニバーサルデザイン功労者表彰（2007年）を受賞した。これらの活動は今日の共生社会活動、インクルーシブ・デザイン活動の先駆けでもある。

現在でも残る未解決の課題のひとつは、バリアフリー・ワークショップのタイミングである。やはり実施設計確定、工事着工後では地上のレベル差が固定し、歩道幅員、エレベーターや傾斜路（スロープ）の位置の変更がまずできない。道路基盤にかかわるURとの調整では視覚障害者誘導用ブロックの敷設位置と色彩、歩行空間の緑地形成にとどまった。この問題はまずは事業者や設計者の理解によるところが大きい。もうひとつは音

写真9　さいたま新都心事後検証ワークショップ

声案内システムの不統一である。新都心計画では最終的にもっとも当時ポピュラーであったI社のシステムを採用したが、複数の音声案内の統一もしくは相互利用は不可欠である。[注2] 実は今日でも統一が図られていないが、他のバリアフリー関連設備機器も同様で各社がアイデアや技術特許を競うあまり、ユーザー目線がまったく欠如しているのである。

さいたま新都心のまちづくりボランティアのアイデアは次に筆者がかかわったぬまづ健康福祉プラザの運営に活かされることとなった。

3……住民と行政の協働によるユニバーサルデザイン（ぬまづ健康福祉プラザ）

さいたま新都心のバリアフリー計画では、実施設計がほぼ完了し一部事業が開始されている事業体があった。ペデストリアンデッキなどの工事が相当進んでいたのである。それに対して、本事例では、筆者がプロポーザルコンペの審査員としてかかわり、その後ユニバーサルデザイン・アドバイザーとして、基本設計、実施設計、さらに施工完了まで継続して関与ができた初めてのケースである。沼津市は公共施設「ぬまづ健康福祉プラザ」（以下プラザ）建設において、構想段階から3か年間にわたり住民参加型ユニバーサルデザインの取組みを徹底した。施設用途は夜間医療施設、各種団体の福祉活動拠点、集会・コミュニティ施設である。行政が公共施設の企画構想から基本設計に至るプロセスで住民参加を取り込む事例は今日では少なくはないが、実施設計、施工、供用開始後

注2…国内では代表的な3社の音声案内があるが、いずれもシステムが異なる。日常生活用具にはなっているが、持ち運び、通信範囲等で十分に活用されているとはいえない。しかしメーカーは販売実績からか新たな製品の開発には消極的である。

にまで住民を巻き込みながらユニバーサルデザイン・プロセスを展開した事例は他に例をみない。

施設計画と住民参加

この施設は、要介護高齢者に対する在宅サポート、子どもを中心とした夜間時の緊急医療等の対応、障害者をはじめとする市民、地域、行政の一体的な生活支援体制の拠点施設として、1990年代当初から市により構想されてきた。2004年その構想を具体化する「多目的福祉施設検討懇話会」が市民や自治会、各種団体代表者からなる検討の場として設置され、検討結果が「沼津市健康福祉プラザ整備基本構想」(仮称)として取りまとめられた。その方向性として、「市民が主体的に健康づくりや地域福祉活動を実践する場」、「健やかな家庭を築き地域の連帯が高まる場」づくりが提起され、可能な限り利用者主体で市民の意見が反映できる施設を目指すとした。

結果、市民意見反映のスタイルとして、①公開プロポーザル、②市民が参加する「利用運営検討会議」の設置、③市民が運営に参加できる運営ボランティア制度の創設、④基本設計にかかる各種団体との意見交換会、⑤プラザ活用提案ワークショップの実施が構想された。

筆者の参加は2005年5月、設計者選びのプロポーザルコンペからだった。コンペは指名プロポーザル公開ヒアリング方式で実施され、市民参加とユニバーサルデザインの理念を実現する施設計画と設計者の意識が強く求められた。これまでに全国各地の数多くの公共施設で環境やユニバーサルデザインに配慮した建設理念が掲げられてきたが、沼津の取組みは担当者の姿勢が筆者がかかわってきた他市とは大きく異なっていたように思う。少々大げさではあるが、担当者の熱意が日々伝わってくる感触で、筆者も理念を実現する設計の進め方、具体的な市民参加の方法、既成の枠にとらわれないユニバーサルデザインの新たな提案について期待感をもって臨んだのである。

市は、設計者選定直後の２００５年６月、市内の福祉系団体、ボランティア団体、自

（提供：久米設計）

写真10　ぬまづ健康福祉プラザ
設計者　：久米設計
建設地　：沼津市日の出町389－2および424－1
敷地面積：約4800㎡
建築面積：約3300㎡
床面積　：約8900㎡
構造規模：地上5階鉄骨造
主要機能：施設機能としては、情報センター、ボランティア活動センター、健康・福祉の学習センター、地域福祉活動センター、障害者活動交流センター、相談センター、夜間救急医療センター、集会・会議等多目的ホール、保育スペース等

治会代表、各種ＮＰＯ、その他の市民団体、公募市民、アドバイザー２人（建築系、地域福祉系）からなる利用運営検討会議を設置し、基本設計の検討から開始した。第１回の会議では設計事務所からプロポーザル提案の説明が行われた。市民が参加した利用運営検討会議、一般市民、小学生等が参加するワークショップ、運営ボランティア研修会が開館直前の２００７年11月まで延べ30回を超えた。

ワークショップでは、市、設計者、会議メンバー等による類似施設の見学、メーカーでの検証、市民意見交換会などを繰り返し行い、基本設計から実施設計に至る詰めを行った。利用運営検討会議開催の様子を写真11に示す。利用運営検討会議では、市民メンバーが意見を出し合い、アドバイザー（筆者ら２人）が意見調整や所見を述べる方法で行なわれた。設計者側も毎回模型や図面を修正しながら市民意見の具体化を検討、要望を実現した。実現できなかった点についてはその都度、その理由を開示し合意形成を図った。

設計者の役割

特筆したいのはこの間の作業で、筆者が長年求めていたユニバーサルデザインに取り組むうえでの目標のひとつが実現したことだ。それはプロポーザルで選定された設計事務所所員に対するユニバーサルデザイン研修の実現である。事務所幹部の理解により、設計事務所本社内で短い研修ではあったが、第一線の設計者へ筆者の想いを伝えることができた。現実にはなかなかそのような場はないのであるが、担当者だけではなく、設計事務所全体にユニバーサルデザインを浸透させていく必要があるとの想いはいまでも変わらない。設計者とのコミュニケーションがユニバーサルデザインを実現するもっとも近道だからである。設計者自身のPDCAサイクルへの対応が、設計への反映が早く効果が高いと判断できる。一般に設計者はひとつのプロジェクトが終わると次のプロジェクトに移動する。バリアフリーやユニバーサルデザインの考え方を理解し展開するためには何としてでも継続が重要である。研修では、バリアフリー関連法、ユニバーサルデザインの考え方、設計者が独自に工夫すべき点、本プロジェクトの特長、ワークショップの意義、変化するユニバーサルデザインの表現と限界を講義した。設計事務所がこのような研修を受け入れた理由は次の4点と考えられる。

①設計者が正しくユニバーサルデザインを理解する必要性。

②法的なバリアフリー基準とユニバーサルデザインの設計で達成すべきことの違い。

写真11

写真12

写真11　利用運営検討会議の様子（基本設計時点）
写真12　運営ボランティア検討会

③市民、障害者意見の反映の仕方について。

④ユニバーサルデザインを推進する社会的意義と今後の展開と可能性について。

一般に大多数の建築設計者（建設施工会社も含む）はバリアフリー法の知識はあっても、高齢者、障害者の利用、移動シーンを正しくとらえていない。障害のある利用者のみが参加するワークショップでも、ユニバーサルデザインを標榜してしまう。筆者はバリアフリーとユニバーサルデザインに大きな垣根がないこと、より魅力的で持続可能なデザインが求められていることを説明する必要があると考える。

しかし、公共建築物でも、実施設計、施工時におけるユニバーサルデザインの検討の場はなかなかもてない。手続きの煩雑さ、設計期間のしばり、予算措置の有無（とくに施工段階）がその理由とみられる。沼津市の事例は、それでも多くの労力と時間が費やされた。本プロジェクトでは、実施設計段階でトイレの広さ、操作系設備の位置確認が行われた。通常ユニバーサルデザインの取組みで重視しなければならないのが、災害時の避難ルートを含む利用者経路、各室広さや設備等の位置、サインの掲出位置、表現などである。とくに設備系のコンセントやスイッチ類などは短期間で施工が行われるので要注意である。

運営への住民参加　運営ボランティアの公募と取組み

沼津市の事例で好感がもてるのはワークショップの名称である「利用運営検討会議」だ。筆者はユニバーサルデザインの達成には施設の利用開始後が大変重要であることを強く意識しているが、設計活動では利用者参加が強く叫ばれているものの施設管理・運営面でユニバーサルデザインの方向性が見いだせていない。市の新たな提案は運営ボランティア制度の創出であった。市は運営ボランティアの導入効果予測を次のようにとらえていた。

①施設が多くの市民に親しまれる。

②市民の視点に立った施設運営が可能となり、施設の改善と成長が図れる。

③活動・運営の多様性、柔軟性に対応できる。

まさに、ユニバーサルデザインをＰＤＣＡサイクルで盛り上げる有効な手段である。沼津市は、プロポーザルコンペ直後から利用運営検討会議と並行してつぎの4種類の運営ボランティアの公募を開始した。もちろん単に募集するだけではなく4回の研修を行っている。市はボランティア希望者を4グループに区分し、それぞれの活動に必要な研修会を実施している。２００７年12月の開館時の陣容を併せて示す。

・受付・案内ボランティア：29人、平均年齢59・5歳
・情報・展示ボランティア：21人、平均年齢58・1歳
・緑化ボランティア：35人、平均年齢63・1歳
・託児ボランティア：15人、平均年齢56・1歳

この他、近隣の高校生を対象とした「高校生ボランティア」の育成も同時に行っている。こうして本施設のユニバーサルデザインにかかわる直接的な住民参加の扉が開かれたのである。が、いくつかの重要な課題も明らかとなった。

運営ボランティアから見た運営課題

筆者らが学生とともに開館10か月後に実施したボランティア・リーダー（3人）への電話聞き取り調査では、様々なボランティア活動の実態や意向が浮き彫りとなった。

■受付・案内ボランティア

・これまでもボランティア活動に参加したかったが、既存のボランティア団体に途中から参加すると人間関係が大変なため、みんなが同じスタートラインから始められる本施設を選んだ。

・市や指定管理者（社会福祉協議会：社協）とのコミュニケーションがうまくいっていないと感じられる。意見や要望は出すが、なかなか通らない。指定管理者である社会福祉協議会にとって運営ボランティアの導入がはじめての試みであり、指定管理者側が戸惑っているように思う。

■情報・展示ボランティア

・まだまだ使えこなせていないところが多い。オープンスペースは学生の利用が増えてきているので、まずまずである。

■緑化ボランティア

・花や生き物が好きだから参加している。ここで学んだことが地域の発展につながればとの想いをもっている。

・社協がすべて決定し運営ボランティアの提案を取り入れてくれない。

総じて、ボランティアの研修後に選定された指定管理者と本施設のユニバーサルデザイン・プロセスで研修を受けてきた運営ボランティアとの意識の乖離が指摘できる。この事例からは、住民参加の導入のタイミング、指定管理者に対しては施設建設理念と取組みをどの時点でどう伝えるのか難しい。ユニバーサルデザインの理念に基づいて構想され、建設された公共施設ではあるが、住民参加の考え方やとらえ方について大きな齟齬があり、コラボレーション体制の難しさが判明した。ただ、この難しさは、双方の参画前にもともと意識としてもっていたところから生じており、時間の経過とともに軽減されるものではないと思われる。管理にかかわる双方の役割分担を明確にしつつも、その役割の在り方を変化させ、場合によっては住民を指定管理者の運営にも参画させるといった思い切った方法があってもユニバーサルデザインの精神に反しないと考える。

利用者側から見たユニバーサルデザイン評価

２００４年の企画・構想から２００７年12月の供用開始に至るまでの各種記録および、アドバイザーや市民参加の効果、実施設計、施工段階における市民参加、利用者検証の意義を考察するために、開館約10か月後の２００８年10月に行政・運営ボランティア、利用者アンケート調査を実施した。

・利用実態としては当初の計画に比して高校生の利用（33％）が多く、自主学習の場として利用されていることが判明した。次に研修（18％）、講習会（13％）、子どもの保育、遊び（11％）などが続いている。周囲に利用しやすい低廉の公共施設が不足している点もあるが、世代を超えた良好な利用実態がとらえられた。

・施設でもっとも好きなところは3階のフリースペースに集中している（42％）（図4、写真

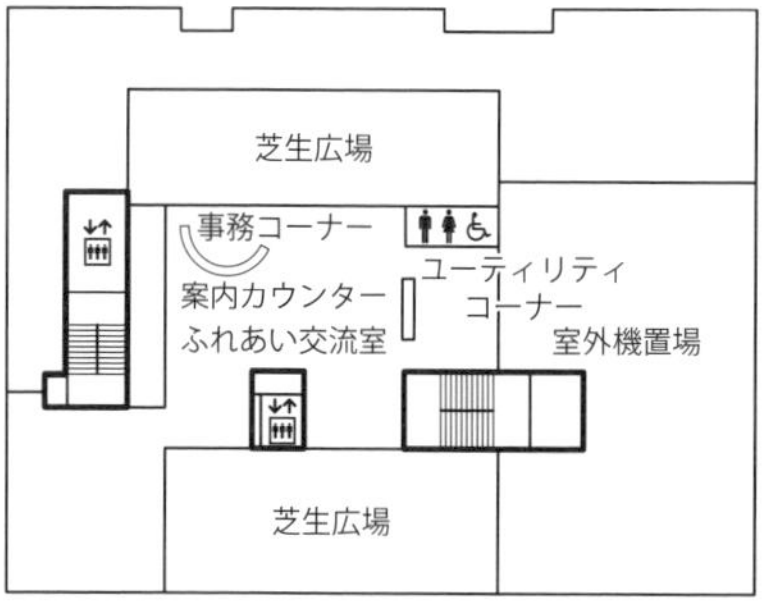

図5

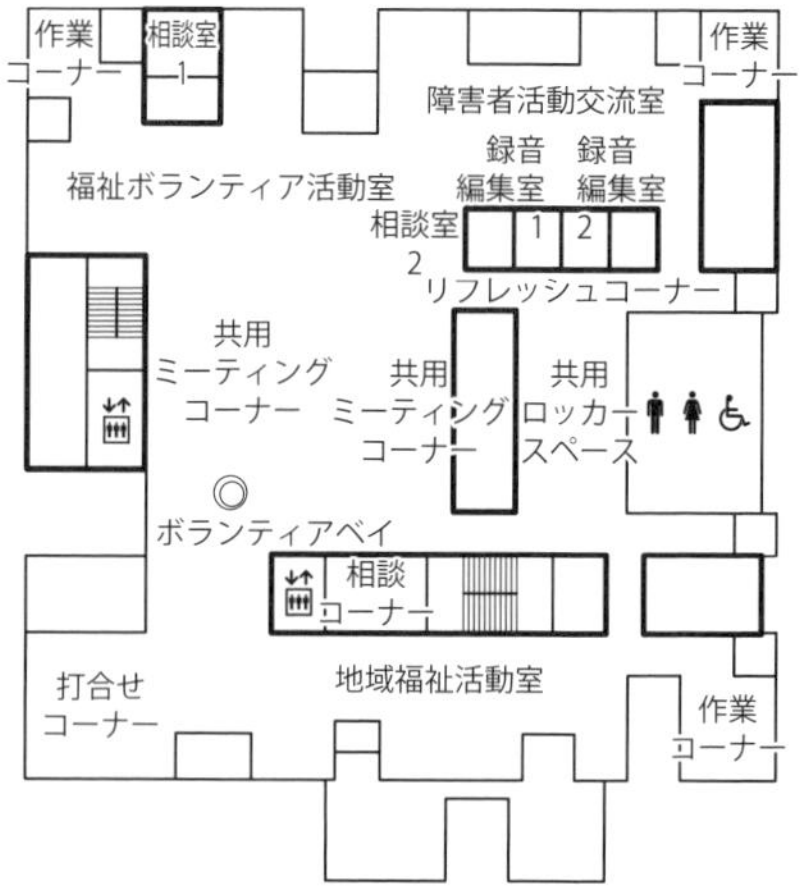

図4

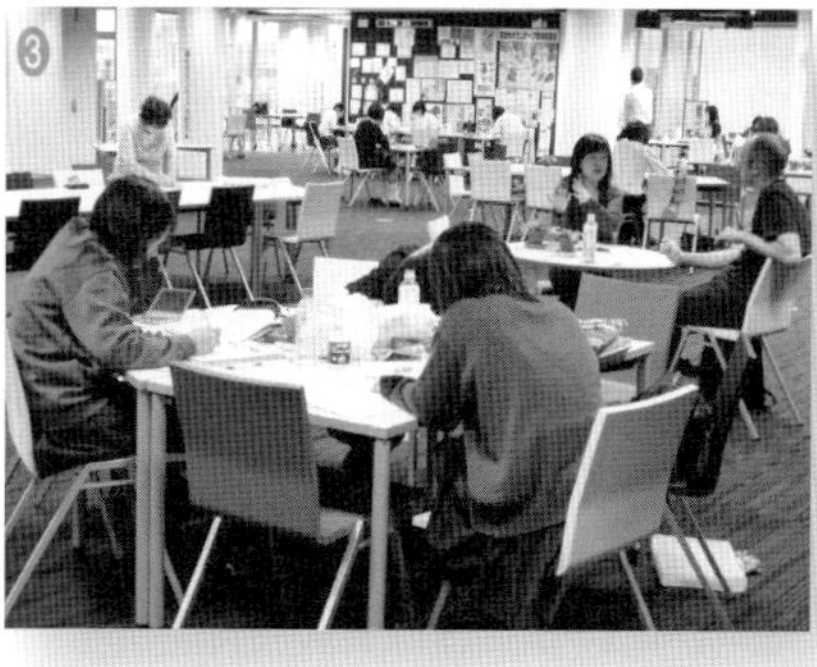

写真13

写真14

追跡調査項目　2008年10月11日(土)実施

◇調査方法：現地利用者アンケート
◇主な市役所、指定管理者に対する調査項目
・施設の設計コンセプト、施設使用状況の変化
・開館後における利用者・利用団体からの要望
・ユニバーサルデザインで計画した諸空間、設備の利用状況
・施設運営状況(利用者数、企画数、事業費、人員配置など)
・運営ボランティアの意向、変動、研修成果、参画の問題点
・管理上の問題箇所とその理由
◇主な利用者に対するアンケート調査項目(面接：回答45人)
・利用目的と頻度
・施設でもっとも好きなところ、よく使うところ
・使用しづらい部屋や場所、設備はあるか
・利用する際はグループか、友人か、個人であるか
・開館前、市民参加のワークショップに参加したか
・車で来館するか、駐車場は使いやすいか、要望はあるか
◇観察調査
・各フロアーごとの利用状況の観察調査、活動様子をメモ

13)。

一方で、

・3階ボランティアベイにスタッフがいない。インターフォン等を設けるべきである。

・5階には十分な広さの託児ボランティアが配置された託児スペースがあり、子ども連れの市民の利用が多い。しかし、授乳室は使用しづらい。

・サインデザインが小さくて見づらい（トイレ、駐車場）。

・アルコーブ的に自然との共生を目指して設置したテラスは、昼食やミーティングができてよいとの意見もあるが、小さい子には不向きなのではないか。

という指摘もあった。

ぬまづ健康福祉プラザの取組み成果と見えてきた課題

公共施設建設における市民参加やユニバーサルデザインの導入は今や常識となりつつあるが、その多くは計画・設計・施工段階までであり、完成後の運営までを見据えた事例は少ない。本事例は、ユニバーサルデザインの理念と実践の中でももっとも重要なユーザー参加の考え方を運営まで具現化した希有な事例である。企画から設計者選定コンペ、基本設計、実施設計、供用開始後の運営管理に至る一連の「参加」を確保し、ユニバーサルデザインの検証プロセス（PDCAサイクル：立案、実行、評価、改善）を推進しうる体制を築こうとした。

こうした取組みを積極的に導入した市の担当職員の想いを率直に評価したい。構想・企画の段階から本格的な市民参加の場が組織され、行政と市民、専門家（アドバイザー）、設

図4　3階フリースペース（共用ミーティングコーナー）（資料：久米設計）

図5　5階ふれあい交流室（託児・保育スペース他）

写真13　好評な3階フリースペース
利用者の主体性を引き出すオープンスペースとして計画された。福祉ボランティア、障害者活動、地域福祉活動コーナーからなる。利用者からの人気がもっとも高い。

写真14　屋外緑化テラス
ボランティアが管理にかかわる。

計者による、ワークショップが十分に機能した。この間の設計図書の変更も設計者側がこうしたプロセスを理解して工程通りに作業が進められた。これらの作業期間を十分に確保したことが事業者側（市）の意図を、市民、利用者、設計者、関係者に十分に周知したものといえる。一方、次のような確信と課題が新たに見出された。

・ユニバーサルデザインのスパイラルアップには、市民、設計者、事業者がしっかりと連携しながらも、それをつなぐためには各意見を調整し、具体的な表現や展開に十分な判断能力をもつコーディネーターの存在が不可欠であること。

・公共施設の場合、指定管理者との調整が課題であり、施設の構想と実際の運営とのギャップを埋めるために指定管理者決定時期の改善が必要である。

・各種ワークショップが実施設計や施工前に行われてはいるが、なお、施設の供用開始前後の検証により、施工段階のチェック不足や設計監理の甘さが見つかった。例えばスイッチや諸設備の高さ、視覚障害者誘導用ブロックの敷設位置など初歩的問題である。いずれもすぐに改善が行われた。

4……多様な使い手の利用に配慮したトイレの展開（イオン東久留米店）

写真15は２０１３年に新築されたイオン東久留米店である。イオングループは１９９４年のハートビル法制定当時からいち早くバリアフリー法の認定建築物に基づく

店舗開発を推進してきた先駆的事業者のひとつである。東北地区のイオン店舗での認定建築物第1号を皮切りに全国各地でハートビル法認定店舗を展開してきた。２００８年には越谷レイクタウンで本格的なユニバーサルデザイン店舗を追求した。一方東久留米店は、レイクタウン以降急速に利用が増加した高齢者や車いす使用者、車による買い物客の多様化、住宅地に立地する場合のコミュニティとの調和という課題に対して新たなユニバーサルデザイン方策を展開した。

そのひとつ、車いす使用者用トイレの独立化である。かつて筆者らも推進した車いす使用者用トイレの多機能化への反省である。トイレの多機能化とは車いす使用者用トイレが広いことと、他のトイレスペースで確保ができないことを理由に、多様なマイノリ

写真15　イオン東久留米店
手前の車いす使用者用パーキングスペースは後部乗降のバンタイプ車にも対応できる。
住所：東京都東村山市
開業：２０１３年４月23日
規模：敷地面積　約55,000㎡
延床面積　約85,000㎡
郊外型の住宅地にあるショッピングセンター周辺には高齢者施設が多く、また子育て世代を含む3世代が混在したエリアが特徴。

ティのトイレ設備機能を一つのブースに押し込めたものだ。具体的には、オストメイト（人口膀胱、人口肛門装着者の総称）用水洗器具、赤ちゃん用おむつ交換台、乳幼児用いすなどを追加したことであるが、近年では他の男女別トイレで利用ができにくいトランスジェンダーの人や認知症で付き添いが必要な人、発達障害者とその同伴者なども多機能トイレを利用することが判明している。その結果、車いす使用者のために本来広いスペースであったはずなのに設備が多すぎて狭くなったり、不必要に広くなったりした車いす使用者用トイレがあちこちで出現した。最低限でもだれもが利用できる多機能トイレを一つ以上整備することをユニバーサルデザイントイレとして整備することを各種ガイドブックで紹介し推進してきたのである。筆者もその片棒を担いできた一人である。

しかし次第に、ここしか使えない車いす使用者から他の利用者が使っていて利用できないとの苦情が、多く寄せられるようになってきた。

そこで、再度トイレが使えない人、使いにくい人はだれなのか、なぜそうなったのかという原点に立ち戻った。トイレの機能を分散し、ひとつのトイレでユニバーサルデザイン化を図るのではなくトイレ全体でユニバーサルデザインを図る方向にシフトしたのである。筆者らがかかわった国土交通省の建築設計標準では、直前に同省安心生活政策課が実施した多機能トイレ実態調査結果を踏まえ（図6）、２０１３年版より多機能トイレの機能分散を推奨している。当事例は国の方針を先取りし、かつ大型商業施設でははじめてのトイレの機能分散の取組みである。大型商業施設では乳幼児連れや車いす使用者の利用も多い。おむつ交換台、乳幼児用いす、オストメイト用水洗設備を分離して整備することは、むしろだれにとっても良い総合的なトイレ整備の考え方であるといえる。

図6　多機能トイレで待たされたことがある経験
国土交通省総合政策局調査「多様な利用者に配慮したトイレの整備方策に関する調査研究」２０１２年３月

写真16　ベビーサロン
中央休憩スペースが円形の壁で区切られ、奥側の授乳室個室は覗かれない。

写真17　機能分散で生まれた「車いすプラス」トイレ
車いす使用者用トイレを男女共用として、利用者の重なりが生じやすい「おむつ交換台」以外の１機能については追加すること（プラス１）を基本とした。

写真18　「車いすプラス１」トイレの入口

写真19　トイレの機能分散追跡調査時の様子
車いす使用者、乳幼児連れ、高齢者等３２０名から回答を得た。２０１３年９月実施

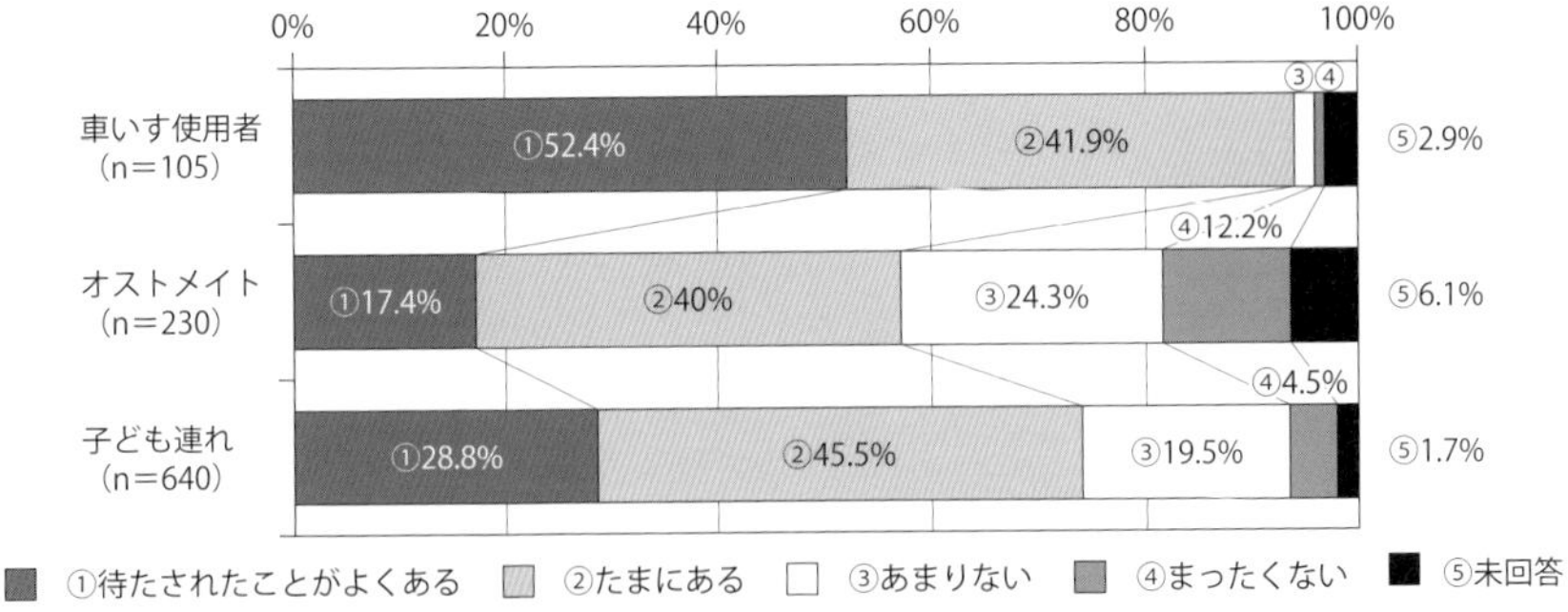

図6

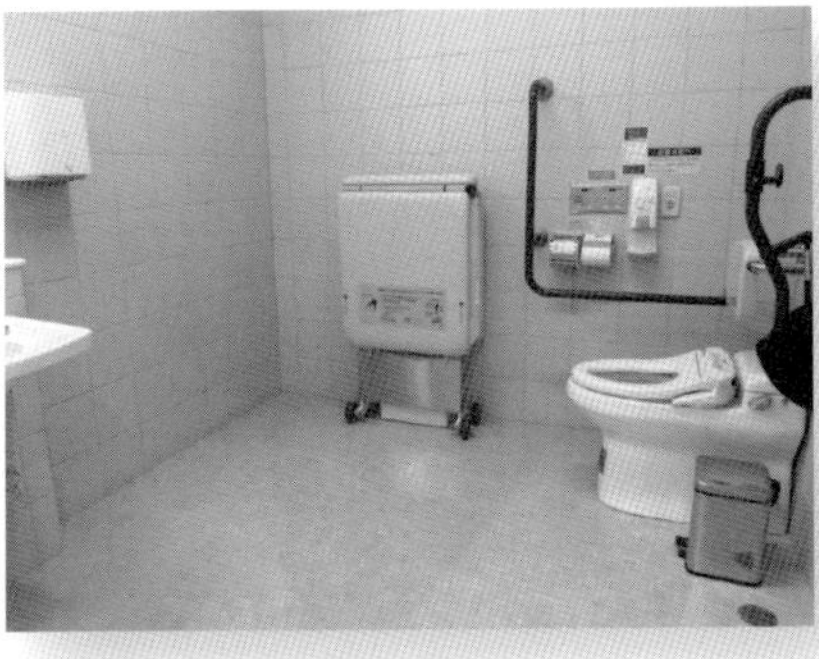

写真17

写真16

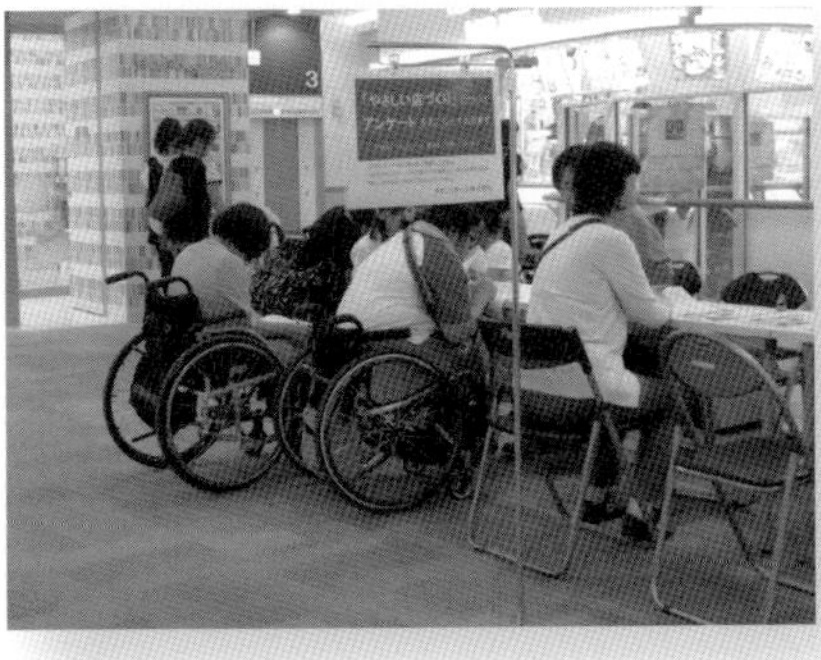

写真19

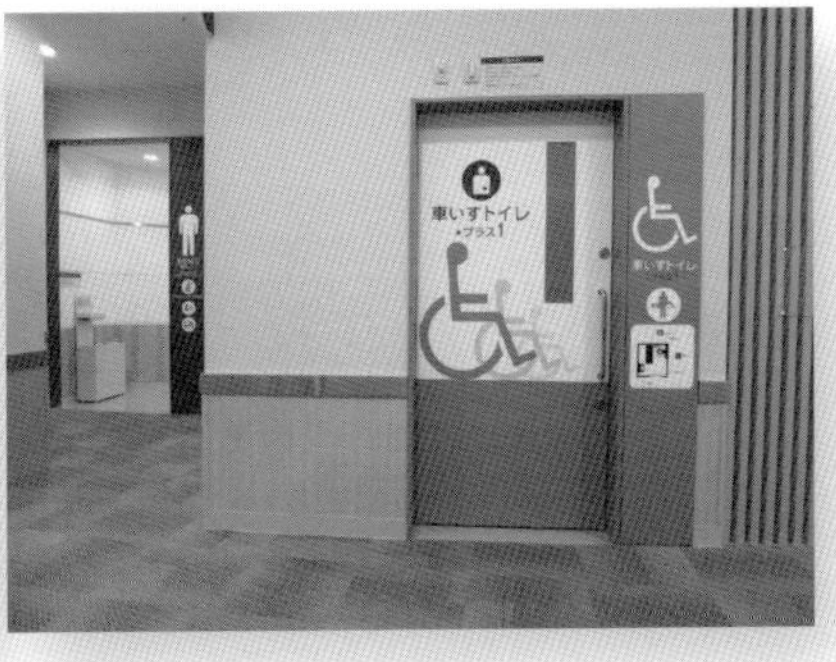

写真18

東久留米店の機能分散の取組み

筆者はこの調査をベースに多機能トイレの機能分散の必要性を確信し、他に先駆けてイオン東久留米店での実現をお願いした。まず東久留米店では、もっとも利用者同士が重なる乳幼児機能の分離と集約化を試みた。基本は男女の一般トイレにおむつ交換台を設ける。ベビーカー利用者に対してはやや広めの便房を同じく男女別に確保する。一般便房の利用が想定されるオストメイトに対しては、専用水洗設備便房が設けられない場合のみ車いす使用者用トイレ内に設けた。一方で大型ベッドを使用する車いす／バギー使用児・者がおむつを交換するための大型ベッドを車いす使用者用トイレに設けた。大型店舗のため利用が多い幼児専用トイレは、別途設けたベビーサロン周辺（写真16）、授乳室近くに集中して設置した。これらのことからイオン東久留米店では、従来からの多機能型トイレの名称「みんなのトイレ」から「車いすプラス1（ワン）」と変更して掲示した（写真18）。

筆者らは開業半年後、こうした徹底したトイレの機能分散が果たして利用客に受け入れられるかの追跡調査を実施することとした。調査は（写真19）面談アンケート方式で実施し、車いす使用者と乳幼児連れの利用者合計320人から回答を得た。結果は、トイレの機能分散については93・5%の人が「いいと思う」と答え、「よくないと思う」という人はわずか0・3%であった。またトイレを利用した人への調査では72・2%が「トイレが利用しやすくなった」と答えた。これらの結果、大型商業施設のようにある程度利用者属性が想定される施設では機能分離の有効性が証明できた。

COLUMN

公共トイレの多様な使いやすさの研究と実践

図1は、現在の公共トイレを計画するうえで想定すべき利用者と、それに対応すべき設備や空間の必要項目を示したものである。都市や地域、鉄道等におけるバリアフリーの環境整備の進化とともに、想定すべき対象者が拡大している。これはユニバーサルデザインの考え方の浸透によるところも大であるが、インバウンドの急増、変化する多様な社会のあり様が公共トイレの変化に反映している。

現実的に留意したいことは、すべての要望を物理的に反映することは不可能に近いことである。全体で個別ニーズを受け止め、隣接するトイレ間でも個別のニーズが対応可能かを考え、効率的に運営することが求められる。

設計の際には個々の利用者の経験を受け止める当事者参加の機会をつくることが大切になる。利用者からの強く大きな声ではなく、必要不可欠な要求の見極めが重要である。対応できた場合でも、なお空間計画による利用不便が生じていることに留意し、設備の付加や従業員等の人的対応にも心配りをしておきたい。

トイレの操作系設備の統一

2002年のハートビル法建築設計標準の改正の議論で、車いす使用者用トイレの多機能化問題と複雑な操作ボタンの利用しにくさが取り上げられた。自動洗浄ボタンや非常ボタン、お尻乾燥ボタンなどの開発、手かざしセンサーなど上肢の不自由な人にとってとても便利な機能が付加されるようになったが、一方で目の不自由な人にはまったく使えないなどの声も聞かれるようになった。写真1、写真2は現状でも時々散見されるが、バラバラなボタン配置である。ボタンの説明書きがあちこちに貼られ、かえって利用しにくさを増幅している。施設管理者が利用者のリクエストに沿って順次対応しているのであるが、全体の使いやすさを捉えていないことがよくわかる。

こうしたわかりにくさを改善するために、筆者らは2007年に操作系ボタンの配置を提案

図1 多様なトイレ利用者と対応空間・設備

利用者の想定

車いす使用者、歩行困難者、上肢障害者
オストメイト
視覚障害者（全盲、弱視、色弱）
聴覚障害者
知的・発達障害者
乳児（保護者含む）
幼児（就学前・保護者含む）
高齢者
認知症高齢者
LGBT
外国人（アジア、欧米、etc.）

利用シーンの把握
モックアップ

利用者参加の有無 →

製品の有無、コスト、工期

⇕

新築、改修

設計上想定される空間・設備

移動、転回スペース（車いす、電動いす、カート、歩行補助器具）
オストメイト対応水洗設備
大型ベッド、おむつ交換台、乳児用いす
同伴の有無（介助スペース、同伴者の待つ場所）
補助犬（盲導犬、補助犬、聴導犬）トイレ
便器の高さ
手洗い器
手すり
鏡
着替え台
サイン表示、説明文
待合空間
etc.

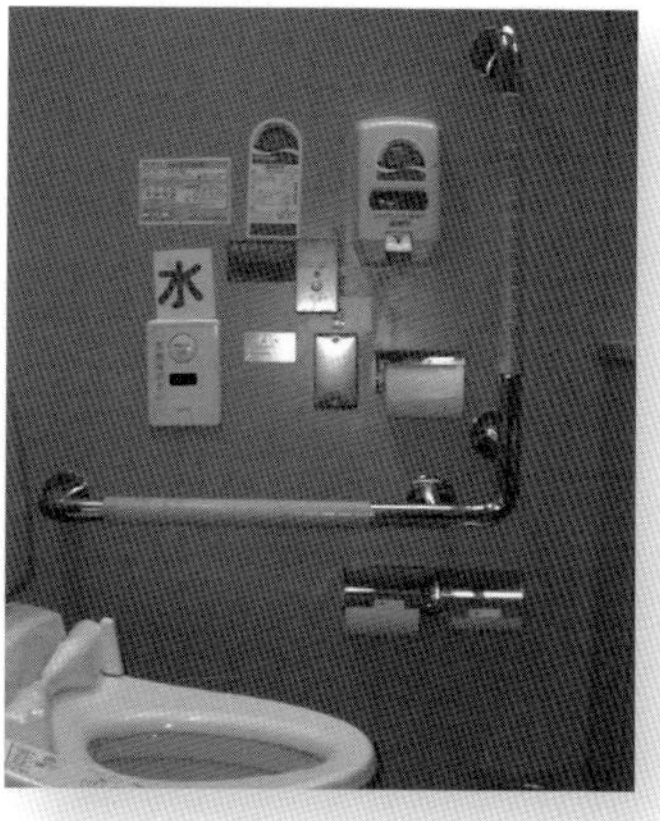

写真1 バラバラな洗浄ボタン

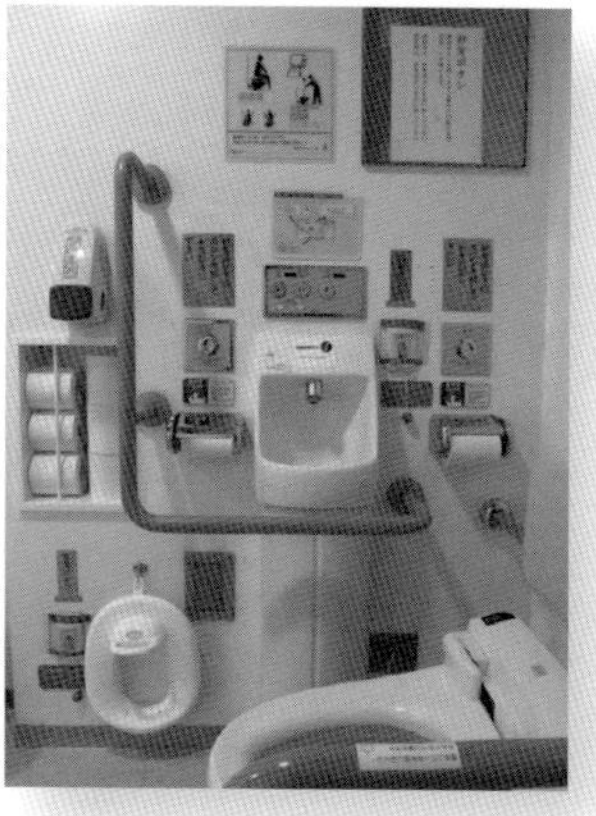

写真2 説明書きが多くわかりにくい

図2　便房操作系ボタンの統一

公共トイレの器具相互間寸法の規定：JIS S0026（2007）

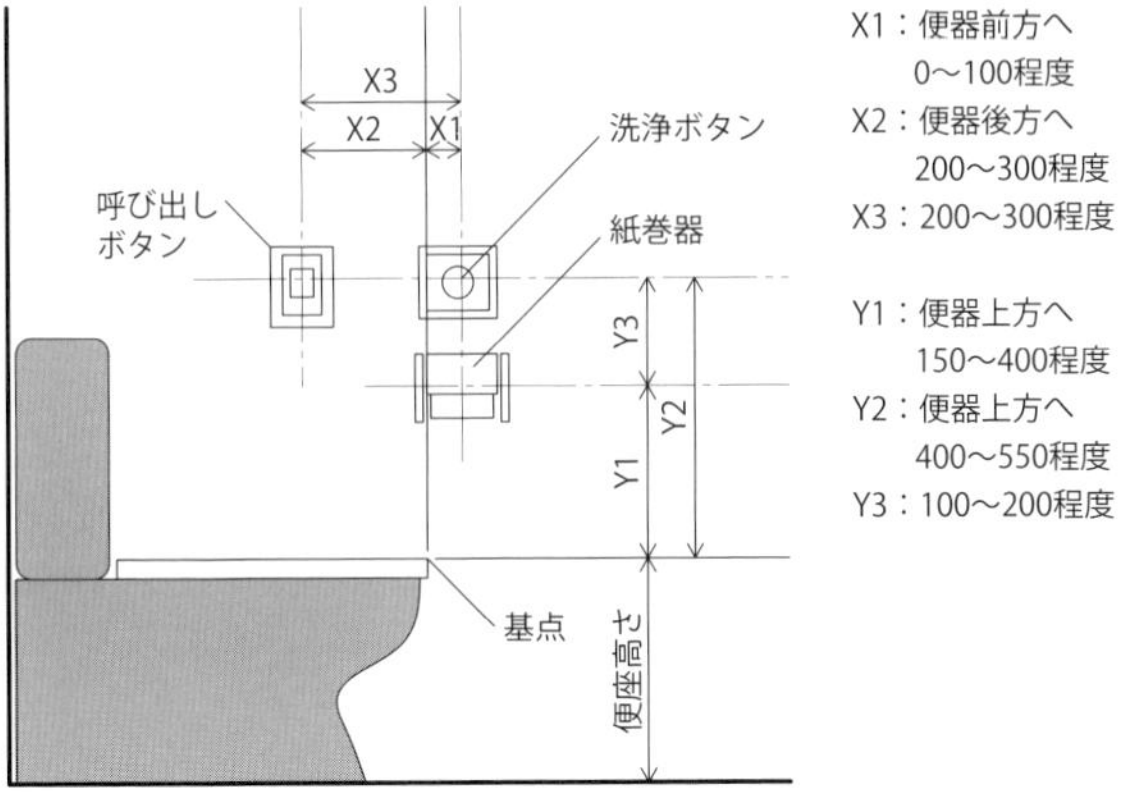

しＪＩＳ化された。視覚に障害のある人も高齢者も発達障害の人も直観的にわかるように紙巻き器、流しボタン、非常呼び出しボタンの配置を決定した。まだまだ普及途上ではあるが、東京オリンピック・パラリンピックの競技場では、車いす使用者用トイレ、一般トイレを含めてすべてこのＪＩＳ Ｓ００２６の仕様で統一されている。

多機能トイレの見直し、車いす使用者が利用できない状態の改善方策

写真３は多機能トイレの典型である。ひとつの便房におむつ交換台（乳幼児いすが設けられる場合もある）、オストメイト用水洗設備の機能が付加されている。２０１３年に国交省と共に筆者らが調査研究した多機能トイレ利用実態調査では、多機能トイレで利用者がバッティングする割合は、乳幼児連れの人同士がもっとも多く、次いで車いす使用者と乳幼児連れのバッティングであった。つまり乳幼児連れの人はおむつ交換台を求めて利用するので重なりやすい。もしおむつ交換台を車いす使用者用トイレから外に出せ

ば乳幼児連れと車いす使用者の重なりはなくなり、車いす使用者の利用が格段に向上する。一方多機能トイレでオストメイトの利用頻度はかなり低い。理由のひとつは車いす使用者でオストメイトを利用する人の水洗設備が開発されていないこと、オストメイト用具の進歩もあげられる。また立位のままではオストメイトの利用者が多機能トイレを利用しにくい状況もある。筆者らの調査（２０１５年）では、７割以上のオストメイトの利用者が一般トイレを利用していることも判明している。

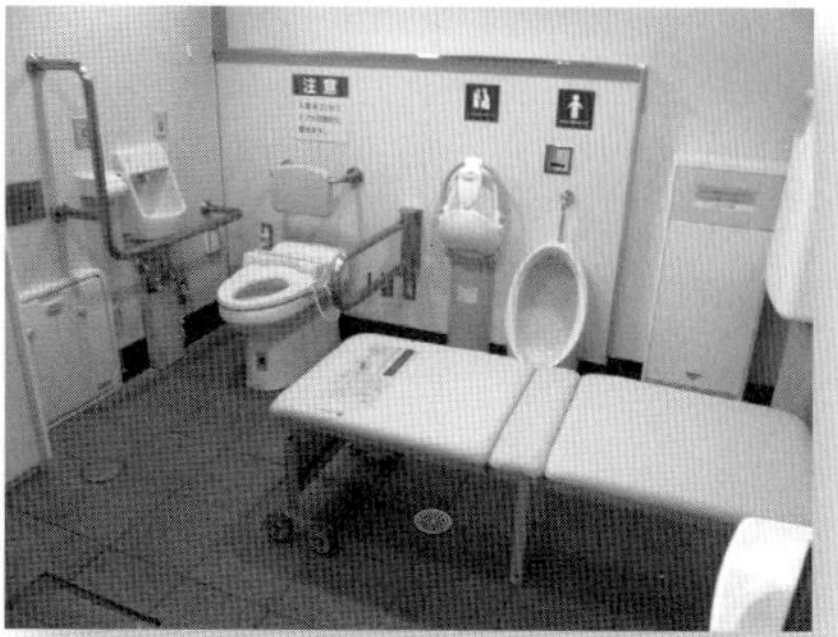

写真３　典型的な多機能トイレ

　以上から車いす使用者が使いたいときに使える車いす使用者用トイレを整備するためには、おむつ交換台を多機能トイレから一般トイレに移動し、空間の余裕があればオストメイトの水洗設備も一般トイレに移すことが現実的な解決方法であることがわかった。多機能トイレの利用改善には単にマナー問題だけではなく、必要以上の設備を同一ブースに集中させることを避けなければならないのである。もちろん、コンビニなど小規模施設や限られた用途の施設では、広いトイレ空間を複数確保することは現実的ではなく、多機能トイレを設置することがよい場合も考えられる。

　とくに交通機関や大規模商業施設、サービスエリアの大規模トイレ施設では多様な人が利用し合うので、機能を分散し利用が重なり合う可能性を避けておくことが望まれる。

　２０１７年３月に改正した建築設計標準では、多機能トイレの利用状況を改善すると同時に、多様な利用者に配慮したトイレ整備の考え方を次のようにまとめた。

①車いす使用者用便房を単独で設けることを最優先とする。車いす使用者用便房は男女共用を原則とし、1以上には大型ベッド（児童や大人のおむつ交換のため）を設ける。
②オストメイト用水洗設備の便房を設ける。この場合独立して設けることが困難な場合は、車いす使用者用便房内に設ける。
③多機能便房を設ける場合は、バリアフリー法の義務対象とならない用途、小規模かつ複数の便房を設けることが困難な施設、既存施設の改修で面積的制約がある場合、便房数が少ない場合に限る。
④おむつ交換台は原則として多機能便房内には設けない。おむつ交換台は、便所内通路または「コーナー」、広めの「オストメイト用水洗設備」または「乳幼児連れに配慮した設備を有する便房」内に設ける。
⑤コンビニや小規模飲食店などでは簡易型便房にオストメイトやおむつ交換台を設けて男女共用とすることは考えられる。この場合でも、機能を一つの便房に集中することは避ける。
⑥用途、規模により簡易型のオストメイト用水洗設備（背もたれ対応）を一般便房、簡易型便房に設けることを推奨する。
⑦認知症を含む高齢者の異性同伴、車いす使用者、知的、発達障害者等の異性介助に対応し、かつトランスジェンダーの人の利用に配慮した一般共用便房を設け、配置に留意する。
建築設計標準では、表1のような整備を推奨することとしている。

公共トイレに必要なのは、①シンプルでできる限り多くの人が利用しやすい機能・設備、②公共トイレの配置、誘導案内の徹底、③清掃等による清潔さの確保、維持管理である。適度な機能、空間の確保と安全安心な整備である。そのためには、メーカーやデザイナーによる利用者検証が不可欠である。ニーズは社会の動向と密接に結びつき変化する。近年では認知症高齢者や発達障害者、加えてトランスジェンダーへの対応が急がれる。デザイナーや設計者自身が利用者の声に耳を傾けて、より快適な公共トイレのあり方をもう一度考えてほしい。

表1　2017年建築設計標準改正によるトイレ整備の標準的考え方

	車いす使用者対応	オストメイト対応	乳幼児連れ対応	大型ベッド対応	男女共用※1	多様化の可能性
2000㎡以上の特別特定建築物	●	●	○	○	○	原則なし
50㎡以上の公衆便所	●	●	○	○	○	原則なし
上記以外の建築物	○	○	○	○	○	あり

●バリアフリー法の整備義務　○建築設計標準による整備

※1：同伴トイレ、LGBT等の利用も考慮

写真4　全個室の男女共用一般トイレの例（ロンドン）
男女共用の一般トイレ、車いす使用者用トイレは他のスペースに共用トイレとして設けられている。右は個室通路、左は個室内部。

COLUMN

名古屋城木造復元問題

文化財、歴史的建造物のバリアフリー

わが国でもここ数年、急速に世界遺産をはじめとする文化財、歴史的建造物のバリアフリーについての市民、障害当事者の関心が高まっている。その背景には、観光客の高齢化、障害者差別解消法の制定、バリアフリー法の浸透、インバウンドの急増、そして2020年東京オリンピック・パラリンピック競技大会の開催がある。

英国の歴史保存団体(Historic England)は、歴史的建造物のバリアフリーの意義を次のようにとらえる。「アクセスへのバリアを取り除くことにより、より多くの人々が歴史的環境を利用し、その恩恵を受けることが可能となる。また慎重に対応すれば、次世代の人々が同様の利益を享受できる。(中略)歴史的環境はアクセス不可能であると考えている人があまりにも多い。第一に優先されなければならないのは障害者のニーズだが、どのような人でも、人生の中でアクセス改善の利益を享受できる時期はほぼ必ずといってよいほどある」)[★注1]。ロン・メイスがユニバーサルデザインを提唱した時の言葉とほぼ類似する。

歴史的建造物のバリアフリーは、共生社会の実現に向けて、不可避的課題である。と同時に、歴史的建造物に対する合理的なバリアフリー技術の発見が、一般の既存建築物のバリアフリー技術への応用にも大いに役立つと考える。

名古屋城における史実に忠実な復元とは何か

名古屋城は、今から約400年前の1612(慶長17)年、徳川幕府の要衝の城として当時の城郭建築の粋を集めてわずか2年で竣工された。つまり封建時代という時代背景のもとで必要な城郭として建設された。太平洋戦争敗戦間際の1945年の空襲で全焼し、1959年市民の寄付により2度と焼けない城郭をと、鉄筋コンクリート造で復元された。戦災前の名古屋城は

注1…Easy Access to Historic Buildings, Historic England, June 2015

国内最大級の城郭建築として国宝第1号であった。２０１４年、河村名古屋市長により名古屋城の木造復元が宣言された。名古屋市長は史実に忠実に復元をするということは今再び現代の要塞を目指そうとしているのだろうか。現代の「敵」はだれなのか。そして間もなく、今日のエレベーター問題が勃発した。

文化財保護法によれば、文化財にとってもっとも大切なのは保護であり、活用である。活用とは、万人に公開され、文化財の歴史や価値を国民が知ることと同時に後世にしっかりと受け継ぐことである。市民の寄付等により戦災復興のシンボルとして鉄筋コンクリート構造で再建された現名古屋城も60年を経過し、一面では立派な「文化財」的価値を有しているともいえる。

木造完全復元の発端は資料の良好な保存にあるという。そのこと自体貴重な文化財ではあると思う。しかし、その貴重な資料をもとに、車いす使用者などの移動が困難な人の利用を阻む天守閣を莫大な税金を費やして完全復元することが市長に求められていることなのだろうか。17世紀初頭に天守閣を完成させた伝統技術を、現代社会で忠実に実現するにはかなりのコストと労力、時間を要するはずだ。おそらく、材料、意匠、工期のすべてにおいて史実に忠実に実行することは、極めて困難であろう。戦争に明け暮れ障害者の存在価値が認められない時代が名古屋城をつくり、２５０年を超える封建社会を支えたのである。

現代社会が目指す方向は大きく異なる。国連障害者の権利条約をもち出すまでもなく法の下

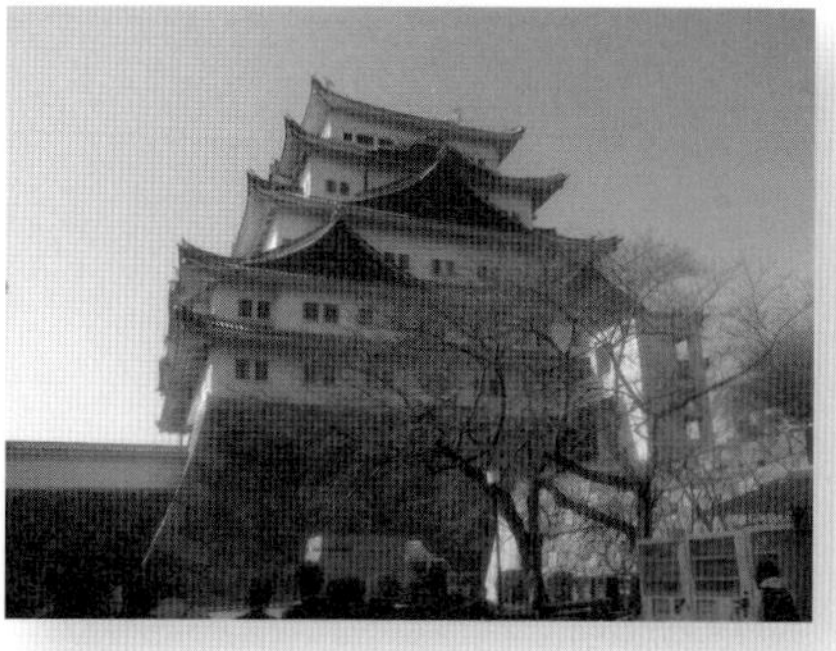
写真1　名古屋城　外付けエレベーターが右に見える。

の平等を目指している。貴重な史料的価値のみで人類が目指すべき理念を覆い隠すことはできない。

名古屋市長は、可能な限りのユニバーサルデザインを達成すると説明するが、車いす使用者にとっての最大のユニバーサルデザインは垂直移動の工夫にある。現代社会と乖離し、歴史的資料価値を部分的に継承していても、文化の伝承にはならない。文化の歴史はそこに生きた人々にとどまらず、いまを生きる人々がつくりだすのである。

技術提案書におけるユニバーサルデザイン計画★注2

２０１６年３月に公表された「名古屋城天守閣整備事業・技術提案書」（業務委託社）では、「史実に忠実であることを尊重し、より多くの方々に利用いただけるユニバーサルデザインの提案」とある。例えば、①車いす使用者には小天守出入り口へのスロープの設置、車いす置場設置、地上から天守５階に至るまでの「武将隊・スタッフ」によるおもてなし介助・補助、②視覚障害者への音声案内、サイン、人的サポート、③聴覚障害者への文字情報、避難誘導等緊急情報の提供、④知的、精神、発達障害者等への休息・休憩スペースを小部屋または屏風で対応、異性同伴トイレの敷地内設置、⑤授乳スペース、子ども用便器、ベビーカースペース、⑥多言語表記、ピクトグラム、多言語アプリ等である。一方、提案時での課題が、地層から４階までを想定した車いす用４人乗り仮設エレベーター、４～５層への階段チェアリフト構想であった。

２０１８年５月、市は「史実に忠実に復元するためエレベーターを設置せず、新技術の開発などを通してバリアフリーに最善の努力をする」と決定した。市は既存の姫路城や松本城にも応用が利くものを開発したいと表明しているが、現実的には内外から多くの観光客を迎える名古屋城では実用化への困難性が極めて高い。

文化財のバリアフリー課題

図１は、筆者らが２０１７年６月に実施した、日本国内にある世界文化遺産のバリアフリー調査結果の一部である。結論として、地形、

注2…名古屋城天守閣整備事業技術提案書、平成28年3月25日

立地や改修場所による難しさ、費用捻出、景観調整が多くあげられている。また行政手続きの煩雑さやバリアフリー技術情報の不足も指摘されている。エレベーターの設置など一定のバリアフリー化後に重要文化財に指定されるケースもある。近代の歴史的建築物とは異なり、世界遺産の場合は寺社仏閣も多く、バリアフリー化が難しい。こうした中で世界遺産「富岡製糸場」（写真２）は優れたバリアフリー化を推進中である。２０１９年現在は大規模保存改修中であるが、エレベーター２基、手話、人的ガイド、多言語表記、音声案内、車いす使用者用トイレの新設などほぼ必要なニーズが満たされる好事例である。

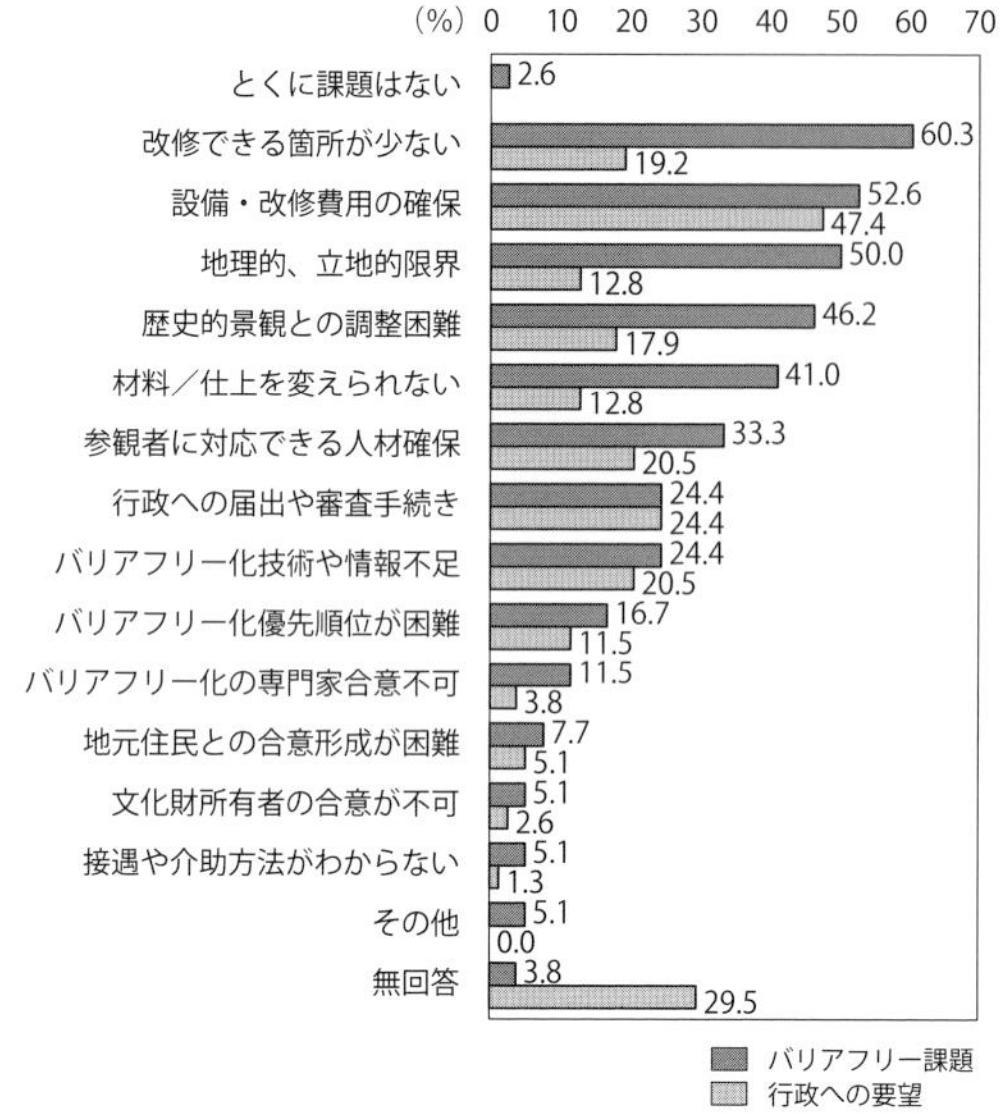

図１

写真2

図１　バリアフリー課題と行政への要望（ＭＡ：１３０施設）２０１７

写真２　富岡製糸場正面入口

表1　バリアフリー法移動等円滑化基準または建築設計標準試案

- 特定建築物に文化財（国宝、重文、登録文化財等のうち公開可能な建造物に限る）を追加する。
- 一般公開される文化財等は、文化財等の保護と公開の原則に則り、活用の状況に応じて、移動等円滑基準と同等な措置を講ずるものとする。
- 文化財等における参観経路は、可能な限り一般公開経路と同じ経路とし、文化財等の保護の観点から、必要に応じて簡易スロープ（取り外し可能な傾斜路）、エレベーター若しくはリフトを設ける。城郭等他に代替経路が措置できないものにあってはこれを除外する。
- 文化財の同一敷地内にあり不特定多数の利用に供するホール、展示室、休憩室、便所、駐車場等については、移動等円滑化基準を遵守する。
- 建物所有者または施設管理者は、視覚障害者や聴覚障害者等への情報（施設案内、展示案内、HP等を含む）について必要な措置を講ずる。
- 特定施設は、高齢者、障害者等の移動等の円滑化の促進に関する法律施行令第6条に準じた対応とする。
- やむを得ずアクセシビリティ改善が不可能な場合には、文化財等の情報に容易にアクセスできる様々な措置を講ずる。

文化財のバリアフリーと関連法制度

木造復元される名古屋城は文化財ではないが、名古屋市はバリアフリーに関して文化財と同等と解釈する。文化財を保護・継承する文化財保護法（1950年）には、具体的なバリアフリーについての言及はないが、「文化財の所有者その他の関係者は、文化財が貴重な国民的財産であることを自覚し、これを公共のために大切に保存するとともに、できるだけこれを公開する等その文化的活用に努めなければならない。」（第4条2項）とある。なお、「文化財公開施設の計画に関する指針」★注3（1997年）では、保護を重視しながらも原則公開とし、「文化財を気軽に眺め親しめる存在にすることが、地域における最も有効な文化財の活用手法」と定めている。

建築基準法（第3条）およびバリアフリー法（第4条）では、国宝、重要文化財、重要有形民俗文化財、特別史跡名勝天然記念物または史跡名勝天然記念物として指定（仮指定を含む）された建築物などの適用除外ができる。さらに、文化財保護法の条例により現状変更の規制および保存のための措置が講じられている建築物、かつて文化

注3…髙橋儀平：歴史的建造物のアクセシビリティ考、福祉のまちづくり研究、第18巻、第3号、2017

財であった建築物または保存建築物であったものを再現する建築物で、「特定行政庁が建築審査会の同意を得てその原形の再現がやむを得ないと認めたもの」も適用除外が可能である。名古屋市ではこの条文を判断根拠としている。

しかしながら、復元される名古屋城は、どう考えても建築基準法、バリアフリー法からみれば、特殊建築物であり、歴史資料館、博物館、集会施設そのものである。内外から多数の観光客が押し寄せる。耐震補強も不可避であり、防災、避難誘導等建築物にとって最重要な消防法の規定を受けざるを得ない。為政者の判断により、バリアフリー法の適用外と自己判断しても、運用実態を変えることはできない。すべての観光客に開かれた安全、安心な観光施設として建設する必要がある。

今、観光地、観光施設の参観者は極めて多様化している。今後日本社会に到来する、社会像を一足先に具現化しているともいえる。木造復元される名古屋城は、市民の税金を使用した「公共施設」であり、その歴史、文化的価値はこれから一歩ずつつくり出していくのである。表1は筆者が独自に考えるバリアフリー法の移動等円滑化基準または建築設計標準に導入すべき試案である。

写真3　善光寺スロープ

第6章…東京2020オリンピック・パラリンピック競技大会とユニバーサルデザイン

1……東京オリンピック・パラリンピックに向けたバリアフリー整備課題

2013年9月8日、ブエノスアイレスで東京2020オリンピック・パラリンピック競技大会（以下「東京2020大会」）の招致が決定し、私たちは大きな感動を共有した。それは50年ぶりの朗報となったのであるが、筆者だけではなくだれもが、東日本大震災の復興の真っ只中にあって、本当に大会が開けるのか、大震災の復興に影響を及ぼさないのか、福島原発の事故処理に遅滞は生じないのかといった不安が脳裏をよぎったに違いない。東京2020大会開催がこれからの日本にどのように影響するのか、招致決定のニュースは私たちに喜びと不安を同時に交錯させたのである。

筆者はユニバーサルデザイン2020行動計画の策定作業開始の1年前である2015年2月、東京2020大会に向けた都市環境のバリアフリー化について考え方をまとめ関係者に説明したことがある。そのメモを改めて見直すと次のように記している。どちらかといえば2020レガシーづくりを見据えた内容である。

①東京の役割

東京の役割とは、世界でもっとも進んだバリアフリー・ユニバーサルデザインの先進都市のひとつ、東京が名実ともにその任務を担い、世界に向け世界一のユニバーサルデザイン都市であることを発信することである。これまで2012年のロンドン大会も含めて公共交通機関から歩車道、建築物に至る連続的な公共空間において円滑に移動できた既存地域や都市は少ない。しかし東京には長年のバリアフリーの基礎がある。この基礎をどう検証し、さらに改善するがきわめて重要である。

② 国連障害者の権利条約批准後の最初の仕事

大半の関係者は意識していないが、東京2020大会はわが国が国連障害者の権利条約を批准してから最初の国際的ビッグイベントである。日本のアクセシビリティの技術力、デザイン力を総合的にアピールするチャンスである。同時に障害者差別解消法が施行されたいま、東京こそが分け隔てのない社会、インクルーシブなモデル都市となる可能性がある。

③ バリアフリー、ユニバーサルデザインの国内水準のレベルアップ

オリンピック会場および都市環境整備でバリアフリー、ユニバーサルデザインの国内水準を見直し世界水準を目指す必要がある。そのために、東京都をはじめ、国の法基準の改正が求められる。東京2020大会はその大きなチャンスである。

④ 企画、基準整備、設計の検証機関

しっかりした企画、基準整備、設計のための検証機関をつくる必要がある。競技施設および周辺の都市空間、選手村では様々なインクルーシブ環境の実験を試みられる。東京2020レガシーでは2020施設をしっかりと検証し、用途の転用による多様なバリアフリーの取組みの成果を発信することが期待される。

⑤ 世界でもっとも進む公共交通機関

様々な課題を抱えてはいるが、鉄道駅のバリアフリー、ユニバーサルデザインをみると世界の首都では東京がもっとも水準が高い都市のひとつと思われる。地下鉄、JRとも駅のバリアフリー化が順調に進んでいる。問題はプラットホームと車両部分の段差と隙間の問題である。それらの寸法は小さいものの都市内の移動では大きなバリアとなる。短期的には様々な人的対応に依存せざるを得ないが、近い将来はだれもが気兼ねなく単独乗降できるホームに改善されなければならない。第一段階としては部分的に単独乗降可能な改良型ホームも必要になる。ノンステップバスではバス停の改善方法の検討が必要である。

⑥ 交通機関、競技会場等を容易に利用できる統一したサイン計画

英、仏、スペイン、ハングル、中国語、日本語等の多言語を用いたバリアフリーMAPの開発が急がれる。交通、会場、サポート等のすべてを同一のアプリで老若男女を問わず容易に検索できるシステムの開発が急がれる。

⑦「お・も・て・な・し」と管理・人材育成

競技会場は将来の都市経営に役立つインフラとしてしっかり整備しなければならない。過剰な整備ではなく地域や規模、用途に対応したスマートなユニバーサルデザインを目指し、事業費回収が十分に可能な初期投資とデザイン性とする。やり過ぎない新たなユニバーサルデザインと、施設整備の規模、立地等に見合う多様な人材の確保もしくは育成が求められる。例えば、前回の東京１９６４大会後に花開いた福祉のまちづくりの運動と同様に、東京２０２０レガシーにつながる計画を立案しなければならない。学校でも企業においても10代後半から20代前半のオリンピック世代は、言うまでもなく将来の日本を支える中心的メンバーである。

⑧ 都市、まち、宿泊施設の改善

ユニバーサルでインクルーシブな大会会場計画で期待されるのは、商店街、飲食店へのバリアフリー、ユニバーサルデザインの広がりである。バリアフリー基本構想の有無にかかわらず、主たる駅の周辺をモデル的に整備する手がかりになる必要がある。遅れているホテル、旅館のバリアフリー改修、および中規模のリーズナブルなホテルのバリアフリー改修の推進が必要となる。

⑨ バリアフリー、ユニバーサルデザインを推進する組織と検証体制

東京２０２０大会の全体計画を統括する機関(例えば内閣官房東京２０２０大会推進本部)が重要となる。全体計画から各会場計画、交通アクセス整備、管理体制づくりの総括機関の必要を感じる。わが国のバリアフリーやユニバーサルデザイン計画でもっとも弱いのが全体の計画である。国、地方公共団体、民間事業所等の連携であり、各行政部門間の連携である。この問題は単にバリアフリー施策だけの問題ではないが、東京２０２０大会を有効に活用したい。

2……ユニバーサルデザイン２０２０行動計画が目指したこと

行動計画の背景と理念

東京２０２０大会の開催決定により、わが国は３・11の震災復興はもとより、すべて

の人々の人権と公平性を重んじる社会像の構築を世界に向けて明確に表明したのである。一気に東京２０２０大会の風に乗ったバリアフリー環境や交通環境の整備機運が高まった。

筆者の実感では、２０００年以降確かにバリアフリー法に則した交通機関、大規模施設整備が進んではきたが、一方ではバリアフリー法施行直後から地方自治体における動きが後退しているように見えていた。これは前述したように、ユニバーサルデザイン施策の後退とも連動している。

改善の予兆は、オリパラ招致直前の２０１３年６月に制定された障害者差別解消法（２０１６年４月施行）の動きであった。障害者差別解消法は、２００６年の国連障害者の権利条約を批准するための立法措置であり、障害当事者（団体）が批准の条件として長く求めてきたものである。実は、障害者差別解消法はどちらかといえば障害者とのコミュニケーションや態度に焦点が置かれがちであるが、物的に入店を拒否している場合は法対象となり得るのであり、バリアフリー環境の整備ときわめて密接に関連する。障害者差別解消法は、すべての国民が、障害の有無によって分け隔てられることなく、相互に人格と個性を尊重し合いながら共生する社会の実現は、東京２０２０ラ大会の開催趣旨とほぼ同一であると筆者は理解する。

そして同年に公表された国際パラリンピック委員会（IPC・International Paralympic Committee, １９８９年設立、本部はドイツ・ボン）のアクセシビリティ・ガイドが東京２０２０大会のバリアフリーを監視することになった。そして、ようやく2年後の２０１５年に内閣官房オリンピック・パラリンピック推進本部、東京都オリンピック・パラリンピック準備局、東京２０２０大会組織委員会の三者を核とするＩＰＣアクセシビリティ・ガイドの東京版「Ｔｏｋｙｏアクセシビリティ・ガイドラインの策定」作業が始まったのである。その後２０１６年になり、障害者団体代表、経済界・事業者団体代表、地方公共団体代表など約50人からなる「ユニバーサルデザイン２０２０関係府省等連絡会議」でユニバーサルデザイン２０２０行動計画の議論が開始された。結果、東京２０２０大会までに間に合わせるべき交通アクセスや大会会場周辺整備、バリアフリー法制度の改正、さらには、インクルーシブ社会に向けた教育の方向性など、ハードとソフトの連携強化が打ち出されたのである。

２０１７年2月20日オリパラ関係閣僚会議により決定された「ユニバーサルデザイン２０２０行動計画」は、ＩＰＣのアクセシビリティ・ガイドと同様、国連障害の権利条約の理念を踏襲しながら次のような社会像を掲げている。

①「他のものとの平等」と「障害の社会モデル」を基本理念とすること。★注1

②障害の有無にかかわらず、性別、年齢を問わず、すべての人が互いの人権や尊厳を大切にして、支え合い、生き生きとした人生を享受できる共生社会の実現を目指すこと。★注2

③障害者権利条約の理念を踏まえ、すべての人々が、障害のある人に対する差別をしない社会を目指すこと。

ユニバーサルデザイン2020行動計画の特徴

行動計画では、ソフト面の「心のバリアフリー」とハード面の「街づくり」に区分して議論を進めた。前者では、学校教育(教師および児童)、企業(経営者および従業員)でのバリアフリ

注1…障害の社会モデルとは、障害は個人の心身機能の障害と社会的障壁の相互作用によってつくり出されているが、社会的障壁を取り除くのは社会の責務であるという考え方。

注2…行動計画では、共生社会を「様々な状況や状態の人々がすべて分け隔てなく包摂され、障害のある人もない人も、支え手側と受け手側に分かれることなく共に支え合い、多様な個人の能力が発揮されている活力ある社会」と定義する。

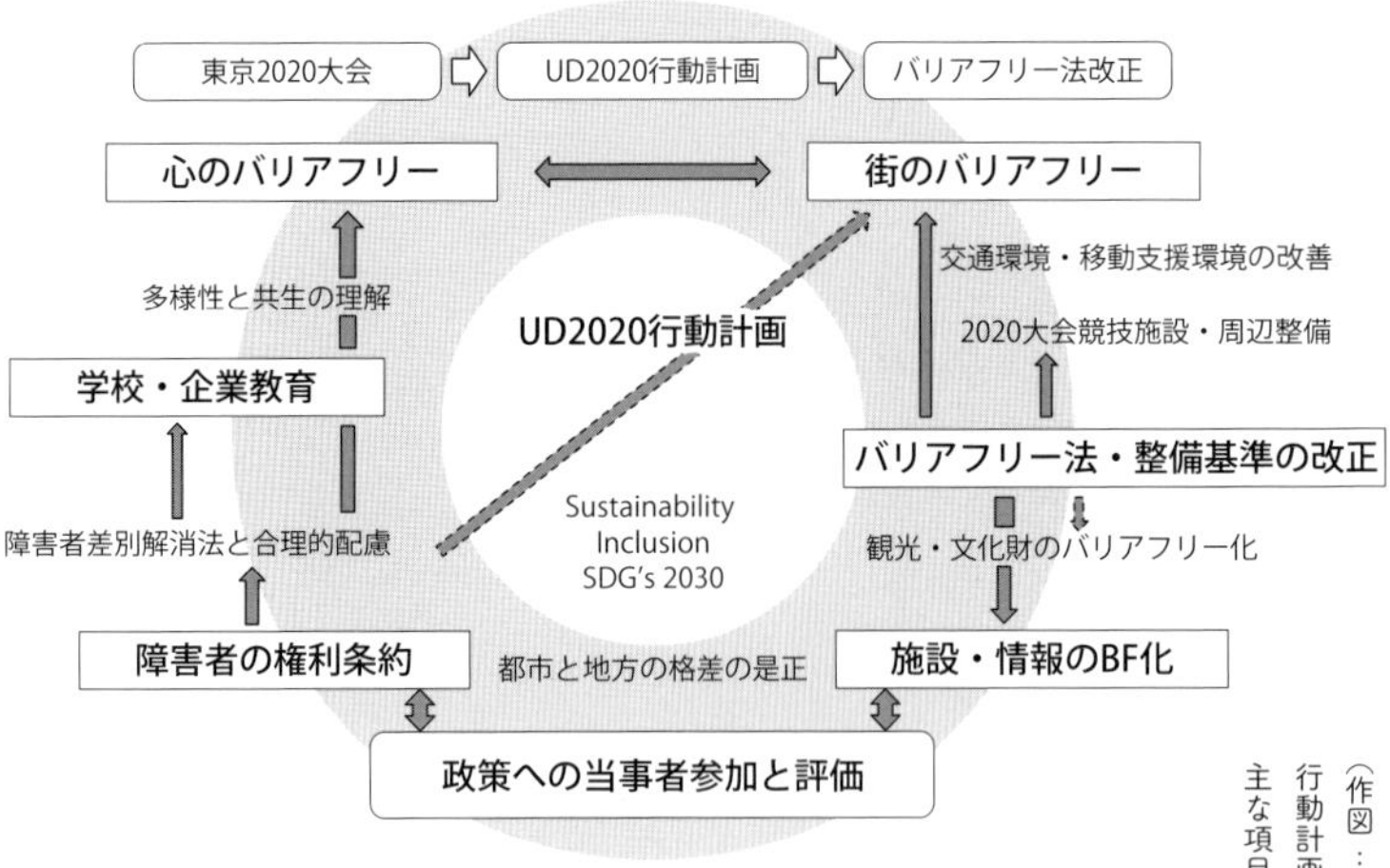

図1　ユニバーサルデザイン２０２０行動計画のイメージ（作図：筆者）
行動計画で求められる主な項目を関連付けている。

ーやユニバーサルデザインの理解や啓発の取組みが対象となった。さらにハード整備と関連して、施設管理者や市民の意識や態度、コミュニティの場での対応も求められる。後者のハード面「街づくり」では、バリアフリー法制度の改正、整備ガイドラインの改正と充実、東京２０２０大会会場までの交通アクセス、利用者への情報提供、とりわけ観光立国としての観光バス、遊覧船、宿泊施設、歴史的建造物のバリアフリー化などインフラ整備を重点的に推進する目標が提起された。しかし筆者の考えでは、まずもっとも大切なのは、身近な生活空間の十分なバリアフリー化である。２０２０行動計画を踏まえて２０１８年の法改正によりバリアフリー基本構想を補強するバリアフリーマスタープラン制度が創設された。しかし、２０１８年度末時点でバリアフリー基本構想の策定率は17％（３０３自治体／１７４１市町村）にとどまっている。基本構想の底上げがマスタープラン制度でどれほどできるのか課題があるように思う。

また基本構想までには至らないまでも、依然として不自然な整備が横行している。写真１は途切れ途切れの視覚障害者誘導用ブロックである。行政も視覚障害の当事者でさえも問題視しきれない実態が存在している（写真２）。設計者が意識しているのかいないのか、行政の設計確認ミスなのか工事監理が適正に行われてないのか、いささか疑問である。

以下ハード面の行動計画について若干の論点を整理しておきたい。筆者は「心のバリア

写真1

写真2

写真1　不自然な環境整備①
公共地下自由通路である。視覚障害者誘導用ブロックが曲がる理由が不明。

写真2　不自然な環境整備②
店舗出入口正面で不可解に曲がるブロック。理由はあるのだろうが、改善できるはずだ。

フリー」は当然ではあるが、バリアはまず物的環境の改善が優先されるべきであり、その後にその運営者（学校施設であれば学校長、教職員）、従業員がどう施設を利用しやすくするか運営方法を考えればよいと思うのである。

行動計画で示された〈ユニバーサルデザイン街づくり〉の決定課題

①東京2020大会に向けた重点的なバリアフリー化

空港から競技会場等に至る線的、面的なバリアフリーを推進、東京のユニバーサルデザインのまちづくりを世界にアピール

・競技会場周辺エリア等の道路、都市公園、鉄道駅等のバリアフリー化に向けた重点支援
・新宿、渋谷等都内主要ターミナルの再開発プロジェクトに伴う面的なバリアフリー化の推進
・成田空港、羽田空港国際線ターミナルの世界トップレベルのバリアフリー化
・空港アクセスバスのバリアフリー化、ユニバーサルデザイン・タクシー導入への重点支援

②全国各地における高い水準のバリアフリー化の推進

・今後の超高齢社会への対応、地方への観光客誘致の拡大等の観点から、全国のバリアフリー水準の底上げを図り、東京大会のレガシーとする
・バリアフリー法を含む関係施策の検討、スパイラルアップ
・交通バリアフリー基準・ガイドラインの改正、建築設計標準の改正による交通施設・建築施設のバリアフリー水準の底上げ（鉄道車両の車いすスペースの設置箇所数拡大、トイレ環境の

整備、ホテル客室の指針見直し等）
・観光地のバリアフリー情報の提供促進（統一的な評価指標によるモデル評価の実施、バリアフリー旅行相談窓口の拡大等）
・各地の中核施設を中心とした面的なバリアフリー化（主要ターミナル等のバリアフリー化、基本構想の策定促進等）
・公共交通機関等のバリアフリー化（駅ホームの安全性向上、鉄道の車いす利用環境の改善、主要空港・主要旅客船ターミナルのバリアフリー化、バス・タクシーのバリアフリー化等）
・ＩＣＴを活用した情報発信・行動支援（歩行者のための移動支援サービスの実現、交通機関の利用にあたっての情報提供サービスの実現に向けた取組み等）
・トイレの利用環境改善（機能分散等トイレ環境の整備、トイレ利用のマナー改善キャンペーンの実施等）

課題は、施設対象、連続性、事業の継続性を含めた整備の進め方である。行動計画の理念に基づきどのように障害者等の当事者が計画に加わることができるのか、そのプロセスモデルをつくり出す必要がある。これは交通事業者、道路、観光施設、その他公共建築物等の用途、規模、整備期間、コストにより異なると考えられる。大切なのは２０２０行動計画で示された各施設のバリアフリー情報の開示である。地域間格差の是正を図るためには、地方都市がいつでも簡単に必要な時にバリアフリーの取組み情報を入手できるようにしておかなければならない。これは中央省庁評価会議の役割である。東京２０２０大会までに行われた様々なワークショップの経験、参加の経験をレガシーとして育てなければならない。

3……IPCアクセシビリティ・ガイドの理念と目標

理念、背景、目標

筆者は2014年7月、新国立競技場の基本設計公表後のユニバーサルデザイン計画にかかわることとなった。そして間もなく、国際パラリンピック委員会（IPC）がオリパラ大会開催地域に求めているガイドラインを知ることとなる。東京招致が決定した2013年の6月、つまりロンドン2012オリパラ大会の1年後に、IPCは、パラリンピック大会の開催にかかわる重要なアクセシビリティ・ガイド（IPCガイド）★注3を公表していたのである。IPCガイドは、直後のリオ2016大会ばかりでなく、東京2020大会におけるわが国の様々な準備活動にきわめて大きな影響をもつこととなった。わが国のバリアフリー、ユニバーサルデザインは、それまで障害当事者らからいろいろな批判はあったものの、海外から見てもそのオリジナリティやプロセスに自負をもっていたように思われる。しかしIPCガイドの基本原則や考え方（表1）を確認すると、これまで日本の障害者スポーツ界ではまず掲げられることがない「国連障害者の権利条約」をベースにしていることが判明したのである。この条約をベースにした障害者スポーツを実現し発展させる社会環境の構築が求められているのである。

IPCガイドの冒頭には次のように記されている。

「アクセスは基本的人権であり、社会的公正の基本である。社会的公正とは、人々を個人

注3…正式名称：INTERNATIONAL PARALYMPIC COMMITEE Accessibility Guide. 最新版は2015年に改正されている。東京2020大会の準備では、2013年版を基本としている。2013年版のに日本語版は日本福祉のまちづくり学会により2016年3月に取りまとめられた。日本パラリンピック委員会のホームページで公開されている。本書のIPCガイドの引用は日本語版に基づく。

表1　IPCアクセシビリティの基本原則・考え方

基本原則	●基本原則は、 ①公平性、②個人の尊重、③すべての利用者のニーズを満たす機能性 ●提供される施設やサービスは、個人の能力や選択に応じて同じ体験ができなければならない。
アクセスについて	●アクセスは基本的人権である。 ●アクセスは障害者の社会参加と機会均等を確保し、何の制限もなく自由に移動し、利用できる環境を整えること。 ●アクセシビリティは、「先進国」といわれる国々でもあらゆる人々が容易に利用できる環境に到達していない。

（筆者要約）

として受け入れ、社会生活に完全に参加するための公平で平等な機会へのアクセスを保障することである。(中略)真にアクセシブルな環境とは、人々が何の束縛も受けることなく自立を実現でき、統合を阻害する要因が取り除かれたところである。(中略)すべての人が、個人の能力に関係なく、同じ体験、同じ水準のサービスを受けられること。開催都市、すべての大会会場、大会運営において、アクセシビリティとインクルージョンを遂行する責任を持つこと。開催都市が高水準のアクセシビリティを達成し、真にインクルーシブなイベントを開催するためには、できるだけ初期の段階からアクセシビリティとインクルージョンを達成する技術的プロセスに着手すること。公平性とインクルージョンに関する継続的な監査プロセスが整備され、計画およびサービスが確実にチェックできるようにするために、地元の障害者団体の要望を理解し、アイディアを得るための協議の場が必要である。」(ＩＰＣガイド13頁他)。

　ＩＰＣガイドが目指している大会は、完全なインクルーシブ社会の実現にある。もちろんＩＰＣの主目的は、限りなくパラリンピック競技大会を最高のスポーツ大会に仕上げることではあるが、そのためには、国際的な共通課題である個人の尊厳と公平性の確保、あらゆる移動、生活、スポーツの各シーンへの十分なアクセスの確保が重要と説く。

すなわちＩＰＣは、２００６年国連障害者の権利条約の履行をパラリンピック大会の開催都市に求めているのである。今日の障害者を取り巻く人々の理解、施策の考え方では基本中の基本ではあるが、大半の市民にまったく知られていない条約である。

ＩＰＣガイドには、次のような一文もある。「先進国と言われるところでさえ、あらゆる人々がたやすく利用できる建築環境はまだ実現されていない。」（注３、１７８頁に記述されている。）、筆者はこの一文を目にしたときに、ロンドンを指しているのか、東京を指しているのかと思ったのであるが、今日の両国を同時に言い当てていると判断したのである。

わが国でもこの30年弱でハード面である公共交通機関や建築物のアクセシビリティは格段に進んだ。だが、市民や行政、事業者、建築家、デベロッパーの意識はどうか。建築家やデベロッパーによって開発されデザインされる都市環境や交通環境、公共的建築物のアクセシビリティはどこまで進んだのか。法律や条例によってしか整備されないバリアフリーの現状を見ると反論することができない。加えてハード面では進展していたとしても、市民や従業員の「差別」や「偏見」意識は、障害者差別解消法の施行以前から大きく改善されたとはいえない。

幸いなことは、東京２０２０大会が「招致」したＩＰＣガイドが、少なくとも東京２０２０大会の準備に従事するすべての人々に対して、わが国が目指すべき共生社会の方向、都市や施設づくりのあり方を正しく呈示しているととらえられることである。

Tokyo2020アクセシビリティ・ガイドラインとIPCガイドの関係性

Tokyo2020アクセシビリティ・ガイドライン★注4（以下「Tokyoガイド」）は、IPCが求めるガイドを東京2020大会用に編集し、2017年3月にIPCからの承認を受けたものである。根拠はIPCガイドであるが、各競技施設設計の技術的ガイドライン、宿泊施設を含む開催都市の様々な各種施設整備基準、大会運営にかかわる刊行物、輸送手段、大会運営関係者のトレーニングガイド等が、内閣官房、東京都、組織委員会で構成されるアクセシビリティ協議会で取りまとめられた。★注5この協議過程ではIPCが求める作成プロセスへの障害者参加の方針に則り各障害者団体、専門家、利害関係業界が1年以上にわたる協議を続けた。筆者の知る限り、国土交通省内に設けられていたバリアフリーネットワーク会議よりさらに多くの当事者団体が参加していたように思うが、ガイドラインづくりのための時間が不足していたことは否めない。

基準設定の考え方と若干の課題

Tokyoガイドの各種基準はIPCガイド、国の法令および東京都の条例を根拠として表2のように考え方を整理した。

Tokyoガイドは、新国立競技場を始め東京2020大会にかかわる全国各地の会場、選手村、交通環境、宿泊施設、大会運営等が遵守すべきガイドとして適用されている。しかしながら、現実的には短期間での改善では困難なことばかりである。とくに輸送環境の改善、選手村以外のホストタウンでのパラリンピック選手宿泊施設の整備の遅れが指摘される。これらの経験は、改めて大会の開催には本当に周到な準備（考え方と施設

注4…Tokyo 2020 アクセシビリティ・ガイドライン、2017年3月24日公益財団法人東京オリンピック・パラリンピック競技大会組織委員会

注5…各種ガイドラインの検索は組織委員会のHPで容易に可能である。

表2　Tokyo2020アクセシビリティ・ガイドラインの整備基準設定の考え方

推奨基準	「東京都福祉のまちづくり条例等による望ましい整備」および「IPCガイド記載のベストプラクティス」の水準を総合的に勘案し設定。 →新設の会場、主要駅等のアクセシブルな動線等として大会時に適用する範囲において、仮設対応を含めて、可能な限り実現を目指す。
標準基準	「IPCガイドの遵守基準」、「国の推奨基準」、「国の遵守基準を上回る東京都条例等の整備標準（遵守基準／努力基準）」の水準のうち、相対的に高いものを総合的に勘案し設定。 →既存の会場、多くのアクセシブルな動線等として大会時に適用する範囲において、現場条件や大会後の利用ニーズ等を勘案し、仮設対応を含めて、可能な限り実現を目指す。

〈注〉ただし例外的に、構造上の理由等によって、やむを得ず標準基準を満たないと認められる場合でも、少なくとも『国の遵守基準』は満たすものとする。組織委員会は、適用対象施設の所有者・管理者等に対し、それぞれの計画に基づき、ガイドラインに即した施設建設・改修工事を実施するよう依頼し、まずはレガシーとなる恒常的な施設としての環境整備を働きかける。
ただし、恒常的な環境整備が困難な場合、仮設による整備、ソフト的対応（専用車等による移動支援、ボランティアによるサポート等）により、ガイドラインを踏まえたサービス水準を確保する。

（引用：東京オリンピック・パラリンピック競技大会アクセシビリティ協議会2017）

表3　IPCガイド整備規準の概要　（単位：mm）

道路の幅員	・最低1,000、標準1,500、推奨1800、天井高2,100以上 ・推奨縦断勾配1/20、最大許容勾配1/14、最大横断勾配1/50
傾斜路の勾配、幅員	・推奨1/20、高さ3,000まで最大1/14、高さ300まで最大1/20 ・最大縦断勾配1/50、幅員1,000以上
ドア幅員等	・最低850、推奨950、競技場選手準備エリア1,000
エレベータ	・出入口の幅員850以上、公共空間、競技場出入口幅員950以上 ・かごの幅員1,700×1,500以上（17人以上） ・競技施設2,100×1,500以上（23人～24人程度以上）
アクセンシブルトイレ	・車いす使用者等15人に1箇所以上
トイレの寸法	・男女共用車いす使用者用トイレ2,200×1,800 ・男女別トイレ1,500×1,500、ドア幅員850以上、推奨950以上
車いす使用者用座席広さ	・一般的なイベントは最低総客席数の0.5％ ・オリンピック大会0.75％、パラリンピック大会1.0～1.2％ ・各スペースの横に同伴者席を同率で設置 ・総座席数の1％は付加アメニティ座席 ・車いす使用者席の広さ800×1,300 ・同伴席および付加アメニティ席500×1,300、座席後方回転スペース1,000
サイトライン（可視線）	・前列観客が立ち上がったときにも車いす使用者のサイトラインを確保 ・パラリンピック大会は大会総座席数の1％確保
非常時対応スペース・設備	・利用者1人当たりの最小スペース850×1,300 ・避難スペース2か所以上 ・警報システムは人が集まる場所、施設内全トイレ、エレベーター前 ・避難指示サインの高さ1,300

整備期間）が必要であるということを実感させる。

4……新国立競技場が目指したユニバーサルデザイン

新国立競技場のユニバーサルデザイン計画の始まり

２０１３年９月８日の東京大会開催決定以降、最大の課題となったのが新国立競技場のデザインと費用との関係であった。さらに１９６４年以降育んできた神宮外苑の杜に相応しいスポーツの殿堂になり得るのか否か、日本を代表する著名な建築家達を巻き込んだ建築界では久しぶりに大きな論争になった。周辺住民からも景観への憂慮や規模に対する批判が生じていた。反対に当初のザハ・ハディド案★6を支持する論調も少なくはなかった。最終的にはコスト論議に終始し規模の縮小などを経て２０１４年５月基本設計案が公表された。

筆者が新国立競技場のユニバーサルデザインにかかわったのは、基本設計終了直後であった。発表された基本設計案に対して障害者団体からＩＰＣガイドの基準がほとんど反映されていないとの強い批判が出始めていた時である。そして、７月頃から日本スポーツ振興センター（以下「ＪＳＣ」）担当者との改善方策の打合せを経て９月より新国立競技場のユニバーサルデザイン・アドバイザーを務めることとなった。施工が進行していたさいたま新都心計画よりは基本設計段階という少し早いタイミングではあったが、規模、

注6…Zaha Hadid, 1950-2016、バグダッド出身、東アジアではソウル東大門デザインプラザ2014、北京銀河Soho2012が有名。2012ロンドン大会ではアクアティック・センターの設計者。ザハ・ハディド案は2012年11月新国立競技場国際コンペで最優秀に選定されたが、実施設計終了時点で建設総額が2500億円を超える想定され、2015年7月安倍首相により白紙撤回となった。以後現在の新国立競技場の計画に移行した。

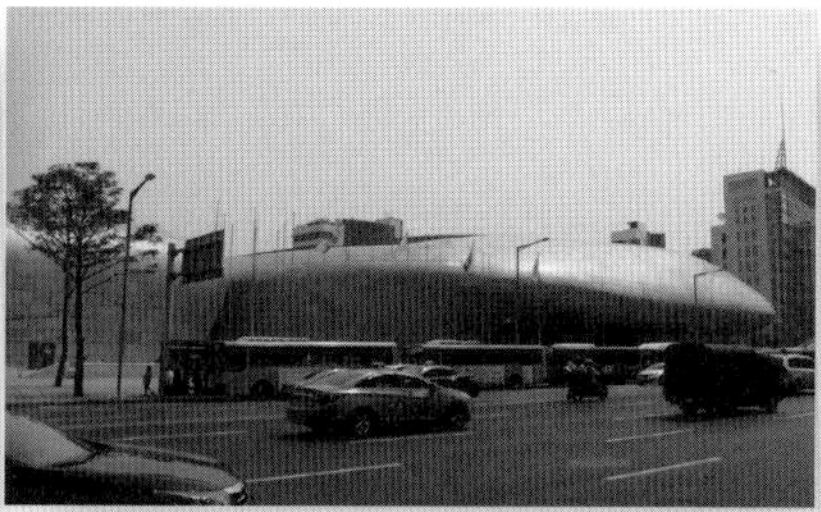
写真3

写真4

写真5

写真6

写真3　ソウル東大門デザインセンター、2014年
ユニバーサルデザインの視点で新たな試みもされているが、国家基準と合わない箇所もある。
写真4　ロンドン大会アクアティック・センター
ユニバーサルデザインの視点では標準的であるが、エレベーターはやや狭い。
現在は水泳教室などで多くの市民に利用されている。
大会時17,500席、レガシー現在2,500席）
写真5　北京銀河ソーホー、2012
（写真3~5はいずれもザハ事務所作品）
写真6　ザハ案（2015年5月時点。出典：ザハ事務所＋設計JV）

コスト、期限（当初2019ラグビーワールドカップの開会式会場として計画されていた）もあり、こちらもかなり厳しい船出となった。ちなみに車いす使用者座席はIPCガイドによるオリンピック開催要求要件の0・75%（パラリンピック時は1・0〜1・2%）に対して一般客席約7万席の0・17%（120席）だけであった。★7

2014年10月より国内を代表する主要な障害者団体★8に参加を求め、新国立競技場ザハ監修案（以下「ザハ案」）での「ユニバーサルデザインに関するヒアリング」がスタートした。そして2015年3月までに意見交換での一定のアクセシビリティ水準の合意が得られた。この意見交換に関してはいくつものハードルが存在した。何よりも大きなハードルは意見交換に残された時間、合意のタイミングと設計活動への反映などにかかわる障害当事者とのコミュニケーションであった。

ザハ案の設計チームによる基本設計案がIPCガイドに準拠していないことが判明した時点で、様々な要望が各団体から寄せられた。最大の課題は車いす使用者用客席数（同伴者客席スペースを含む）の不足である。そして車いす使用者のサイトライン★9の確保、各階や複数の場所で観覧できる車いす使用者客席の配置、一度に複数の車いす使用者が移動できるエレベーターのかごサイズとエレベータードア幅員、安全に乗降できるために乗降部分のステップが3枚フラットになるエスカレーター、視覚障害者が単独で客席とトイレ間を移動できる誘導用ブロックの敷設または音声案内のシステムの導入、心身状況に対応した休憩スペースの確保、様々な客席での集団補聴システムの配置などであった。

とりわけ車いす使用者用客席については、数の問題もあったが、基本設計後に最大の難題であった車いす使用者用客席数とサイトラインを確保したことにより、フロア高が

注7…120席の根拠は当時の国内競技場等の平均車いす使用者用客席数から割り出している。

注8…東京都知的障害者育成会、全国精神保健福祉会連合会、全日本ろうあ連盟、日本身体障害者団体連合会、DPI日本会議、日本盲人会連合等。

注9…車いす席の前席の人が立位で応援した場合でも、車いす使用者がトラックやフィールドの競技が視認できること。

必要となり、1階コンコースからフラットで客席に移動できないという決定的な問題点が生じた。それでも設計チームの工夫により実施設計の終了までには何とか障害者団体と緩やかな傾斜路での妥協を見たのである。また一般観客の移動ルート上にあるエスカレーター計画も窮屈であった。階高、スパン、柱位置等がほぼ確定している基本設計終了後の修正はどんなにワークショップを開催しても困難であることが改めて露呈した。第5章で述べたようにどの段階でバリアフリーやユニバーサルデザインに取り組むかで改善状況が決定的に異なる。基本設計案のアクセシビリティの修正にかかわった発注者ＪＳＣや設計チームはある面でとてもよい経験をしたはずであり、他の公的プロジェクトに忘れないで生かしていかなければならない。もちろんそのことは障害当事者自身にも同様にいえることである。

改めて振り返ると、実施設計終了までに各障害者団体から合意を得ていたとはいえ、基本設計案のアクセシビリティ改修は本当に難しい判断が求められていた。

２０１５年6月ザハ案の実施設計中に再び建設費問題が勃発した。翌7月安倍首相の最終決断でザハ案が白紙となった。しかし不思議なことにその後の時間の経過とともに、新たなユニバーサルデザインの発見や可能性はザハ案のように思い切ったデザインや発想からでしか生まれないのかもしれないとの想いも同時に交錯したのである。

２０１５年9月、新たな事業者選定のための応募要項がＪＳＣより発表され、同年12月19日新国立競技場整備事業の技術提案等審査委員会(第8回)により大成建設・梓設計・隈研吾建築都市設計事務所共同企業体のＪＶチームが選定された。

この時点で、新国立競技場の役割として筆者は、東京２０２０大会の主会場となる新国立競技場は、成熟した日本社会においていまなお、障害者差別やアクセシビリティに課題があることを認識し、その改善に向けた場にならなければならないこと、その課題を修正し、改善する重要なコミュニケーションプロセスが新国立競技場の整備プロセスにあることを確信した。優れた要求水準を掲げても不十分な実行プロセスであってはいけないその想いである。

新国立競技場の仕切り直しと並行して都内では都立競技場設計が始まりつつあった。東京都では新規3施設、既存8施設を中心に2016年3月からTokyoガイドをベースとした本格的なユニバーサルデザイン計画が動き出した。東京都オリンピック・パラリンピック準備局はパラリンピック推進本部を中心に「アクセシビリティ・ワークショップ」を計画した。筆者は新国立競技場のユニバーサルデザイン・アドバイザーおよび都立施設のアクセシビリティ・ワークショップの副委員長として大会会場の建設にかかわることとなった。

新国立競技場整備事業におけるユニバーサルデザインの要求水準

改めてプロポーザル方式で設計者を公募するための業務要求水準書が2015年8月28日「新国立競技場整備計画再検討のための関係閣僚会議」（以下「閣僚会議」）で了承され、9月1日に公表された。その業務要求水準書の基となる新国立競技場の整備計画の基本理念で「アスリート第一、世界最高のユニバーサルデザイン、周辺環境との調和や日本らしさ」が謳われユニバーサルデザインはかつてなく重要な一項目となった。筆者もユニバーサルデザインに係る部分で本業務要求水準づくりを少しサポートしたのであるが、その

狙いは、

①わが国のバリアフリーやユニバーサルデザインの到達点を示し、さらに世界を牽引できること、

②国連障害者の権利条約を基礎とするＩＰＣ基準を遵守し、公平性で客観性の高い他の公共施設の模範となるユニバーサルデザインを実現すること、であった。

その結果、ザハ案での作業の反省をも踏まえて閣僚会議で了承された業務要求水準書に「世界最高のユニバーサルデザインの導入を目指す」ことが盛り込まれたことは高く評価したい。筆者はかつて『月刊体育施設』（２０００年７月号）にスポーツ施設のバリアフリーという拙文を書いたり、障害者スポーツ施設の調査研究をしたことはあるのだが、実際の競技場のバリアフリーにかかわったのは初めてで、ザハ案でのヒアリング成果は施工には至らなかったものの、基本設計からの対応は難しく非常に勉強になったのも事実である。これが次に生かされようとしたのだ。

以下、ＪＳＣからの公開資料より新国立競技場整備事業におけるユニバーサルデザイン計画の業務要求水準書の概要を記す。

〈新国立競技場整備事業におけるユニバーサルデザインの主な業務要求水準〉

【ユニバーサルデザインに関する性能】

①オリンピック・パラリンピック競技大会の開催を踏まえ、全ての利用者が円滑に利用できる世界最高のユニバーサルデザインを導入したスタジアムを目指す。

②ユニバーサルデザインの実現に最も重要な点は多様な利用者ニーズの把握である。そ

のため、設計から施工段階において、高齢者、障がい者団体や子育てグループ等の参画を得てユニバーサルデザイン・ワークショップを開催し、関係者の意見を集約した上で業務を進める。

【スタンド計画】

①観客席の概要

a）オリンピック競技大会開催時の観客席は、約6・8万席を整備し、車いす席は、総席数（実質席数）の0・75%以上を確保する。

b）パラリンピック競技大会開催時には、一般席の一部を取り外し、車いす席及び同伴者席を、総席数（実質席数）の1・2%以上まで増設する計画とする。

c）オリンピック・パラリンピック競技大会開催時の観客席については、同大会終了後、サッカーの大会開催時に、モート及び陸上トラックの上部に、可能な限りピッチに近い臨場感のある観客席を増設し、総席数が8・0万席以上確保できる計画とする。

②スタンド

a）陸上、サッカー、ラグビーとも、全ての席から見ることができる注視点（FocalPoint（以下「FP」という））を設定し、各観客席からC値60㎜以上を確保してサイトラインを構成する。

b）FPの設定は各競技の施設基準による。

【ユニバーサルデザイン計画】

①車いす使用者へのユニバーサルデザイン

a）車いす席（W900×D1300以上）及び同伴者席（W500×D1300以上）は同じ割

合で車いす席の横に設置すること。

水平・垂直に分散して配置し、車いす使用者が様々なエリア（スタンド各層）から観戦できる環境を整備する。

b）車いす席及び同伴者席は、各コンコースからフラットにアクセスできる場所に確保する。

c）車いす使用者の施設利用が想定される階にはエレベーターを設置し、スタンド各層へのアクセスが容易となる環境を整備する。また、災害時においても、円滑な避難が可能な環境を整備する。

d）車いす使用者の視認性に配慮したサイトラインの確保については、日本人の平均身長や履物の高さに配慮するとともに車いす使用者の眼高に配慮して計画する。

e）大型ベッド付きの車いす使用者用トイレを設置し、大人の着替えにも対応できるように計画する。

f）車いす使用者用トイレは車いす席15席に1箇所以上の割合で設置する。車いす使用者トイレは、車いす席の近傍かつ一般便房と一体的に設置する。

g）車いす使用者用トイレの1以上は男女共用トイレ（多様な同伴者を想定）とする。

h）ＶＩＰ席用にも車いす使用者用トイレ、乳幼児用設備を設置する。

i）多目的（多機能）トイレ、オストメイト用設備を備えたトイレ、乳幼児用設備は各トイレゾーンに機能分散した計画とする。

j）車いす使用者用トイレの器具は、パラリンピック競技大会時の必要器具数に合わせて整備する。大会後の必要器具数以上の器具は、大会後に容易に撤去できるものとする。（附属する給排水設備も同様とする。）

k）ユニバーサルデザインに配慮し、子供や障がい者などに使いやすい器具を選定する。

l）敷地への出入口から各案内所への主要な移動経路は段差のない計画とする。

m）各種サインは、車いす使用者の視認性に配慮して計画する。
②視覚障がい者へのユニバーサルデザイン
a）視覚障がい者の安全かつ円滑な移動を目的として、音声誘導装置や点字サインを、主要な出入口やトイレ出入り口に適宜設置する。

b）音声誘導装置は視覚障がい者が所持している送受信機により、音声案内を流す電波感知方式の音声誘導装置を設置する。

c）視覚障がい者が安全かつ円滑に移動できるよう視覚障がい者誘導ブロックを設置する。なお視覚障がい者誘導ブロック等の設置については、視覚障がい者団体との協議を行う。

d）ロービジョン者、色弱者に配慮し各種案内サインを計画する。

e）盲導犬用のトイレ★注10を設置する。
③聴覚障がい者へのユニバーサルデザイン
a）聴覚障害者等の補聴支援として集団補聴設備を観客席４００席以上に整備する。

b）災害時に聴覚障がい者が一人で取り残される可能性のあるトイレ、授乳室、休憩室等にはフラッシュランプを設置する。

c）各種サインは、聴覚障がい者の利用★注11に配慮した計画とする。
④知的、精神、発達障害者等へのユニバーサルデザイン

注10…このトイレは補助犬すべてに対応。

注11…わかりやすさ、見やすさに配慮。

a）心身状況の変化により休息及び休憩が必要となるため、休憩施設をスタンド各層に設置する。

b）同伴者★注12とともに利用できるトイレを計画する。
⑤高齢者等へのユニバーサルデザイン
a）高齢者が容易に移動可能な環境を整備する。

b）各階コンコースに配置したトイレ内には、必要箇所に手すりを設置し、様々な身体状況の観客が利用しやすい環境を整備する。

c）各種サインは、高齢者にとっても見やすいサイズや色づかいとする。

d）高齢者等の安全な移動に配慮し、スタンド縦通路に手すりを設置するとともに、段鼻はコントラストに配慮し視認性を確保する。
⑥子供連れ利用者へのユニバーサルデザイン
a）託児室、授乳室をスタンド各層に設置するとともに、キッズスペースを設置して、子供を預け遊ばせるスペースを確保することで、子供連れの利用者も安心して試合等を観覧できる環境を整備する。

b）トイレにはベビーチェア・ベビーシートを設置したブースを設けるとともに、授乳室を各層に配置する。

c）ベビーカー置き場、車いす置き場を客席に近接して確保する
⑦外国人利用者へのユニバーサルデザイン
外国人の来場を想定し、ピクトグラムなどの言語以外の表示や多言語表記のサインを設置する。

注12…異性の同伴者にも配慮。

⑧その他

a)スタジアム全体の案内のための総合案内所を設置する。

b)競技場利用者の利用が想定される駅が複数存在することから、利用者のメインアクセスレベルに複数箇所の案内所を設置する。

c)観客が主として使用するエレベーターは、ＩＰＣ基準に適合した仕様とする。

d)エスカレーターの乗降で水平となるステップの枚数は3枚とする。

e)エスカレーターの上下移動が容易に判別できる音声案内及び手すりサイン等を設置する。

f)災害時の対応のため、緊急汚水槽を設置するとともに、屋外に15か所以上のマンホールトイレ用のマンホールを整備する。

g)その他、必要な箇所の整備についてはバリアフリー関連法令を遵守する他、ＩＰＣ基準、Ｔｏｋｙｏアクセシビリティ・ガイドラインに準拠して整備する。

【サイン計画】

a)サインは、各室の配置及び機能又は名称を表示し、統一性があり建築空間と調和し、視認性に優れた形状、寸法、設置位置及び表示内容とする。

b)施設名称サイン、インフォメーションサイン、エリアサイン、誘導サイン、階数サイン、室名サイン、避難経路サイン、ステップサイン、点字案内サイン（触知案内図を含む。）、駐車場サイン、エレベーターサイン、エスカレーターサイン、手すり点字サイン、インターホンサイン、ピクトサイン及び衝突防止マーク等を適宜整備する。

（資料出典：新国立競技場日本スポーツ振興センター整備事業　業務要求水準書　独立行政法人、２０１５年９月公表、最終修正同年11月）

新国立競技場整備事業におけるユニバーサルデザイン・ワークショップの意義と課題

新国立競技場整備事業の事業者は２０１５年12月、技術提案書の審査結果をもとに優先交渉権者として「大成建設・梓設計・隈研吾建築都市設計事務所共同企業体」（以下「大成ＪＶ」）が決定した。ユニバーサルデザインの立場から言えば、もっとも重要なのは初期段階からの障害者等当事者参加のしくみである。閣僚会議で決定された「新国立競技場の整備計画」の基本理念に「世界最高のユニバーサルデザイン」が掲げられたことは大きな意義がある。

大成ＪＶは業務水準書で求められている多様な利用者ニーズを把握するため「ユニバーサルデザイン・ワークショップ」を新たに立ち上げ、表4に見られる14団体の参加が決定した。２０１６年2月下旬より基本設計に関わるワークショップがスタートしたのである（写真7）。

当事者参加のしくみをつくる最初の課題は参加団体の選定である。一般的には障害属性ごとに選定する場合が大半であるが、必要とする障害属性の団体がない場合も散見される。ワークショップの時間は限られており、適正な規模を言及することは難しい。その点では一括して説明と質疑を進めた今回のワークショップ体制は、事務局体制（常時20人程度）も含めると約40人となり、限界的な規模ではあったが全員が遠大な目標を共有していたと思われる。

ワークショップの実施主体は大成ＪＶが担い、ＪＳＣは発注者として参加した。ワークショップは表5のようにテーマごとに基本設計段階5回、実施設計段階7回、施工段階8回を数えた。この間大成ＪＶとＪＳＣの事前準備、個別団体へのヒアリング等を含めると膨大な日数と時間が費やされた。施工段階では屋内外サイン、ピクトグラム、エレベーター、観客席、客席通路、視覚障害者誘導用ブロックの素材と仕上げ、音声案内、トイレの扉やスペース等重要な論点でのモックアップ検証も実施された。

ワークショップの次の課題は問題解決の共有化である。他の事例でもよくあるのだが、どちらかといえば、自分たちと異なる障害属性に対する課題には関心が薄く、場合によってワークショップを欠席してしまうということが見受けられる。当事者や関係者が一堂に参加する場は大いなる勉強の場である。自分たちと異なる属性の団体がどのようなところに関心をもち発言をするのか、あるいはその背景は何かを学ぶ場こそがユニバーサルデザインを推進する力になり得るのである。実際のところワークショップの運営者側も自分たちが問題視している以外のことに触れたがらない傾向も時には見て取れるのである。

そして、どのくらいの時間をかけて議論すれば合意形成につながるのかということである。これには当然正解はないが、外部から関わるアドバイザーには適切な判断力が求められることは間違いない。

写真7　ユニバーサルデザイン・ワークショップの様子

表4　ユニバーサルデザイン・ワークショップ構成団体等

(1)当事者14団体 ・社会福祉法人 東京都手をつなぐ育成会、公益社団法人 全国精神保健福祉会連合会、一般社団法人 日本発達障害ネットワーク、社会福祉法人 日本身体障害者団体連合会、社会福祉法人 日本盲人会連合、一般財団法人 全日本ろうあ連盟、特定非営利活動法人 DPI 日本会議、公益社団法人 全国脊髄損傷者連合会、一般社団法人 全日本難聴者・中途失聴者団体連合会、ミマモ・カフェ（子育て支援団体)、公益社団法人 東京都老人クラブ連合会、公益財団法人 日本補助犬協会、公益財団法人 日本障がい者スポーツ協会(個別ヒアリング)、一般社団法人 日本パラ陸上競技連盟(個別ヒアリング) (2)学識経験者3名 ・大成JVのユニバーサルデザイン・アドバイザー 2名 ・JSC ユニバーサルデザイン・アドバイザー 1名

(JSC資料)

表5　ユニバーサルデザイン・ワークショップ(UDWS)の経緯

■基本設計段階　2016：2/23 ～ 5/17 第1回　概要説明、意見交換 第2回　意見等を踏まえた検討内容説明 第3回　同上 第4回　トイレ計画 第5回　基本設計への意見の取りまとめ ■実施設計段階　2016：6/21 ～ 9/28 第1回　一般トイレ、乳幼児関連諸室 第2回　アクセシブルトイレ、外部移動空間 第3回　第1回、第2回のまとめ 第4回　エレベーター、エスカレーター 第5回　サイン計画(JISとそれ以外の提案)、補助犬トイレ(大きさ、位置)等 第6回　第4回、第5回のまとめ、手すり等 第7回　実施設計への意見の取りまとめ ■施工段階　2017：4/12 ～ 2018：4/25 第1回　外部誘導サイン(高さ、文字の大きさ、配置、表現内容)等 第2回　内部誘導サイン(高さ、文字の大きさ、配置、表現内容)等 第3回　サイン、観客席モックアップ(縦通路階段の表面仕上げ、段鼻の視認性、手すりの位置)等 第4回　サイン、視覚障害者誘導用ブロック(周辺路面とのコントラスト、形状)等 第5回　内外部誘導関連、エレベーターモックアップ(ボタンの高さ、鏡の大きさ、聴覚障害者対応のモニターと文字情報)等 第6回　アクセシブルトイレ、トイレドア(折戸、鍵形状、位置)関連モックアップ等 第7回　ピクトサイン 第8回　ピクトサイン、外部誘導サインモックアップ

(JSC資料)

結局のところワークショップの魅力とは、様々な障害者などの意見からの気づきであり、障害属性だけではなく、異なる生活体験をもつ人の意見の対立を知ることでもある。共通に解決できるもの、個別解に回すものを確認することも設計のプロセスでは極めて重要である。設計者にとっては、少しばかり先の道を見る判断が強いられる。

新国立競技場整備事業のユニバーサルデザイン経験を次につなぐ

もちろん障害当事者参加のワークショップの実現ですべてが当事者の主張通りに修正されるわけではないし、ユニバーサルデザインが格段に進展するわけではない。当事者の経験が設計図書の改善に結びつくためには客観的な根拠も必要となる。その点今回のワークショップでは当初の技術提案から相当の修正があったといえる。コストや物理的制約による限界を超えたものも中にはある。このことは大成JVがワークショップに本当にていねいに向き合った結果といえる。

限られた時間ではあったが、様々な新たな取組みが提案され実現に向かったのである。以下ユニバーサルデザイン・ワークショップにより提案され、かつこれまでの公共施設では実現していない主な新規ユニバー

表6　車いす客席の配置
（ワークショップを踏まえ、ほぼ最終案に近い）

すべての階(3層スタンド1階～5階)に
バランスよく車いす使用者席を計画
オリンピック約6万席：約500席
パラリンピック約5.8万席：747席
大会終了時約6.8万席=約521席
・1階：371席(全周)
・2階：20席(4か所)
・3階：85席(5か所、パラリンピック開催時316席)
・4階：24席(2か所)
・5階：0席(パラリンピック開催時のみ4か所16席)
車いす席の広さ900×1300㎜、同伴席500×1300㎜
車いす席にコンセント設置
車いす席のサイトラインは眼高100㎝を標準、前列の人の身長は175㎝を想定

（JSC資料）

サルデザインを列挙する。

①車いす席の垂直、水平方向の分散。1階席の全周を始め、サイトラインをしっかりと確保しながら各階に分散配置（図2）

②30人乗りのエレベーターを標準化し扉幅を最大限拡幅。

③補助犬トイレを屋外、屋内各1か所ずつ設置。

④聴覚障害者の緊急時のコミュニケーションに対応したエレベーター内の双方向モニターを設置、一般トイレブース2つに1か所の緊急通報ランプ設置。

⑤従来の多機能トイレ整備を踏襲しながら、一般トイレも含めて個々のトイレ利用ニーズに対応した機能分散の徹底、車いす使用者用、オストメイト用、同伴者用（認知症、発達障害等の異性同伴にも可能）、乳幼児用など、利用者が使い方に合わせてトイレ利用ができる配置。（図3東京都の会場例）

⑥知的、発達障害者対応の休憩スペース（カームダウン・クールダウン室）を各ゾーンに1か所ずつ設置（図4はピクトグラム）

その他、全客席への点字シール貼付、聴覚障害者磁気ループゾーンの分散確保、等々。

２０１５年12月の公表された公募型プロポーザル方式による技術提案書の審査の結果に「透明な整備プロセスとなるよう、積極的に取り組んで頂きたい」と記されているように、こうした重要な整備プロセスが如何に透明性をもって公開されていくかがこれからも重要となる。当たり前のことではあるが、新国立競技場整備事業のユニバーサルデザインはワークショップに参加した人たちだけのものではない。参加者は自分たちだけの

図4

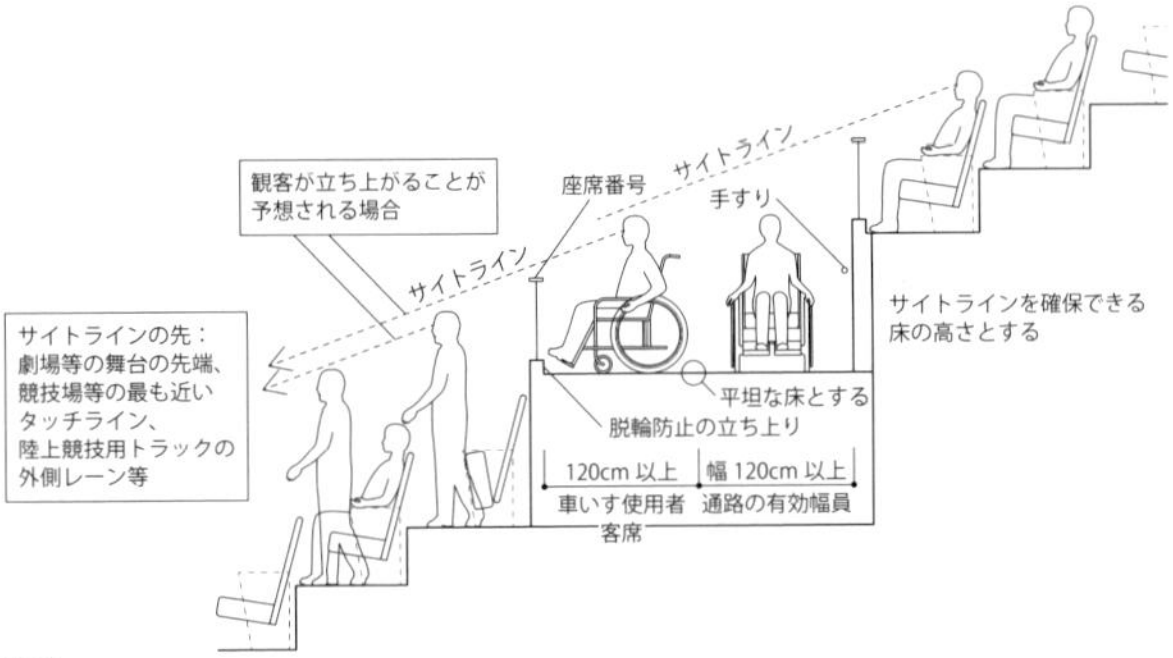

図2

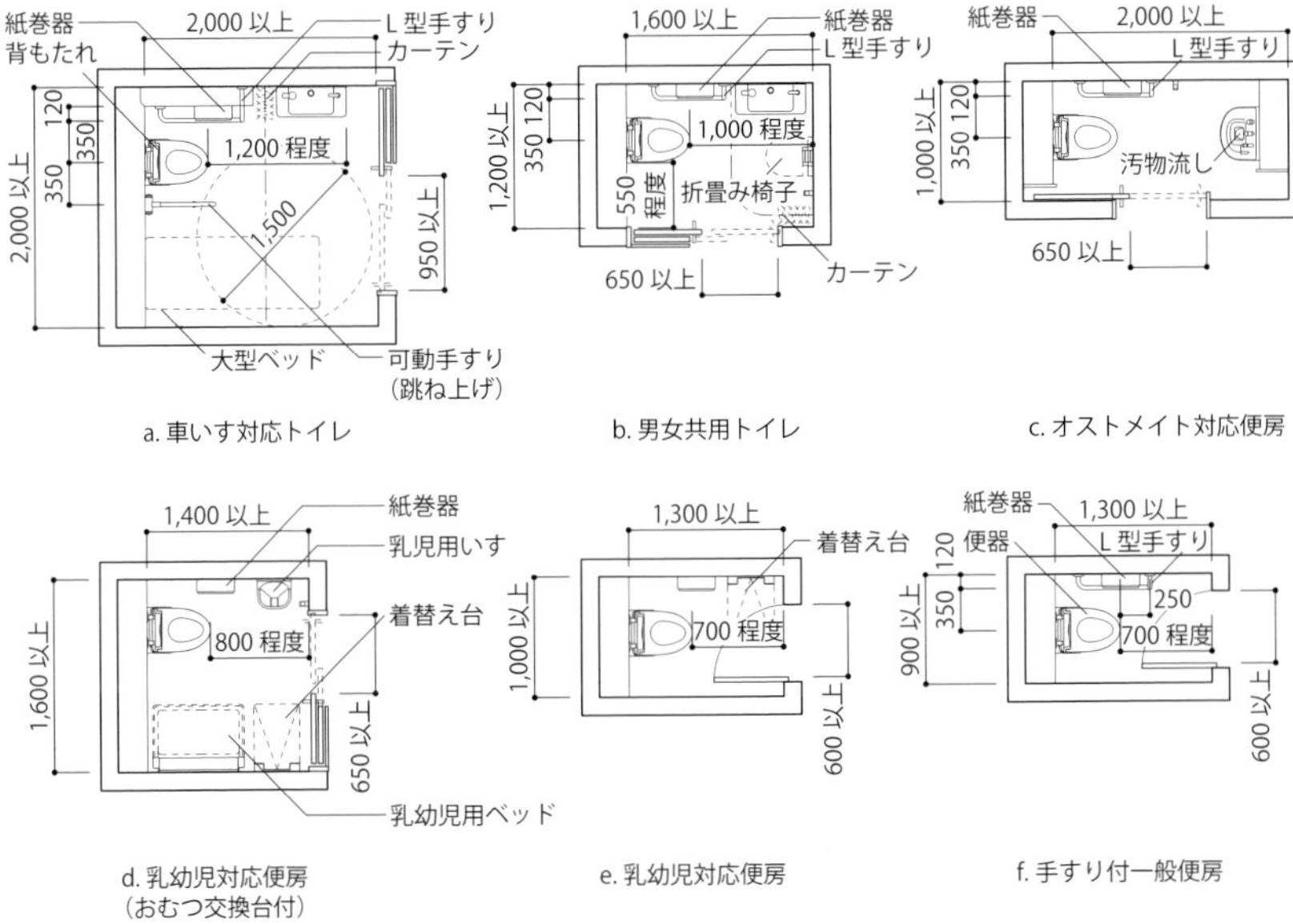

図3

図2　車いす客席からのサイトライン（出典：国交省建築設計標準2016追補版）

図3　東京都の2020大会会場におけるトイレ共通標準図　新国立競技場のトイレ機能とほぼ同じ考えで提案された。（出典：東京都オリンピック・パラリンピック準備局）

図4　知的、発達障害者等のための休憩スペース「カームダウン・クールダウン室」のピクトグラム（出典：交通エコロジー・モビリティ財団）

宝物とするのではなく、東京２０２０大会以降のだれもが公平に社会参加できる有効な経験として継承していくことが社会変革の大きなチャンスにつながると確信する。

現実的にも新国立競技場は、これからは多くの観客、利用者によって愛され、継承される。すでに新国立競技場整備事業におけるユニバーサルデザインの経験は都立施設のユニバーサルデザイン（東京都では「アクセシビリティ・ワークショップ」と称した。）に波及しており、多くの障害当事者等が競技場建設計画に参加する機会を得ている（写真８）。

これらの経験が一過性に終わらないことが２０２０レガシーである。当事者はもちろん発注者であるＪＳＣ、設計・施工チームである大成ＪＶ、参加したアドバイザーからどのように発信されていくかが極めて重要である。東京２０２０大会まで残り1年であるが、２０２０ホストタウンを始め全国各地の都市や地域、公共建築物のユニバーサルデザイン化はさらに継続する。かつて公共事業で存在していた形式的な住民参加や当事者参加ではなく、「共生社会のかたち」をハードとソフトの両面でレガシーとして持続できるのか、新国立競技場整備事業で世界最高のユニバーサルデザインを目指して取り組んだユニバーサルデザイン・ワークショップ参加者の責務でもある。おそらく新国立競技場では、今後、地域や都民、企業を巻き込みながら新たなユニバーサルデザイン・レガシーを創出すると思われる。２０１２ロンドン大会のレガシー構築は大会終了後3年後から本格化し、現在オリンピックパークの地域では大会後に新たに組織化された障害当事者を含むワークショップ機関（BEAP：Built Environment Access Panel）が活発にまちづくりを推進しているのである。

写真9

写真8

写真10

写真8　新国立整備競技場工事現場(2019年4月)
写真9　東京都の既存施設アクセシビリティ・ワークショップ(東京スタジアム)
写真10　2012ロンドン大会メイン会場ストラトフォードスタジアム

COLUMN

2016年5月基本設計のワークショップを振り返って

以下は筆者が基本設計終了時点の感想を大成JV事務局に伝達した意見書の抜粋である。総括意見のみ掲載する。

新国立競技場基本設計のユニバーサルデザイン・ワークショップ（UDWS）を振り返って…意見・感想と実施設計に向けての課題

【総括意見】

❶総括的に見て、国内法制度の不十分さや国内における競技場施設のUD事例がほとんどない中にあって、かなりの水準に到達しているのではないかと感じる。しかし、さらに基本設計案を世界最高水準のUDに引き上げるために実施設計での検討努力が不可欠である。わが国におけるUDレビューのもっとも重要な点は、多くの障害関係者等が参加するその作業プロセスにあると確信する。この点当初のWSでは、参加者に意見や要望は聞くものの、当初提案の改善あるいは変更に関してやや硬直的な印象をもった。その理由としては、工期に関係する部分、短期間で取りまとめなければならない競技設計要求条件に係る原因等が散見された。

❷改めて述べるまでもないが、新国立競技場の建設は2020東京オリンピック・パラリンピックコード（IPCガイドライン）への言及なしに作業を進めることはできない。IPCが示したガイドラインは、法的拘束力があるわけではなく、単にひとつのガイドラインにすぎないが、わが国が迷い続けてきたバリアフリー、ユニバーサルデザインの方針の変更を明確に打ち出している部分も少なくはない。この点新国立競技場の建設経験が今後のわが国のバリアフリー、ユニバーサルデザインの推進に多大な貢献をなすと考えられる。

❸IPCガイドには次のように記されている。

「すべての人が、個人の能力に関係なく、同じ体験、同じ水準のサービスを受けられること。（略） 開催都市、すべての大会会場、大会運営において、アクセシビリティとインク

ルージョンを遂行する責任を持つこと。（略）
開催都市が高水準のアクセシビリティを達成し、真にインクルーシブなイベントを開催するためには、できるだけ初期の段階からアクセシビリティとインクルージョンを達成する技術的プロセスに着手すること。（略）　公平性とインクルージョンに関する継続的な監査プロセスが整備され、計画及びサービスが確実にチェックできるようにするために、地元の障害者団体の要望を理解し、アイディアを得るための協議の場が必要である。」と。

❹新国立競技場の基本設計においては、このようなＩＰＣガイドの精神は受け継がれていると理解されるが、当初は、設計競技時点での技術提案書（要求水準）が最高のＵＤ水準であるかのような印象も与え、ＷＳ運営の展開にやや不安を覚えたことも事実である。とくに、これまでのわが国の経験や既存材料、既存製品では実現しないＵＤも少なくなく、ＪＶ、ＪＳＣは積極的に国民に評価される創造的かつ挑戦的な実施設計を推進する必要がある。

❺さらにＵＤのＰＤＣＡサイクルで考えれば実施設計時および施工後の評価、改善は極めて重要である。今後、これまで以上に工程を遵守し建設速度を緩めない一定の決断が随所に求められるが、供用開始後に発生する諸問題を実施設計、施工時等事前に予測し把握しておくことによりＵＤ検討のスピードアップを図ることが求められる。新国立競技場のＵＤは、これらの点を含めて「世界最高のユニバーサルデザイン」に近づくものと確信する。

COLUMN

2008北京オリンピックレガシーとバリアフリー環境整備

中国では2008年の北京オリンピック・パラリンピックがバリアフリー化の発展に大きな効果をもたらした。北京市建築設計研究院の焦氏は、パラリンピック開催を契機としてバリアフリー化の体系化を図るために1年半の作業を要したと述べている。その内容は現地調査、国内外のバリアフリー施設調査、会場整備の指導、図面チェック、施工現場チェック、竣工後のチェックと続き、最後にこれらの経験を通して建築、住宅、駅舎、空港、商業施設の各種バリアフリーガイドラインを取りまとめられた。

その後数年間の作業を経ている。バリアフリー基準(「無障碍設計規範」)が国内標準として定められた。法的な義務基準範囲は限定的であり、エレベーターに代わるリフト昇降路への侵入防止柵、リフト走行における安全防止装置、歩道橋下部のクリアランス部分の安全柵、その周囲への注意喚起用ブロックの敷設、湖岸等公園内通路等の危険地域における安全保護柵等の設置義務があるのみで、いずれも視覚障害者対応である。しかし、オリンピック競技施設およびオリンピックパーク施設ではバリアフリー経験(写真1)が十分に生かされた。例えば、競技場基準では、観客席、選手、貴賓席のいずれのルートもバリアフリー化が求められ、総客席数の2%以上は車いす使用者用客席とし、同伴者席も同じ割合としている。また60mごとに休憩スペースを設けることが標準仕様として基準内に盛り込まれた。

さらに、2008北京オリンピック大会の動きと連動して歴史的建造物のバリアフリー化が急速に進んだ。2012年の設計規範には文化遺産のバリアフリー化として次のように記述された。いずれもわが国の法や基準にはない2008レガシーである。

①対象

歴史的建造物のバリアフリー化範囲は一般公開される歴史的名園、建築物(博物館)、廟、近現

写真1

代の重要史跡、記念性の高い建築、複製古代建築物などとする。

②バリアフリー観覧ルート

文化財保護部門が実際の状況に応じてバリアフリー観覧ルートをデザインし、観覧ルート上の建造物はできるだけ観覧者の要求を満たすこと。

③出入り口

バリアフリー観覧ルート上では1箇所以上のバリアフリー出入り口を設け、その設置標準は文化財の保護を前提とし、段がある場合は取外し可能なスロープ等を設ける。

④展示ホール、陳列室、視聴室、接客用居室

1箇所以上のバリアフリー出入り口を設け、その設置標準は文化財の保護を前提とし、段がある場合は取外し可能なスロープ等を設ける。

⑤中庭

バリアフリー観覧ルート上の路面は平坦で、スリップを防止し、通路の横断勾配は1／50以下、階段のある箇所等にはスロープ等を設けるが、取外し、移動可能な設備とする。

写真1　北京オリンピック周辺施設整備（2008年）
①北京オリンピックミュージアム
②同、車いす客席（貴賓室）
③同、車いす客席跡
④地下鉄オリンピック駅舎
⑤周辺道路
⑥北京国家水泳場（水立方）

⑥視覚障害者誘導用ブロック

一般公開の建造物内に誘導用ブロックの設置は必要としない。もしとくに必要とする場合には周辺環境と調和すべきである。

⑦観覧ルート上の通路等

公共緑地および通路、休憩施設の路面は平坦で、スリップを防止し、段がある場合には取外し可能なスロープ等を設ける。

写真2は世界遺産、天壇、長城、故宮であるが、状況に応じた柔軟な対応がなされている。

写真2

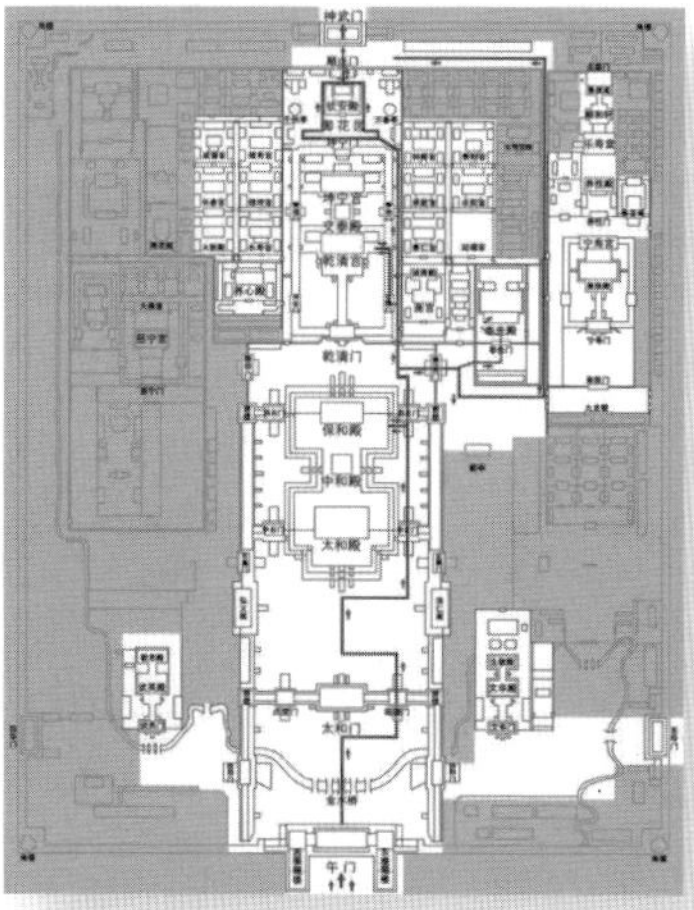

図1　故宮バリアフリーマップ

写真2　北京市内世界遺産のバリアフリー
①万里の長城の傾斜路
②天壇内通路
③同、通路
④故宮仮設リフト
⑤故宮内のバリアフリールート(傾斜路)
⑥天壇正面入り口

第7章…福祉のまちづくりのこれからのかたち
インクルーシブ社会の創造へ

1……バリアフリー法の改正と福祉のまちづくり

2000年以降の法制度や環境整備から見えてくるもの

日本のバリアフリー、ユニバーサルデザインは2000年以降大きく開花した。表1を見てもわかるように、とりわけ2006年の建築物と公共交通機関のバリアフリー化施策を統合したバリアフリー法の制定以降、毎年のように新たな関連する法制度やガイドラインが成立または改正されている。この表以外でも国土交通省（以下「国交省」）等ではバリアフリーの調査研究にかかわる多くの報告書を取りまとめている。しかしバリアフリー基本構想という市町村の主要地区のバリアフリー化を面的に推進する重要な制度の導入が全国の市町村で進まない★注1ことからもわかるように、地方公共団体の取組みは遅れているといわざるを得ない。この遅れは何を意味しているのであろうか。単に基本構想の策定のみを取り上げるわけではないが、問題は既存施設の事業主との粘り強い交渉とその時間が確保できるか、そしてその後に訪れる改修コストの捻出が可能なのかどうかが根底にある。筆者は、国の議論過程において市町村代表の参画が少ないことも要因のひとつではないかと感じている。国による補助体系や地方交付金制度の運用にも利用しやすい工夫が求められるのかもしれない。

これまで筆者が地方公共団体でかかわってきた福祉のまちづくり計画やバリアフリー、ユニバーサルデザインの活動を総括すると次のようにまとめられる。

注1…2019年3月現在策定の届け出は303団体／全国1741市町村17・4%に留まる。

表1　2000年以降の共生社会に向けたバリアフリー関連法制度の経緯

・2000	交通バリアフリー法
・2001	バリアフリー整備ガイドライン(旅客施設編、車両等編)
	高齢者住まい法(良質な民間住宅ストック、サービス付き高齢者向け住宅)
・2002	ハートビル法の改正(2000㎡以上義務化、委任条例が可能となる)
・2003	建築設計標準改正
・2004	学校施設バリアフリー化推進指針
・2005	国交省ユニバーサルデザイン政策大綱
・2006	障害者自立支援法
	バリアフリー法(オストメイト対応水洗器具、客室整備の義務化)
	国連障害者の権利条約(他の者との平等、ユニバーサルデザイン、合理的配慮)
・2007	学校教育法改正:特別支援/個別支援教育
	建築設計標準改正
	バリアフリー整備ガイドライン改正(旅客施設編、車両等編)
・2008	バリアフリー基本構想作成ガイドブック
・2010	JR山手線の駅にホーム柵の設置始まる
・2011	バリアフリー基本方針改正(乗降客3,000人以上/日の駅を対象へ)
・2012	障害者総合支援法
	建築設計標準改正
・2013	障害者差別解消法(2016年4月施行)
	バリアフリー整備ガイドライン改正(旅客施設編、車両等編)
	IPC(国際パラリンピック委員会)アクセシビリティ・ガイド
	東京2020オリンピック・パラリンピック招致決定
・2014	障害者権利条約批准
・2015	建築設計標準(劇場・競技場等の客席・観覧席)追補版
・2017	ユニバーサルデザイン2020行動計画
	東京2020アクセシビリティ・ガイドライン
	建築設計標準改正(2020大会を見すえトイレ標準他全面改正)
・2018	バリアフリー法改正、基本方針、ガイドライン改正
・2019	建築設計標準(ホテル・旅館編)追補版
	バリアフリー整備ガイドライン改正(旅客施設編、車両等編)
	バリアフリーマスタープラン・バリアフリー基本構想作成ガイドライン
	ホテル基準(施行令)の改正(9月)
	東京都建築物バリアフリー条例改正(一般客室の準バリアフリー化)(9月)
	公共交通機関での障害者割引制度における障害者手帳提示廃止
・2020	文科省学習指導要領「心のバリアフリー」小中学校全面実施
	東京オリンピック・パラリンピック開催

(1)バリアフリーのまちづくりは設計者の意識や工夫によって大いに変わる。しかし、障害者の生活シーン、ニーズをとらえようとする設計者が少ない。

この点については、のちに設計者、建築家の役割として私見を述べるが、設計者自身が十分に時間を当てていないのではないかと考える。バリアフリー設備やデザインは選択の余地が少ないと判断しているのかもしれないが、根拠が必ずしも開示されていないメーカーの資料頼りになっているように思う。事業主を説得するためには何よりも設計者の力が必要である。

(2)自治体(職員)の意識により地域のバリアフリー展開は、大きく変わる。

どんな仕事でも同じであるが、ことバリアフリー業務については経験とコミュニケーション能力がとても重要である。まずはバリアフリー法の解読から始まって、庁内、民間事業主や他の業種との交渉事が多い。障害者を含めて一人ひとり皆異なるので、まず接して話をすることから当事者ニーズを確認する。そのニーズに対して場合によっては優先順位を付けざるを得ない。その時にも当事者の意向を判断しきれる情報が必要となる。交通や建築、福祉、文化活動など各分野の専門家からの客観的知見を入手する必要も出てこよう。はっきりしていることは、こうした展開は庁内の上下関係の指示では解決できないことである。良い経験値の積み重ねと人脈の広さが功を奏するかもしれない。

(3)市民、当事者参加の仕組みが恒常的にある地域、事業は、着実にバリアフリーが進んでいる。

確証といえるほどではないのだが、地方公共団体のバリアフリー基本構想や福祉のまちづくり推進協議会の運営にかかわっていて重要だと感じるのは、公募型委員の発言力である。百戦錬磨の鉄道事業者や、まちづくりの専門家がいる場で勝手な意見が出せないという場面も度々あるが、まとめ役としては逆である。障害当事者とは異なる市民の代弁者であるからだ。筆者は面接など公募委員の選考の場にも何度か同席したことがある。これは双方にとって有効だったように思う。

筆者はどんな会議でも意見の違いがあるほうが会議としては好ましいと感じる。まとめ役ではあるが、意見を引き出さなければならない会議は辛く、相違する意見をそのまままとめておくほうより良いと感じる。あまり生意気なことはいえないが、どのような組織でも運営しやすい体制が築かれやすい。あるいは主宰者の意向が強く出てしまう。そんな時のポイント変更役が市民や障害当事者ではないかと認識する。こんな時当事者の発言がほしいという場面に時々出くわすのだが、当事者自身も遠慮して発言しないことも少なくない。参加のチャンスは増大したものの、バリアフリー化の進展とともに市民や当事者の声が見えなくなるのが怖い。

⑷ 当事者によるバリアフリーの検証・評価の可能性と合理的配慮の判断目安はどこか。

２０１８年度末より内閣官房による「ユニバーサルデザイン２０２０行動計画」の評価と国交省のバリアフリー評価会議が始まった。これは国が障害者のための社会モデルを認識するのと同等以上に障害当事者にとって大きなテーマであった。ひとつの課題は内閣官房側の持続性の問題がある。各省庁にまたがるテーマを抱えており、東京２０２０大会レガシーとして存続しうるような働きかけが必要である。国交省の評価会議については国により総合的支援のもとに区市町村まで評価会議をブレークダウンできる仕組みが是非欲しい。地方公共団体における取組みこそ、障害当事者がもっとも望んでいるのだ。

表2　国が示した障害者差別解消法における合理的配慮の判断根拠

①事務、事業への影響の程度（本来業務を損なうか）
②実現の可能性の程度（物的、技術的、人的、体制的制約）
③費用、負担の程度
④事務、事業規模
⑤財政、財務状況

ハード・ソフトの両面において、日常的な買い物、教育、余暇活動、通勤、通学のバリアフリー化が確実に達成されることが評価の対象に組み込まれなければならない。国レベルの評価では各事業者の達成目標が確認され、必要に応じて法制度の改善と拡充、予算の確保と事業支援の動きにつながるが、地域レベルではそう簡単ではない。一店舗一店舗ごとにバリアフリー改修計画をつくることが最大の理想ではあるが、立地構造とともに賃貸型小規模店舗や複合ビルでは施設管理者の合意形成が著しく困難である。そこで「合理的配慮」が登場することとなる。事業者や店舗経営者、従業員は利用者、顧客一人ひとりと相対しながら双方の利益がかなう方法を探し続けることになる。事例も少なく現時点では未検証ではあるが、筆者は大学での単位と同様に、単位取得ラインの60点、平均的な70点、優秀な80点以上という枠組みを設けて、都市および建築物のハード面とソフト面の評価方法を提案したい。各事業の評価は用途や施設規模、営業種目によりハード面、ソフト面での目安が異なる。市民や行政は地域レベル、商店街レベル、事業主レベルで短期および長期的な改善計画を支援するのである。本来の合理的配慮である個人のニーズへの対応の可否も理由とともに得点に加味していく。店舗により弱点部分をまず「見える」化する。行政はいま以上にバリアフリー改善が進まないとすると、「ふるさと納税」ではなく「バリアフリー納税」の新設も視野に入れなければならない。

(5) インバウンドの増大がもたらす共生社会

加えて、近年のインバウンドの急増はバリアフリー環境整備に何をもたらしているのだろうか。一言でいえば、多様化と平等化への側面的支援である。障害者差別解消法やユニバーサルデザイン２０２０行動計画に見られる「心のバリアフリー」の動きを見ると、市民の意識、社会の態度、教育の充実、啓発、働き方改革などいずれもハードからソフトへ大きく舵を切っていることがわかる。

わが国にユニバーサルデザインが導入された時代には、福祉のまちづくりが批判的に展開されたことも少なくはなかったが、いま改めて福祉のまちづくりの歴史を振り返ると、当事者の立場や生活場面の理解、あるいはその時々の内面への共感が求められていたのだと思う。かつては確かに交通も建築も決定的に遅れていた時代ではあった。しかしながらこの間、１９９４年に建築物を対象としたハートビル法が国内初のバリアフリー関係法として制定され、２０００年の交通バリアフリー法、２００６年のバリアフリー法、２０１８年バリアフリー法改正と、６年ごとに大きな転機を迎えてきた。２０００年代初頭にはユニバーサルデザインが米国から伝わり、静岡県を皮切りに全国の都道府県でユニバーサルデザインの取組みが活発化した。

遅れてはいたが２０１６年わが国でも障害者に対する差別を解消する法律が施行され、再び共生社会という言葉にスポットが当てられるようになった。再びとは杜の都仙台で生まれた福祉のまちづくりの思想の出発点を指している。東京２０２０大会に向けてインバウンドの力を借りながら、わが国が本当にインクルーシブな社会づくりを推進しているかどうかが試されている。東京２０２０大会はそうした認識の発見だけではなく、行動する福祉のまちづくりが求められているのだと確信する。

バリアフリー法改正とこれからの地域づくり

筆者がとらえる２０１８年5月の改正バリアフリー法のポイントは次の5点にまとめられる。

1点目は、何といっても国連障害者の権利条約に基づく理念規定の創設である。正直なところ、障害者基本法および障害者差別解消法の条文に明確に記されているため、この規定が盛り込まれるかどうかは最後までわからなかったが、バリアフリー法の中で「社会的障壁」を明確に位置づけたこと、ともに「共生社会」の実現を目標としたことは、国交省の決断を高く評価する。しばらくはこの理念規定が持続すると思われる。結果として、決断に時間を要するバリアフリー法の議論に一定の安堵感をもったのは筆者だけではないはずである。問題はこの理念規定をどう理解し、市民、事業者の意識改革につなげていくかである。

2点目は、改正法では鉄道事業者による計画的なバリアフリー事業の公表を義務づけたことである。これは将来、交通事業者の評価につながるものであり、バリアフリー基本構想や地方公共団体の会議に消極的であった交通事業者に一定のプレッシャーを与えうる。

3点目は、交通従事者に対する接遇教育の実効性確保と取組み状況の公表である。当たり前ではあるが、バスに乗れる人、乗れない人、タクシーに乗れる人、乗れない人を区別してはいけない。サポートが必要な人を物理的あるいは運用面で区分してはいけないのである。繰り返すが、建物でも乗り物でも、移動は基本的な人権である。すべての鉄道、バス、タクシー事業者、道路管理者は、利用者に必要な情報を的確に提供し、各種施設を円滑に利用できるようにするのは交通事業の本来の目的である。適切な情報提供なくしては移動のバリアフリーは成り立たない。改正法では建築物のバリアフリー情報も地方公共団体を経由して情報提供（市町村の努力義務）することが求められている。

そして4点目が、停滞しているバリアフリー基本構想★注2である。すでに述べたように基本構想の推進には様々な課題があるが、最大の課題は「理解」ではなく改善費用の捻出（事業者と公共団体との負担のあり方）にある。超高齢社会に向けたインフラをどう計画的に事業化するかであるが、まずは計画をしっかりと立案するよう市町村に働きかけたい。２０２０大会を抱える東京都ですら区市町村により温度差があり過ぎる。区市町村長がその責務を感じているのかどうかがもっとも危ぶまれる。

そこで国は、バリアフリー基本構想にすぐに着手できない地方公共団体に対して、大きな枠組みだけでも策定してほしいとの思いから「バリアフリー・マスタープラン制度」（正式名称「移動等円滑化促進方針制度」）を創設した。国は基本構想立案の事務的、作業的ハードルが高く、実効性の確保が厳しいから策定率が低いとみているが果たしてそうか。図1は、筆者独自のバリアフリー・マスタープラン制度の解説図である。市町村ではまちをどのようにバリアフリー化するか、まず全体像を考える。その全体像のつくり方は、全市一括でもよいし、一地区だけでもよい。基本構想がすでに立案されている地域でも、さらに将来どのようにバリアフリー整備を高め広げるかとの観点でマスタープランをつくることもできる。しかし、絵に描いた餅にならないように、あくまでバリアフリー化の義務が課せられる基本構想の前段としてとらえることが大切である。都市計画での計画決定、事業決定という2段階整備に似ている。ただし、筆者の判断は、市民や関係当事者との協議会をつくるなど実質的な作業量は大きく変わらないとみている。マスタープラ

注2…バリアフリー基本構想は、重点整備地区を定め、公共交通機関、建築物、道路、路外駐車場、都市公園、信号機等のバリアフリー化を面的かつ一体的に推進するために市町村が作成するものである。新設を行う一定の施設等には、移動等円滑化基準への適合義務が課せられ、施設等のバリアフリー化が図られる。既存施設等については、基本構想において特定事業として定め、特定事業を実施する者に、特定事業計画の作成とこれに基づく事業の実施義務が課せられる。また、建築物と道路等の施設の継ぎ目でバリアフリー整備が不連続にならないよう、基本構想協議会を通じて施設管理者相互の連携・調整を行い、面的・一体的なバリアフリー化を推進するものである。

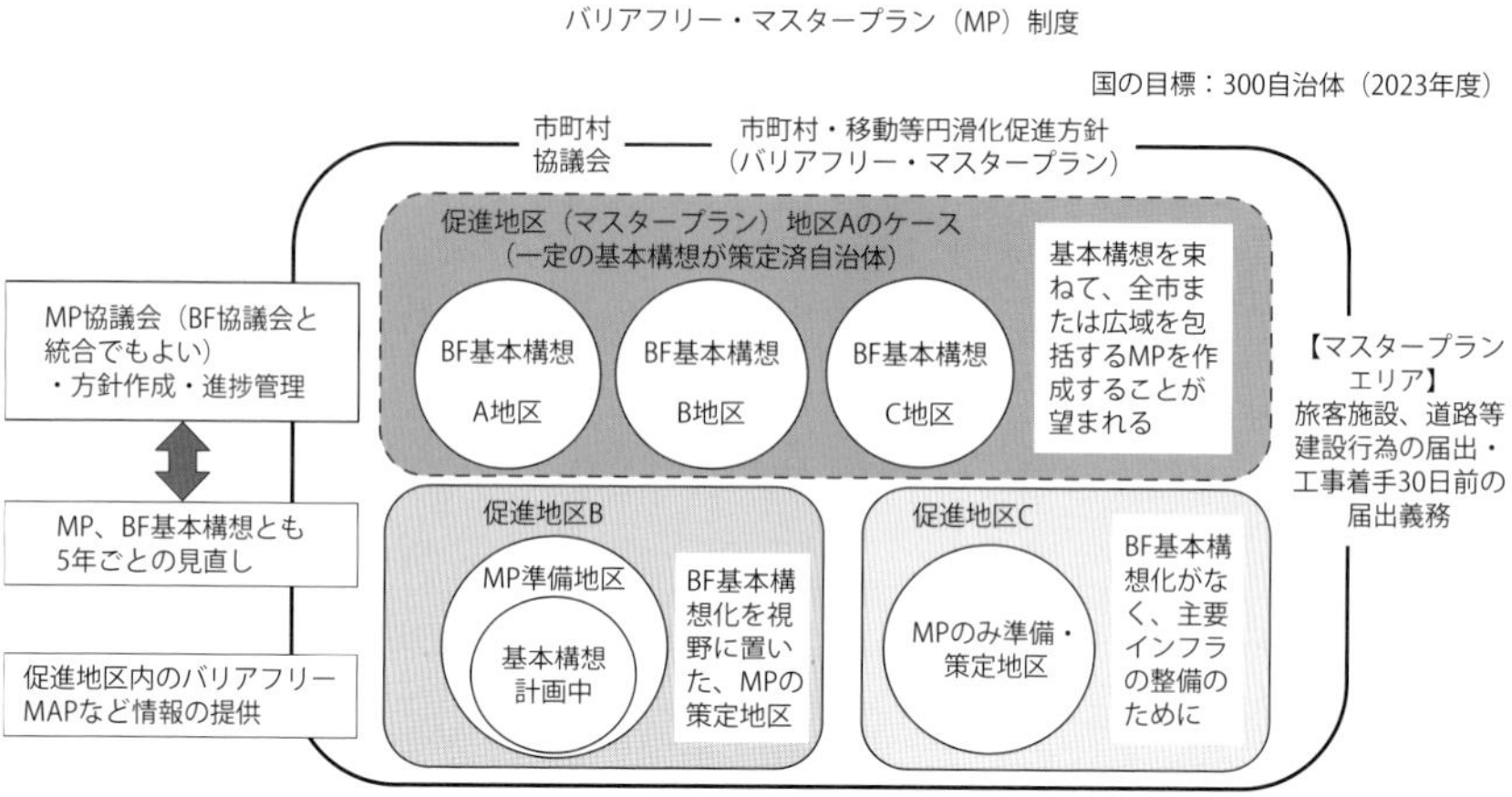

図1　２０１８バリアフリー法改正により創設されたバリアフリー・マスタープランと従来のバリアフリー基本構想地区の関係

ンだけでも道路や鉄道などの整備届は行われるが、個別の施設事業にどこまで踏み込めるのかは疑問である。基本構想への発展、計画性のないマスタープランは近い将来形骸化するのではないかと心配している。

最後に２０１８年の法改正で重要な障害当事者等の参画による評価、検証を行う協議会の設置についてである。ポイントは各交通事業者においても、国レベルの総合的な評価の場から地域地区単位に至るまで連続的につなぐことができるかにかかる。少なくとも早い段階で国レベルでの実施状況の公表を市町村単位までに下ろしておきたい。そうして初めて障害者参加による事業評価と検証が可能となる。

このほか、残された課題も少なくはない。建築物関係でいえば２０００㎡以上の特別特定建築物の段階から、日常生活圏にある小規模店舗および複合建築物のバリアフリー化への展開を促したい。依然として遅れているのが学校のバリアフリー化、宿泊施設のバリアフリー化である。バリアフリー法第14条の地方公共団体が委任規定で規模の縮小、用途の拡大、基準の強化ができるとされるが、独自に委任条例化している自治体は２０１９年度段階で20団体に過ぎず、ここ数年まったく増加していない。衆参両議院によるバリアフリー法の改正採決時の付帯決議でもこれらの点が強く指摘されているのだ。

全体でみると２０１８年のバリアフリー法改正は、国連障害者の権利条約の理念を踏まえたことにより、大きな評価を得たといえる。しかし社会デザインのキーワードはダイバーシティとインクルージョンである。国連の長期戦略であるSDG's(Sustainable Development Goals(持続可能な開発目標))をもち出すまでもなく、しっかり市民生活に根付く必要がある。

2……日本型インクルーシブ社会をどうつくるか

わが国のバリアフリーやユニバーサルデザインの特徴といえば、決定的に障害者の参加であろう。１９７０年代からこの活動・運動方式は少しも変わっていない。障害当時者によって、これほど粘り強くかつ組織的に継続されている国はほかにないのではないか。

逆にいえば中々障害者参加が認知されなかった証でもある。福祉のまちづくりやバリアフリーの運動は世代的にも運動的にもこれまで何度か大きな節目があったように思われる。70年代から80年代にかけての車いす市民集会の時代からすれば、福祉のまちづくりやバリアフリーにかかわる障害者の数はむしろ減少中ではないかと思われる。法制度の進展や現実的な都市改造の進捗も背景にある。多くの障害者が容易に外出できるようになり、課題はあるものの障害者の生活圏が大幅に拡大したからであると断定してよいのだろうか。

振り返ると、80年代後半からは障害当事者自身の米国留学により米国型運動と伝統的な日本型運動が合体し、生活保障や人権運動、自立生活運動で大きな飛躍があった。だが、日本むら社会の構造が都心部でも農村部でも抜けきらずに、バリアフリー運動も時として大きな壁に阻まれ続ける。行政当局の意識を動かすのは容易ではなく、私たちが考えているほどに行政の世界や世の中にバリアフリーやユニバーサルデザインは浸透していない。

いま一般市民で障害者差別解消法を知っている人がどれだけいるのか。おそらく数パーセントかもしれない。定期的に行われている内閣府によるユニバーサルデザインの認知度調査では毎回のように30%を超えて世界のトップであるのだが、実態とはかけ離れていると感じる。

間もなく、東京２０２０大会を迎える。大きく羽ばたく使命が私たちにはある。目的は世界で自他ともに認めうるインクルーシブ社会の創造である。あるいはその目標に向かって進むことである。細かなバリアはむしろ存在するぐらいがインクルーシブ社会への動きを実感するかもしれないと思いながら、その創造のための項目を筆者の領域で拾い集めてみよう。

(1) バリアフリー設計の経験共有

少なくとも設計関連業界や社内で設計者はどんな失敗を経験してきたか、利用者からはどのようなニーズが求められたか、結果、整備のゴールはどうかなど、経験を共有し、広く発信する必要がある。とくに住民参加や障害当事者参加における経験の共有は極めて有益である。

(2) 90％の満足度より60％の完成度

事業主や設計者がバリアフリー整備の壁にぶつかった時には改めて利用者、設計経験者、専門家に問う必要がある。90％の満足度は無理であっても60％の合格点を目指したい。その経験をもち寄ることができれば、10％、20％の上積みは簡単である。

(3) 利用者の視点に立った設計者の検証とスパイラル・アップ（PDCA）

計画に際しては公共施設であれば利用者参加、すなわち市民参加が不可避である。本書でも紹介したが、優れた事例の中には、構想、プロポーザルコンペ、基本計画、施工、管理運営の一連の段階で市民参加「ワークショップ」を実現したものもある。このプロセスの中で、設計者自身のPDCA、建築主・利用者のPDCA、建築行政側のPDCAが横につながると有益情報の幅が格段に広がる。さらにワークショップの良い点は参加者自身が互いの意見の相違を確認し、自分の要求の立ち位置を知ることである。

(4) 地域、建物全体でユニバーサルデザインを達成

商店街であれば、1店舗ごとでのバリアフリー配慮はかなり難しい。しかし、地区全体

で利用しやすさを考えることができれば、むしろインクルーシブな商店街に近づく、店舗も事業主も多様である。トイレが開放できるところ、そうでないところ、授乳室があるところ、ないところ、利用者の往来が売上げを伸ばすことにつながるかもしれない。ユニバーサルデザインを過大評価せず、車いすの貸し出しも地域にこだわらず自由にできるようにする。建築物や都市空間の特徴は、各ユーザーからのバリアフリー要求が異なるのと同様、同一のものは存在しないということである。

写真1

写真2

写真1　様々な世代が集まるバリアフリー基本構想ワークショップ

写真2　公共施設の模型によるワークショップで自分たちの立ち位置を確認することができる(沼津市)

3……設計者・建築家の役割

設計者、建築家がこれまでかかわってきたバリアフリーやユニバーサルデザインへの疑問について述べておきたい。やや言い過ぎではあるが、建築家や設計者がもつバリアフリーに対する「抵抗感」はどこから生まれてくるのであろうか。だれがそのような態度をとり始めたのだろうか。なぜそんなに敵視されなければならないのか疑問である。家族や身近に障害者がいないから、あるいは高齢でも元気な市民だけとしか接していないからなのか、はたまた理解しようとしないのか。

バリアフリーやユニバーサルデザインは必要以上に都市や建築のデザインを壊してしまうものなのか、あるいは建築家が表現できない難しさがあるからなのか。建築家や設計者にとってバリアフリーやユニバーサルデザインは、デザインを豊かにする概念、技術ではなく、逆にデザインを束縛する概念であったのであろうか。抵抗がある典型的な例は、視覚障害者の移動に必要となる黄色の誘導用ブロックである[★注3]。設計者や建築家がもっとも嫌い、ステンレス製のシルバー色であったり、床面の一定の面積に鋲を打ち付け、少しでも「景観」に影響しないようにと配慮したつもりになっている。

視覚障害者は多様である。黄色の区別がつく人やつかない人など様々である。確かに出入り口に視覚障害者誘導用ブロックがあると大変目立つし邪魔と感じる時もなくはない。しかし、デザインに影響していると感じるのは設計者、建築家だけなのではないだろうか。

注3…視覚障害者誘導用ブロック(点字ブロック)は、岡山の三宅精一によって考案された。そのきっかけは大阪の視覚障害者の知人の移動が困難なことであった。1967年3月18日、岡山県立盲学校近くの国道2号線の横断部分を示す歩道側にはじめて敷設された。駅のプラットホームには、1970年3月の国鉄(現JR)阪和線我孫子駅が最初。1973年高田馬場駅での視覚障害者転落事故を契機に全国の国鉄(現JR)駅に広がった。当初は白色の視覚障害者誘導用ブロックであった。

筆者自身、障害者の移動にとって重要な視覚障害者誘導用ブロック、車いす使用者用エレベーター、手すり、スロープ等が建築のデザイン評価に影響を与えたことを聞いたことがない。おそらく国外でも同様であろう。

建築家や設計者は、デザイン活動とは別に多様な人類の共生を認めているはずである。ひとりで自由に歩きたいと思える空間デザインを設計したいと考えている。法規制やバリアフリーガイドラインによる設計仕様を満たすことだけで設計者や建築家が自分の作品に満足するとは思えない。法規制やガイドラインに基づくバリアフリー整備は設計への解ではなく解のための手がかりにしか過ぎないのである。

とすると、バリアフリーやユニバーサルデザインがなぜ必要なのかという根本的な問いを理解しようとしないことに尽きるであろう。

本書で度々述べてきたところではあるが、ユニバーサルデザインの根本的な問いである「可能な限り多くの人が利用できるデザイン」という概念を理解し現実の場面で表現することは決して容易なことではない。ましてや建築はひとつずつしかつくれない。多くの人が同時に別々に選択できるプロダクト商品と決定的に異なるところである。

本来、都市計画法や建築基準法と同様、法が生み出された背景を正しく理解すれば、バリアフリーであれ、ユニバーサルデザインであれ、法の目標と役割を読み取ることができる。

バリアフリー法と建築基準法が異なるのは、その成立背景にある。いうまでもなく建築基準法は戦後まもなく、荒廃した戦後の都市環境を再建するため、自然災害や火災に抗する安全かつ安心、快適な都市、居住空間を構築するために制定された。一方、旧ハートビル法、バリアフリー法は、成立過程も背景も異なる。これらは１９８０年代の後半からの人口動態を背景にして、将来の高齢社会を見据えた都市インフラの整備、障害者の人権と公平な社会参加を目指して、すべての人が平等に参加できる社会環境の構築や、だれもが等しく余暇活動、就学、就労を営むために、最低限の社会ルールとして設けたものである。

責任の一端は指導する行政側にもあるとみられる。バリアフリー法基準や福祉のまちづくり条例整備基準の説明を建築主や設計者にどれほどの時間を割いて行っているのか疑問をもたざるを得ない。岩浦らが実施した福祉のまちづくり条例全国調査[★注4]でも条例を遵守した建築物等は届け出全体の3割にも満たないのである。

およそ3人に1人が65歳以上という人口構成比の中にあって、バリアフリー・デザインは建築のデザインとは別の基軸にあると主張することはもはやできない。デザインをする建築家もやがては高齢化し、場合によっては車いす使用者にもなり得る。市民のあらゆる移動や生活のバリアを除却することは人類共通の課題でもあり、設計者や建築家の使命でもある。

その未来型の都市地域空間は市民とともにつくる「共創環境」である。

注4…岩浦信厚、高橋儀平、福祉のまちづくり条例、建築物バリアフリー全国調査、２０１３、２０１４年実施。岩浦は本調査を基に、学位論文「全国自治体における建築物のバリアフリー化の実効性に関する研究」（２０１８年）としてとりまとめた。

4……市民・当事者の役割

設計者や建築家に次いで重要な役割を果たすのは、市民・当事者である。筆者のこれまでの経験では、ユーザーである障害当事者の発信が極めて重要である。理想的なユーザー像は、当事者自身の体験に加えて、本人以外のユーザーのニーズについての知見があり、本人と異なる当事者のニーズの違いは何かについて明快に回答できる人である。設計者や建築家はすべての利用者のニーズを把握することは困難であるが、発信があった当事者からのニーズを確認し、その当事者以外のニーズをある程度想定することができる。

障害当事者の発信力と同時に当事者自身の調整力も必要となる。調整については建築家が行うこともあればコンサルタントやまちづくりファシリテーター、専門家が担うこともある。調整者は本当に必要な意見は何かを見極める力、多様な意見を集約する力、異なる意見を束ねる力が必要である。当事者は、社会の差別や偏見に対して明確に反論する力、責任をもって発言する力が重要である。

筆者が1974年の春から障害者の問題にかかわって以来、変わらないことは、当事者側の発信力が弱いと建築家、設計者、まちづくりコンサルタントが優れたバリアフリー、ユニバーサルデザインを創造することができないということである。

一般的に建築の設計者らは法や設計ガイドラインを読み解くのであるが、ガイドラインについて記載されていることのみでは、現実的な解が不十分であることに気づいている。

多くの解説書はその選択肢を示しているが、整備のための明確な優先順位を示しているわけではない。設計の解は多様である。この多様な中にあるひとつの解にたどり着くためにも当事者発信が不可欠なのである。

長年福祉のまちづくりやバリアフリー、ユニバーサルデザインの実践にかかわる筆者は、どうしても、利用者や設計者よりわかっているつもりの判断を下すことが少なくない。もちろん経験上間違ってはいないと自認するが、手すりの高さや角度、あるいは車いす使用者の転回スペース、設備の形状についても判断を誤る可能性がある。実際には利用者のニーズは刻々と変化する。過去の研究や経験だけでは現実のニーズ変化への対応は不可能であり、まして未来のユニバーサルデザインについて語ることはできない。理解しているつもりではあるが、市民の多様化はますます進んでいる。やはり、市民、当事者自らの意見を社会へ強く発信しなければならないのである。そのことが設計者や建築家、専門家、そして様々な事業者を巻き込み、協力し合い、真のインクルーシブな社会を創造することにつながると信じている。

COLUMN

韓国のバリアフリー法改正と当事者参加

韓国改正バリアフリー法（「障害者・高齢者・妊婦等の便宜増進保障に関する改正法」２０１５年）では２つの重要なポイントがある。１つはバリアフリー検査業務が障害者団体に代行委任できるようになったことである。全国肢体障害者協会が公募によりバリアフリー適合業務を唯一代行する団体として認定された。同協会は業務のために全国２４６自治体のうち２０９自治体（圏域）にバリアフリー支援センターを設立した。代行業者の障害者団体が単独で、障害者ではない技術者の検査もあるなど課題もあるが、参加のかたちを切り開いたことは評価できる。もう１つは２００８年から制度化されていたバリアフリー認証制度の義務化である。対象はすべての公共施設である。認証機関は７機関で、バリアフリー法の遵守を最低限の認証義務とし、認証は３等級に区分されている。評価点70点以上が「一般」、80点以上が「優秀」、90点以上が「最優秀」である。認証審査員には障害者も参加している。

表1　韓国のバリアフリー法の認証対象施設、このうち公共施設が義務

- 第1種近隣生活施設：スーパー、小売店、理美容院、浴場、避難所、公衆便所、医院、児童センター
- 第2種近隣生活施設：地区センター、交番、公共図書館、政府系外郭公団（1,000㎡未満）
- 高齢者・子ども施設：児童関連施設、高齢者施設、障害者施設
- 業務施設：国または地方自治体庁舎、金融業（500㎡以上）、事務所、国民年金公団
- 文化・集会施設：講演所および観覧席
- 宗教施設：教会、聖堂、寺院、祈祷院
- 販売施設：卸売市場、小売商店
- 医療施設：病院、隔離病院（1,000㎡以上）
- 教育研究施設：学校、幼稚園、職業訓練所、図書館、その他これに類する用途の施設
- 宿泊施設：ホテル、旅館〈客室が30室以上〉
- 自動車関連施設：駐車場、運転教習所
- 放送通信施設：放送局、通信電話局
- 矯正施設：刑務所、拘置所
- 墓地関連施設：火葬施設、納骨堂（宗教施設以外）
- 観光休憩施設：野外音楽堂、野外劇場、子ども会館、休憩所、その他これに類する用途の施設

参考文献・引用文献

パラリンピック東京大会報告書、㈶国際身体障害者スポーツ大会運営委員会、1965

福祉のまちづくり運動、身障者生活圏拡張運動実施本部、仙台学生ワークキャンプ、子どもの城づくり委員会、1971

シナリオさよならCP、'72疾走プロダクション、1972

身障者生活圏拡張運動実施本部(手書き資料)、1972

仙台市民のつどいの会：市民の手による仙台のまちづくり、1972

石坂直行：ヨーロッパ車いすひとり旅、日本放送出版協会、1973

車いすTokyoガイド作成委員会：車いすTokyoガイド、1973

障害者の生活環境をつくる会：障害者のための建築基準、障害者の生活環境の研究2、日本肢体不自由児協会、1973

生活圏ニュース、生活圏拡大運動東京連絡会機関誌No.1～4、1973～1974

障害者の生きる場をつくる会：川口に生きる場をつくる運動、障害者問題センター、リボン社、1974

福祉のまちづくり編集委員会：福祉のまちづくり—仙台—・全国車いす市民交流集会、朝日新聞東京厚生文化事業団、1974

石坂直行：車いすからの報告、全国社会福祉協議会、1975

「車いすで歩ける」まちづくり　福祉環境整備について　町田市、1975

障害者問題研究第5号、全国障害者問題研究会、1975

横塚晃一：母よ！殺すな、すずさわ叢書、1975

まちだの福祉、町田市福祉部、1976

Building for everyone, The Swedish Institute for the Handicapped,1976

障害者解放原論　—序論—、障害者問題資料センター—、リボン社、1977

「障害児・者」の住環境に関する住民意識1977・川口、調査報告、東洋大学建築学科山崎研究室、1977

全障連結成大会報告集、全国障害者解放運動連絡会議、1977

札幌「いちご会」：自立をみつけた脳性マヒ者による冬期合宿の記録、1978

車いす市民全国集会実行委員会：第4回車いす市民全国集会、1979

とうきょう青い芝復刻版1973-1978、東京青い芝の会、1979

二日市安、私的障害者運動史、たいまつ社、1979

特集 障害者運動の歴史と現在、福祉労働第3号、1979

八木下浩一：街に生きる、ある脳性マヒ者の半生、現代書館、1980

秋山和明：自立への旅、自費出版、1981
特集バリアフリーの住宅『建築文化』241号、彰国社、1981
ジュリスト増刊総合特集24、障害者の人権と生活保障、有斐閣、1981
障害者インターナショナル(DPI)第1回世界会議報告書、報告書作成委員会、1982
Housing with day and night service for the severely disabled,The Swedish Institute for the Handicapped, 1982
公団住宅における心身障害者住宅対策に関する基礎的研究、住宅・都市整備公団企画調査部調査課、1983
障害者自立生活セミナー実行委員会：障害者の自立生活、1983
JAPAN-US-IL SEMINAR,報告書、日米障害者自立生活セミナー中央実行委員会、1983
Ronald L.Mace, "Universal Design", AIA Designers West Nov.,147-152, 1985
朝日新聞東京厚生文化事業団50年の歩み、朝日新聞東京厚生文化事業団、1986
相模原市ケア付き住宅検討委員会報告書、相模原市、1986
西武鉄道・小川駅の改善を進める会：ああエレベーター、みくに書房、1986
谷口明広：重度身体障害者の自立、トヨタ財団研究助成報告書、1986

実戦講座　障害者とともに生きる環境づくり、総合リハビリテーション、医学書院、1990
髙橋儀平、香山千加子訳：アダプタブルハウジング、米国住宅都市開発省政策研究所(1987)、障害者の環境改善に関する海外文献等の調査研究、(財)日本障害者リハビリテーション協会、83-168, 1991
高齢者、障害者に住みよい福祉のまちづくりに関する研究、平成2年度厚生行政科学研究報告書、1991
福祉のまちづくり事業評価研究会：福祉のまちづくり総点検レポート、(財)日本障害者リハビリテーション協会、1991
References for the Americans with Disabilities Act ADA Access Facts Series, National Center for Access Unlimited,1991
「国連障害者の10年」最終イベント、基調資料集、DPI日本会議、1992
大阪府建築部建築指導課：大阪府福祉のまちづくり条例、大阪府建築基準法施行条例、1993
Architect's. Guide to the ADA, Peoples Center for Housing Change, 1993
定籐丈弘：障害者と社会参加、部落解放研究所、解放出版社、1994
日本障害者協議会：障害者の生活環境改善手法、彰国社、1994
Code of federal regulations 28CFR Part 36, Department of Justice, 1994
総理府：障害者白書、バリアフリー社会をめざして、1995
髙橋儀平：さいたま新都心バリアフリー推進調査、さいたま新都心管理運営基本計画策定調査、埼玉県、1998

髙橋儀平監修：ユニバーサルデザインとは何か　考え方と展開、ユニバーサルデザイン視察報告書。1998

Universal Design Reference Book, Adaptive Environments, 1998

総理府：障害者白書、ノーマライゼーションの世界的展開、1999

日本建築家協会連続講座、ユニバーサルデザインとハートビル、1998年～1999年、日本建築家協会ハードビル部会、1999

菅野鞠子：気がつけばそれぞれがそれぞれに咲く野原かな、自費出版、2000

日建設計：さいたまスーパーアリーナ、バリアフリーについて、2000

全国障害者市民フォーラムとっとり、第14回車いす市民全国集会・第11回自立生活研究全国集会1999報告書、2001

自立生活運動と障害者文化、全国自立生活センター協議会、現代書館、2001

福祉のまちづくり、作業療法ジャーナル6月号、三輪書店、2001

中本俊也、髙橋儀平：公共施設におけるユニバーサルデザイン設計のプロセス　その1、日本建築学会学術講演梗概集、2001

梶本久夫監修：ユニバーサルデザインハンドブック(日本語版)、丸善、2003(原著は2001)

髙橋儀平、ユニバーサルデザインのまちづくり、土木学会誌、Vol.88, No.6, 2003, 14-15

中西正司、上野千鶴子：当事者主権、岩波新書、2003

特集バリアフリーとまちづくり、都市問題研究第59巻第3号、都市問題研究会、2007

杉本章：障害者はどう生きてきたか―戦前・戦後障害者運動史、現代書館、2008

独立行政法人日本スポーツ振興センター：新国立競技場設計(案)説明書(概要版)、2014

三澤了さんの遺志を継ぐ会：帽子と電動～三澤了の軌跡、2014

髙橋儀平：日本・中国・韓国のバリアフリーの沿革と基準の標準化、日本福祉のまちづくり学会平成26年度全国大会、2014

大塚良一：日本のコロニー政策とベーテル――福祉活動家が目指したコロニー・ベーテル、東京成徳短期大学紀要第48号、2015

日本福祉のまちづくり学会：IPCアクセシビリティガイド(翻訳版)、2016.3

Tokyo2020アクセシビリティ・ガイドライン、公益財団法人東京オリンピック・パラリンピック競技大会組織委員会、2017

東京都障害者差別解消法ハンドブック、東京都保健福祉局、2018

◉年表　「福祉のまちづくり」をめぐる流れ

西暦	●重要な法制度　◆関連する重要な動き	国際的な動き
1946	●日本国憲法公布(47年施行)	
1947	●教育基本法、学校教育法、児童福祉法 ・全日本ろうあ連盟結成	
1948	・日本盲人会連合結成 ・日本肢体不自由児協会発足	・国連世界人権宣言
1949	●身体障害者福祉法 ・全国身体障害者団体連合会結成	
1950	◆国鉄で「身体障害者旅客運賃割引規格」を策定(はじめての交通対策) ●生活保護法	・国連：身体障害者の社会リハビリテーション決議
1951	◆第1回身体障害者実態調査(厚生省)	・国際肢体不自由者福祉協会(RI)：世界会議開催
1952	◆身体障害者旅客運賃割引制度(国鉄) ・全国精神薄弱児育成会(手をつなぐ親の会)結成	・イギリス：第1回国際ストークマンデビル競技大会(パラリンピックの発祥)
1955		・ILO総会：障害者の職業リハビリテーションに関する勧告
1956	●公立養護学校整備特別措置法(1957年より養護学校への就学が就学義務の履行となる)	・国連：日本国連加盟承認
1957	◆脳性まひ者による「青い芝の会」結成(その後の障害者運動に影響)	
1958	・国立知的障害児施設秩父学園(所沢)	
1959		・国連・欧州会議：公共建築物のアクセシビリティ決議 ・デンマーク：知的障害者福祉法(ノーマライゼーション)
1960	・全国初の重症心身障害児施設「島田療育園」 ●精神薄弱者福祉法 ●道路交通法(身体障害者の免許取得へ) ●身体障害者雇用促進法(最低雇用率努力義務)	・イタリア・ローマ：第1回パラリンピック大会
1961	●障害福祉年金制度	・アメリカ：世界初のバリアフリー基準仕様書(ANSI)
1963	・「身体障害者の村・コロニー計画」開始(まちづくり運動の背景)	・1962アメリカ：ポリオによる四肢まひ者エド・ロバーツ、カリフォルニア大学バークレー校入学(CILバークレー創設者)
1964	◆東京パラリンピック大会(22か国567人参加)開催 ・公営住宅「老人世帯向け住宅」 ・全国重症心身障害児(者)を守る会結成	・アメリカ：公民権法(1970年代後半からの障害者の権利獲得運動に影響を与える) ・スウェーデン：フォーカス運動(重度障害者の住宅開発と社会への統合)

西暦	●重要な法制度　◆関連する重要な動き	国際的な動き
1965	◆新宿の国立身体障害者センターで身障者が「重症者に対する門戸拡大」を要求した座り込み（権利運動の始まり） ◆初の「全国身体障害児実態調査」（厚生省） ◆点字ブロック、三宅精一が発明し、1967年、岡山盲学校付近の道路にはじめて敷設（岡山）	
1966	◆特別養護老人ホームの基準整備（厚生省） ・コロニーづくりが推進される ・都・各市区で「家庭奉仕員制度」 ・心身障害児対策連絡会議（閣議決定）	
1967	●身体障害者福祉法改正（内部障害者加わる） ●児童福祉法改正（重症心身障害児施設制度化） ●公営住宅法「身体障害者世帯向け住宅」 ・大阪肢体不自由児協会他、日本万国博覧会協会に車いす対応道路整備、エレベーター、エスカレーター設置、障害者用ガイドブックの作成、専用入り口の設置、駐車場整備、車いす貸し出し、入場料割引を要望	
1968	◆北海道「重度身障者世帯向け公営住宅」	・アメリカ：建築障壁法（Architectural Barriers Act）
1969	◆仙台市で手足の不自由な子どものための街頭募金活動 ・在宅重症心身障害児の外出支援活動広がる	・アイルランド・ダブリン：第11回RI会議で国際アクセスシンボルマーク決定 ・スウェーデン：建築法改正
1970	●心身障害者対策基本法の制定（交通施設、公共施設等の障害者配慮の義務規定） ・手話奉仕員養成事業（厚生省） ◆仙台市で「グループ虹」発足（公共施設の改善運動へ） ◆グループ虹、国際シンボルマークの普及を運動の中心に ・岩見沢緑成園内に全国初の身障者向け公営住宅建設 ・大阪万博会場で「身障者センター」設置、車いす無料貸し出しなど実現	・RI：70年代を「リハビリテーションの10年」とすると宣言 ・アメリカ：バークレー校に身体障害者学生プログラム ・オランダ：ヘット・ドルプ（障害者の住宅と働く場が一体になった大規模コミュニティ）
1971	・グループ虹「身障者生活圏拡張運動実施本部」に改名 ◆生活圏拡張本部スライド「みんなの街づくり」作成 ◆生活圏拡張本部、仙台ワークキャンプ、子どもの城づくりの3団体による「福祉のまちづくり」運動へ ・町田市まちづくりのための懇談会設置	・アメリカ：精神遅滞者居住施設基準

西暦	●重要な法制度　◆関連する重要な動き	国際的な動き
1971	◆大阪肢体不自由児協会・日本チャリティプレート協会「身障者の生活環境を広げる運動全国キャラバン隊」 ●道路交通法の改正〔車いす使用者を歩行者と規定〕 ・国鉄が盲導犬の無料同乗車認める ・国立コロニーのぞみ園開所(高崎) ・「障害者の生活環境をつくる会(日本肢体不自由児協会)」発足	
1972	・町田市福祉バス(リフト付きバス)運行開始 ・全国障害者問題研究会仙台全国大会 ◆京都市でも「誰でも乗れる地下鉄にする運動協議会」発足	・国際肢体不自由者福祉協会(RI)：国際障害者リハビリテーション協会と改称 ・アメリカ：バークレーで自立生活センター設立
1973	・第一次オイルショック(「福祉元年」と呼ばれる) ・「歩道及び立体横断施設の構造について」を通知(建設省) ・「老人向け住宅の計画、身体障害者向け住宅の計画」(建設省特定目的公営住宅促進会議) ・「官庁営繕の身体障害者に対する暫定処置について」通知(建設省) ◆身体障害者モデル都市事業(厚生省)(国による初の福祉のまちづくり事業) ・国鉄高田馬場駅に「点字運賃表」設置 ・東京の国電中央線にシルバーシート登場 ・高田馬場駅で視覚障害者のホーム転落死 ・身障者とボランティアによる「車いすTOKYOガイド」 ◆国鉄が鉄道設備の改善と車いす単独乗車を認める ・みんなの街づくり(第1回障害者と街づくり研究集会・全障研福井支部) ◆「車いす市民交流集会」仙台(その後2年毎に全国集会を開催)	・アメリカ：リハビリテーション法改正
1974	●町田市「建築物等に関する福祉環境整備要綱」(全国ではじめて) ・車いす利用者用公衆電話ボックス導入(電々公社) ・テレビ手話放送を開始(郵政省) ・「川口に障害者の生きる場をつくる会」発足 ●障害児養護学校就学義務化	・国連障害者生活環境専門家会議：バリアフリーデザインの報告書をまとめる ・西ドイツ：重度障害者法(雇用率6%)

西暦	●重要な法制度　◆関連する重要な動き	国際的な動き
1975	●道路交通法施行規則改正（運転免許の適性試験で補聴器の使用を認める） ・新幹線「ひかり」に車いす用の席を設置 ・福祉電話器の開発（電電公社） ・「官庁営繕の身体障害者等に対する暫定処置について」を通知（建設省） ・心身障害者団体の発行する定期刊行物に対する郵送料の優遇措置 ・川崎市「障害者をとりまく都市環境に関する実態調査報告書」 ・身体障害者を考慮した設計資料（営繕協会、日本肢体不自由児協会）	・国連：障害者の権利宣言 ・スウェーデン：建築法（42a住宅のバリアフリー化） ・イギリス：オープン大学で初の障害学コース発足 ・アメリカ：全障害児教育法
1976	・京都市福祉のまちづくりのための建築物環境整備要綱 ・視覚障害者用信号機の全国統一化（警察庁）（音の出る信号機は1955年に杉並区東田町ではじめて設置） ◆川崎駅でバス乗車をめぐる車いす使用者とバス会社とのトラブル ・尼崎市で車いす使用者のバストラブル ・「誰でも乗れる地下鉄をつくる会」を結成（大阪）	・スウェーデン：第1回冬季パラリンピック開催 ・イギリス：障害者に対する移動手当金制度創設 ・アメリカ：ニュージャージー州最高裁、「植物人間」カレンさんの尊厳死を認める ・国連：「国際障害者年（1981年）」決議（テーマ「完全参加と平等」）
1977	●神戸市民の福祉を守る条例（条例は全国ではじめて） ・「官庁営繕における身体障害者等の利用に対する措置」を通知（建設省） ・川崎市で約100人の脳性まひ者等がバス運行を止める	・アメリカ：リハビリテーション法504条（障害者差別の禁止）施行 ・アメリカ：全障害教育法施行
1978	・駐車禁止除外指定車標章の交付（警察庁） ・道路交通法改正（盲導犬利用者は道路を通行可、この場合の車両運転者に対する一時停止または徐行の義務を規定） ・「車いす利用者の乗り合いバス乗車について」通達（運輸省） ・障害者住宅整備資金貸付制度 ・受話器音声拡大「めいりょう」の公衆電話の導入（電電公社） ・国鉄が「バスに車いす付き添い乗車」を義務づけ	・アメリカ：リハビリテーション法改正（自立生活条項新設）
1979	・「障害者福祉都市」推進事業（厚生省） ・既設郵便局舎の窓口ロビー出入口の段差解消等始まる（郵政省） ・建築学会大会研究協議会「ハンディキャップ者を考慮したまちづくりはどうなっているか」 ・第4回車いす市民全国集会（東京）「差別と障壁のない社会づくり」	・国連：国際児童年 ・イギリス：「ショップモビリティ」始まる

西暦	●重要な法制度　◆関連する重要な動き	国際的な動き
1980	・武蔵野市福祉公社「有償在宅サービス」 ・高齢者・身障者ケアシステム技術（通産省） ●公営住宅法改正（高齢者（男子60歳、女子50歳以上、障害者の単身入居他） ・国際障害者年日本推進協議会発足（1993年日本障害者協議会（JD）へ改称）	・WHO（世界保健機関）：国際障害分類試案（ICIDH）
1981	◆官庁営繕における身体障害者の利用を考慮した設計指針（建設省） ◆八王子自立ホーム、中野区身体障害者アパート開所 ・神戸市、ポートライナーをバリアフリー化 ・国鉄町田駅にエレベーターを設置 ・京都市、市営地下鉄をバリアフリー化	・国連：国際障害者年（IYDP） ISO（国際標準化機構）：「建物に関する障害者のニーズ・デザイン・ガイドライン」
1982	◆身体障害者の利用を考慮した建築設計標準（建設省） ◆障害者対策に関する長期計画（障害者対策推進本部） ・兵庫県加古川市「福祉コミュニティ条例」 ・公衆電話のダイヤル数字5に「ポッチ」を入れる（電電公社）	・スウェーデン：社会サービス法（在宅ケアを重視） ・国連：「国連・障害者の10年」を宣言
1983	◆公共交通ターミナルにおける身体障害者用施設整備ガイドライン（運輸省） ◆日米障害者自立セミナー開催 ・みんなが使いやすい空港旅客施設整備指針 ・定額郵便貯金等の点字による貯金内容通知（郵政省） ・大阪府加齢住宅・高齢化時代の住宅設計指針	・国連：障害者の10年開始 ・ILO：「職業リハビリテーション及び雇用に関する条約」
1984	・氏名を点字表示した郵便貯金点字キャッシュカード発行（郵政省） ・視覚障害者用現金自動支払機（CD）・現金自動預払機（ATM）（郵政省） ・兵庫県警察でファックス110番	
1985	・テレビ放送における字幕放送（郵政省） ・視覚障害者誘導用ブロック設置指針（建設省） ●男女雇用機会均等法 ・郵便ポストの取集時刻表示板等に点字表示開始（郵政省） ・神奈川県、ケア付き住宅	・アメリカ：ロン・メイス「ユニバーサルデザイン」提唱 ・イギリス：ベバリッジ報告以来の抜本的な社会保障改革案を発表

西暦	●重要な法制度　◆関連する重要な動き	国際的な動き
1986	・障害者の住みよいまちづくり事業（厚生省） ・第5期住宅建設5カ年計画（高齢者世帯に対する居住水準導入） ●国民年金法改正（障害基礎年金制度） ・北海道道営ケア付き住宅 ・DPI日本会議結成 ・八王子ヒューマンケア協会（米国自立生活センターの日本版）の設立 ◆長寿社会対策大綱（閣議決定）	・イギリス：障害者法
1987	・建築学会大会研究協議会「高齢者向けサービス付き住宅」 ・シルバーハウジングプロジェクト（高齢者集合住宅） ・ホームエレベーター認可 ●社会福祉士および介護福祉士法	・デンマーク：高齢者住居法（今後建設する住宅は車いす使用者も使用できるバリアフリー仕様とする等） ・スウェーデン：サムボ法制定（同棲者の権利を保障）
1988	・リハビリテーション世界会議（東京） ・建築学会CIBセミナー「ノンハンディキャップ環境の現在について」 ・DPI等障害者による最初の交通アクセス全国統一行動	・アメリカ：公正住宅修正法（FHAA：障害を理由にした住宅差別禁止法）
1989	・知的障害者のグループホーム制度（厚生省） ・高齢者保健福祉推進10カ年戦略（ゴールドプラン） ・ふるさと21健康長寿のまちづくり（WAC）（厚生省） ・地域生活援助事業（知的障害者グループホーム） ・武蔵野市障害者住宅（民間アパート）家賃助成 ・フェスピック神戸大会記念シンポジウム「障害者、高齢者の福祉のまちづくり」	・国連：児童の権利に関する条約 ・国際高齢者年
1990	◆住みよい福祉のまちづくり事業創設（厚生省） ・心身障害者・高齢者のための公共交通機関の車両構造に関するモデルデザイン策定（運輸省） ・情報処理機器アクセシビリティ指針（通商産業省） ・NHK教育TVで手話ニュース放送 ・江戸川区住宅改造全額助成 ・神奈川県、兵庫県「建築基準条例」改正（福祉的対応導入） ・横浜市、神奈川県、鉄道駅舎エレベーター設置補助事業	・アメリカ：障害をもつアメリカ人法（ADA：障害を理由にした差別禁止法）制定 ・国連：すべての移民労働者及びその家族の権利保障に関する条約採択 ・シンガポール：建築物バリアのないアクセシビリティ法 ・イギリス：国民保健サービス及びコミュニティ・ケア法 ・中国：障害者保障法

西暦	●重要な法制度　◆関連する重要な動き	国際的な動き
1991	・官庁営繕における身体障害者の利用を考慮した設計指針(建設省) ●育児休業法 ・福祉の街づくりモデル事業(建設省) ・鉄道駅におけるエスカレーター整備指針(運輸省) ・東京都で住み替え家賃助成 ・大阪市、京都市でリフト付きバス運行	・ESCAP：国連・障害者の10年における成果の見直しと評価に関する専門家会議 ・タイ：障害者リハビリテーション法
1992	◆兵庫県および大阪府が「福祉のまちづくり条例」を制定 ●道路交通法等改正(身体障害者用の車いすを定義、原動機を用いた身体障害者用車いすの型式認定制度) ◆人にやさしい建築物整備促進事業(建設省) ・点字不在配達通知カード(郵政省) ・横浜市、神戸市、東京都でリフト付きバス運行開始	・国連：障害者の10年最終年 ・オーストラリア：DDA法(連邦障害者差別禁止法) ・フィリピン：障害者のマグナカルタ法
1993	・障害者対策に関する新長期計画(障害者対策推進本部) ●福祉用具の研究開発及び普及の促進に関する法律 ●身体障害者の利便の増進に資する通信・放送身体障害者利用円滑化事業の推進に関する法律 ・鉄道駅におけるエレベーターの整備指針(運輸省) ・大阪府警察で手話交番第1号を開設 ●障害者基本法	・ESCAP：アジア太平洋・障害者の10年 ・スウェーデン：機能障害者援助サービス法
1994	◆障害者や高齢者にやさしいまちづくり推進事業(厚生省) ●「高齢者、身体障害者等が円滑に利用できる特定建築物の建築の促進に関する法律」(ハートビル法)の制定 ・新ゴールドプラン(厚生省) ◆人にやさしいまちづくり事業(建設省) ・交通施設利用円滑化対策費補助金(運輸省)	・国連：国際家族年 ・ドイツ：障害者差別禁止条項を持つ新憲法 ・「サラマンカ宣言」(インクルーシブ教育の原則)

西暦	●重要な法制度　◆関連する重要な動き	国際的な動き
1994	◆公共交通ターミナルにおける高齢者、障害者等のための施設整備ガイドライン」(運輸省) ◆みんなが使いやすい空港旅客施設新整備指針(計画ガイドライン(運輸省) ◆生活福祉空間づくり大綱(建設省) ◆高齢者・身体障害者の利用に考慮した建築設計標準(建設省) ◆学校施設等における高齢者、障害者等の円滑利用できる建築物の建築の促進について(文部省) ・高齢者・障害者のための宿泊施設モデルガイドライン(日本観光協会)	
1995	・阪神淡路大震災 ●高齢社会対策基本法 ・ノーマライゼーション7ヵ年戦略バリアフリーを提唱 ◆長寿社会対応住宅設計指針 ●精神保健法を精神保健及び精神障害者福祉に関する法律に改正 ●育児休業法改正(介護休業創設、育児・介護休業法へ)	・スウェーデン：精神障害者福祉改革実施 ・イギリス：障害差別法
1996	◆高齢社会対策大綱 ◆市町村障害者生活支援事業開始(厚生省) ◆福祉のまちづくり策定手引きを地方公共団体に通知(建設省・厚生省) ◆児童の権利に関する条約批准 ・タウンモビリティ始まる	・香港：障害者差別禁止条例 ・スリランカ：障害者権利保護法
1997	・「日本福祉のまちづくり学会」設立 ◆ノンステップバス運行開始 ◆さいたま新都心「バリアフリー都市宣言」 ●精神保健福祉法 ●介護保険法 ・住宅金融公庫バリアフリー基準の本格導入 ・高齢者グループリビング支援モデル事業創設〔第1号に浦和市グループハウスさくらを指定〕 ・神戸市コレクティブハウジング ・ゴールドプラン21(厚生省)	・ユニバーサルデザインの7原則 ・ISO：消費者問題対策委員会、「ユニバーサル製品」の世界的規格統一に向けたガイドライン ・韓国：建築に関する老人・妊産婦・障害者等の便宜促進法

西暦	●重要な法制度　◆関連する重要な動き	国際的な動き
1998	●特定非営利活動促進法	・アメリカ：第1回ユニバーサルデザイン国際会議 ・カナダ：憲法改正(障害者差別禁止規定) ・アメリカ：連邦政府、「統一アクセシビリティ基準」
1999	・国際高齢者年 ・共生のまち推進事業(自治省)	
2000	●介護保険法(福祉用具、住宅改修費の支給)(厚生省) ●交通バリアフリー法(高齢者、身体障害者等の公共交通機関を利用した移動の円滑化の促進に関する法律)(運輸省) ●児童虐待防止法 ●成年後見制度改正 ・建築物のバリアフリー化検討委員会(建設省) ◆静岡県：企画部にユニバーサルデザイン室設置	・「障害に関する世界NGOサミット」開催(北京) ・AU：「アフリカ障害者の10年」(2000－09) ・アメリカ：第2回ユニバーサルデザイン国際会議
2001	◆「障害者・高齢者等のための公共交通機関の車両等に関するモデルデザイン」を策定 ◆バリアフリー整備ガイドライン(旅客施設編・車両編)(国土交通省) ●DV防止法 ●高齢者住まい法	・WHO：「国際生活機能分類(ICF)」
2002	●ハートビル法改正(対象建築物の拡大、委任条例) ●身体障害者補助犬法 ●ホームレス自立支援法	・DPI世界会議が札幌で開催 ・オランダ：安楽死全面合法化 ・「アジア・太平洋障害者の10年」最終年
2003	●次世代育成対策推進法 ●少子化社会対策基本法 ●高齢者・身体障害者の利用を配慮した建築設計標準改正(国土交通省)	
2004	◆学校施設バリアフリー化推進指針(文部科学省) ●発達障害者支援法 ◆少子化対策大綱	・パラリンピックがオリンピックと同時開催(アテネ大会) ・第10回　TRANSED(モビリティと交通国際会議：浜松市)
2005	●障害者自立支援法(厚生労働省) ◆ユニバーサルデザイン大綱(国土交通省) ●高齢者虐待防止法	

西暦	●重要な法制度 ◆関連する重要な動き	国際的な動き
2006	●バリアフリー法（交通バリアフリー法とハートビル法の統合） ・厚生労働省・国土交通省、公営住宅への精神障害者・知的障害者の単身入居 ・千葉県「障害のある人もない人も共に暮らしやすい千葉県づくり条例」 ●道路運送法改正（自家用有償運送等の制度化） ●障害者自立支援法	・国連：障害者権利条約
2007	◆障害者権利条約署名 ●学校教育法改正（特別支援教育）	・韓国：障害者差別禁止法
2008	・バリアフリー基本構想ガイドブック（国土交通省）	・中国：障害者保証法改正
2010	・JR山手線にホーム柵の設置始まる	
2011	・東日本大震災 ◆バリアフリー基本方針改正（対象駅3000人以上／日） ●障害者基本法改正 ●高齢者住まい法改正（高齢者サービス付き住宅の登録制度）	
2012	●子ども・子育て関連法 ●障害者虐待防止法 ●障害者総合支援法（障害者自立支援法改正）	・イギリス・ロンドン：オリンピック・パラリンピック大会
2013	●障害者差別解消法（2016年4月施行） ●障害者雇用促進法改正（精神障害者の雇用義務化） ・バリアフリー整備ガイドライン改正	・IPC（国際パラリンピック委員会）：アクセシビリティ・ガイドライン公表
2014	・障害者権利条約批准	
2015	・新国立競技場「世界最高のユニバーサルデザイン」を掲げてプロポーザルコンペ	
2016	・ハンドル型電動車椅子の公共交通機関利用調査検討委員会	・ブラジル・リオ：オリンピック・パラリンピック大会
2017	◆ユニバーサルデザイン2020行動計画（閣議決定） ・Tokyoアクセシビリティ・ガイドライン（IPCガイド東京版）	
2018	●バリアフリー法改正	
2019	◆バリアフリー法施行令改正（宿泊施設の車いす使用者用客室1％以上） ◆東京都建築物バリアフリー条例改正（ホテル・旅館1000㎡以上の一般客室のバリアフリー化を義務化）	

【年表作成のための主な参考・引用文献】
・平成7年度版『障害者白書』総理府編、1995／高橋儀平「福祉のまちづくりの歴史的展開」（『OTジャーナル』470-479）、2001／
・年表「推進協およびJDの主な活動と国内外における障害者施策の動き」（1981-2010）「弱くてもろい社会」から「すべての社会」へ——JD30年の運動の道のりと展望——30-41、日本障害者協議会、2011／・日本福祉のまちづくり学会『福祉のまちづくりの検証』彰国社、2013

あとがき

福祉のまちづくり、バリアフリー、ユニバーサル、そしてインクルーシブ・デザイン、インクルーシブ社会と時代は進んできたが、市民や設計者、建築家、福祉や建築研究者の意識が大きく変わってきたわけではない。行政担当者も仕事としてはかかわり方をもっていても自身からの発信と行動に出会うことは依然として少ない。日本人が受けてきた専門教育の限界なのであろうか。公共交通機関をはじめ大規模建築や都市のバリアフリー化はこの間格段に発展し、個々の技術は優れていて世界に誇るのだが、隣近所や身近なまちの中のアクセシビリティの改善には沈黙する。

１９６４年10月東京オリンピック大会、11月にパラリンピック大会が開催された。50年以上前のことである。筆者は当時高校1年生。大会直前に知り合いの電気屋さんがわが家に家具調カラーテレビを勝手に置いて行った。64年東京オリンピックはわが家の近代化の始まりでもあった。「バリアフリーによる都市環境の近代化」はそのわずか5年後からである。パラリンピック大会に参加した選手のなかにもその「近代化」を強く牽引した人がいた。パラリンピックレガシーはやがて形を変えて「車いす市民運動」、「福祉のまちづくり」、「車いすガイドマップ」運動等に発展し、燎原の火のごとく全国各地の都市に伝播した。１９７０年代後半の出来事である。レガシーの対象は皮肉にも１９６４年東京オリンピックで大改造された都市や道路、公共交通機関であった。それから56年後に再び東京２０２０オリンピック・パラリンピック大会がやってくる。いま東京の公共交通機関は至る所大改造の真っ只中。今度のレガシーづくりは未来の障害者に、未来の市民にどんなプレゼントをもたらすのであろうか、いま筆者にとって最大の関心事である。

本書でも度々触れてきたが、はじめて障害者問題にかかわるきっかけになったのが1974年4月、職場の同僚でもあり恩師でもある東洋大学建築学科の内田雄造さん(当時助手)を通じて西村秀夫さんから埼玉県川口市の脳性まひ者、八木下浩一さんを紹介されたことだった。八木下さんとは川口駅東口広場の一角にあった3階建て雑居ビルの2階のやや広い喫茶店の北側窓際の隅っこではじめてお会いした。残念ながらそのビルは2003年の再開発により解体され、いまは「立派な」駅前広場に変わってしまったが、八木下さんにはいまでも時々お会いする。

7歳年上の八木下さんは初対面である筆者に、脳性まひ者である自身の主張、これからの生き方を熱く語ってくれた。八木下さんのその時の一番の主張は、当時の障害者政策ではじまったばかりの障害者の収容施設「コロニー」計画への反発であった。「髙橋くん、おかしいじゃないか。何で僕ら脳性まひ者が人里離れた山奥に行かされなきゃいけないの?」。その疑問に当時応えることができなかった。八木下さんは、「親兄弟や友だちといつでも会いたい時に会える、何人かの人が集まって暮らせる住宅を市内につくる。これからそのことを川口市に要望する。川口市はオートレース場があるからお金がある」というのだった。脳性まひにより不随運動がある八木下さんの全身から噴き出してくるエネルギーと言動の数々はいまでも忘れられない。

筆者が参加した八木下さんのグループは「川口に障害者の生きる場を作る会」。この名前にはだれもがすごく惹かれ、みんなが「生きる場」、「生きる場」と呼んだ。それほど沢山の人が集まったわけではないが、生きる場は、いつの間にか同年代の仲間にとっても県内の障害者団体にとっても大きなよりどころになっていった。

八木下さんのご両親に会ったのは最初の出会いから間もなくであった。ご自宅を訪問し軽い挨拶を交わした。八木下さんがどれだけ家族のみんなに愛され、八木下さんの活動をいかに理解しようとしていたかがよくわかった。息子が脳性まひ者の自立を求めるラディカルな活動の中心人物として動いていることも意に介さない。市に建設を求める困難さも十分に承知していたように思う。障害児・者をもつ親子のパターンはいくつかあるが、八木下さんの場合はどれに当てはまるのかいつも不思議に思っていた。子の自立のために必死になって親が子を支えるのでもなく、突き放すのでもなく、抱きかかえ甘やかすのでもなく、適度な距離を置いているようにも見え実に不思議な感じであった。八木下さんも親の意思とはかかわりなく活動しつつも独立する意思があったようには見えないし、それでいて障害者運動のトップに立っていたのである。実に不思議な人だ。

建築士の資格ももたない時期に学生時代の建築設計製図の延長で、10人の重度障害者が暮らす「生きる場」の平面図(図1)を描いて川口市の民生部に要望書とともに提出したのが45年前であった。

その夏の初め仙台で福祉のまちづくり運動が始まっているという情報を入手し、学生とともに仙台の民宿に1週間ほど泊まりバリアフリーに改善された公共、民間施設の実測調査を実施した。仙台市役所にも意気込んで情報を得ようと訪ねたが、福祉のまちづくりマップが掲示されていただけだった。仙台に戻った菅野鞠子さんを訪ねた後の2003年ごろだったと思う。仙台市のシンクタンクに招かれてバリアフリーの話をし

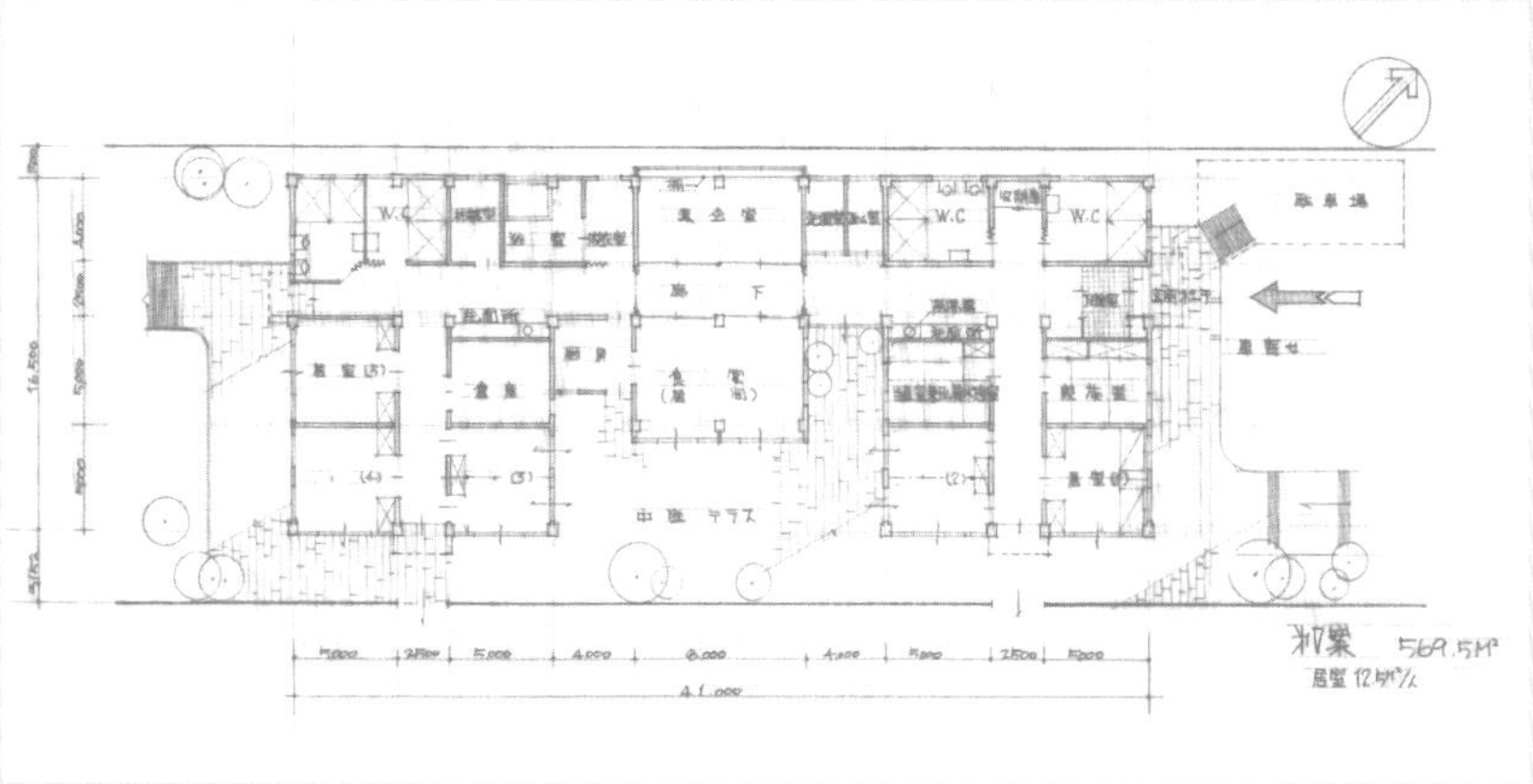

図1 「生きる場」第5案

たときに、仙台は福祉のまちづくりの発祥の地ですよ、といったら若い職員は驚いていた。

川口市との交渉は難航を続け、1978年8月、活路を求めて八木下さんたちと5人でスウェーデンを訪ねた。1年前にスウェーデンでは障害者施設を解体し地域に戻す福祉施策を展開していると伝え聞いたからである。わずかひと月あまりではあったが、アパートでの自炊生活とともに世界最先端の福祉国家スウェーデンに学ぶ良いチャンスを得た。当時スウェーデンでは大規模収容施設を解体し、地域の集合住宅で4〜5人程度のグループホームを展開していた。川口での活動が間違っていないとの確信に変わるためにはそれほど時間はかからなかった。ウメオの団地で初めて見たグループホームは公的な集合住宅の一室で知的障害者や車いす使用者が支え合いながら普通の暮らしを実現させていた。テービーというストックホルム近郊の町では重度の車いす使用者がホームヘルプを必要な時に受けながら暮らせる「フォーカスアパート」という集合住宅を訪ねた。スウェーデンで見た動きは私たちの想いと一緒ではあったが、日本の現実のあまりにも先を行っていて、日本にどうもち帰って説明できるのか困惑しっぱなしだった。案の定、帰国後「スウェーデン調査報告記」を日本建築学会ハンディキャプト小委員会のメンバーに配布したのであるが、リアクションはほとんどなかった。八木下さんと一緒に当時の厚生省の障害者施設課長を訪ね、小規模な施設づくりへの転換を求めたが、このときも時期尚早といわれた。

日本の重度の障害者本人はどう思っているのだろうか。そこで首都圏（東京、埼玉、神奈川、千葉各都県）の車いす使用者世帯向け公営住宅60か所の悉皆調査を独自に行った。ひとり暮らしの脳性まひ者、車いす使用者のご夫婦など自立生活に向けた意気込みが伝わってきた。筆者にとって幸運だったのはそのときに出会った人たちの大半が、20年後、30年後にわが国の障害者運動のリーダーになっていったことだった。

スウェーデンを訪問し本格的に福祉のまちづくりの研究を志したのがきっかけで、国際障害者年（１９８１年）以降、国際障害者年日本推進協議会（現日本障害者協議会）の生活環境問題プロジェクト小委員会の委員長に招かれ、障害者の住宅やまちづくり政策提言を担当した。ここで視覚、聴覚に障害のある人との出会いが生まれ、研究や活動の対象範囲が住宅から公共空間に広がった。[★1] こんな活動経験を経て、１９９４年、ハートビル法「高齢者、身体障害者の利用を考慮した建築設計標準」の改定作業にかかわることになった。その後は、交通バリアフリー法の移動等円滑化基準の検討（２０００年）、道路、公園、旅客施設の整備ガイドラインづくり、ハートビル法の改正（２００２年）、バリアフリー法の制定（２００６年）、建築設計標準の改正（２００３、２００７、２０１２、２０１５、２０１８年）と継続してバリアフリー法制度やガイドラインづくりにかかわっている。したがって、

注１…生活環境問題プロジェクト小委員会の活動は日本障害者協議会編『障害者の生活環境改善手法』彰国社１９９４に詳しい。

本書では設計者や建築家への理解を強く求めたが筆者自身の責任も痛感している。

その後、川口の現場を離れて、住まいがある坂戸市で１９８０年、重い脳性まひ児の普通学級への就学支援活動から障害のある人もない人も一緒に生きられる地域社会を目指した「うさぎとかめ」というグループを立ち上げた。グループを立ち上げて間もなく、ひとりで市内の全障害児世帯を個別訪問し、困っていることを聞き出しながらうさぎとかめへの参加を呼びかけた。川口での経験からうさぎとかめでは、障害当事者だけでなく、家族や地域も巻き込むことを活動の目標とした。活動は毎週の集まりや毎月の定期活動と膨らみ、夏はバリアだらけの千葉県東金海岸でのサマーキャンプ、冬は各地のスキー場へと学生ボランティアや仲間とともに足を運んだ。今日では「ユニバーサルツーリズム」という名称があるが、名前も設備も何もない時代であった。バリアだらけの民宿に2泊するのだが、下見だけは必ず実施した。秋になると地域住民を巻き込み障害児者とともに大運動会も行った。私たちの会はとにかくごちゃまぜ、年齢も障害の種別や

写真1　うさぎとかめ、バザーの様子

有無も地域も問わなかった。

活動には相当の人手が必要なので、毎年春になると学生ボランティアを集めるために東上線沿線の各大学の校門でビラ配りを実施した。ときにはかつて学んだ交渉術で市の障害福祉課や社会福祉協議会と「鋭く」対峙したり、議員や市職員に呼び掛けてまちづくり点検活動を行ったりした。親の意識が変わるようにと教育、介助、住宅などの勉強会も実施した。だが市の職員も含めて大人が変わるのはなかなか難しい。

川口の活動がコテコテの障害者運動だとすると坂戸の活動はマイペース、「普通の活動で地域を変える」がキャッチコピーであった。どの程度変わったのかはいまでもわからないが、それでも地元の小学校や一部の公共施設にはエレベーターも付いた。だれもが当たり前に当たり前のことができるよう地域社会を変えようとしたことは事実であった。志は高く、しかし実態としては緩やかに参加し合うということを活動姿勢とした。

好きでやっていたのであまり考えてはいなかったが、うさぎとかめの活動は、私自身の研究活動のよりどころとして次第に大きくなっていたように思う。当然ではあるが地域では一住民としての活動である。重い自閉症児との衝撃的な出会い、近隣地域住民による意味のない障害者施設建設の反対運動、地域の作業所運営にもかかわった。何よりも一人ひとり異なる障害児者、家族との出会いは、いまかかわっている地方公共団体の福祉のまちづくり計画やバリアフリー基本構想協議会などの行政会議の場、あるいは企業との共同研究においても論点を整理する時の支えになっているように思う。とくに近年法的にも求められている当事者参加型公共事業への関与の際には、「生きる場」や「うさぎとかめ」での行政交渉経験がとても役に立っている。

１９７４年から経験した障害者運動で感じるのは、だれでもが生まれながらにして差別心をもっているわけではないということだ。必要がないところには「心のバリアフリー」も存在しない。いつしか私たちの中に差別や偏見となる何らかのきっかけがあって、油断したとたん入り込んでしまうのである。

障害当事者とのかかわりは人それぞれである。当事者や家族であってもそうでなくてもいかに自分の体験を伝えるかである。学問や研究でも解決できないことが少なくはない。日本人的ではあるが、少なくともバリアフリーへの希望を捨てない、諦めない、慌てない、主張する、そして計画を思い切ってつくるということに次の展望を見出したい。

本書の構想が生まれたのも、地域で一緒に活動してくれた仲間の皆さんと、諦めずに常に私の良き相談相手となってくれた同志である妻の存在が大きい。長年にわたりこのような研究や地域活動を続けてこれたのも彼女の協力なくしてはあり得ない。この機会に改めて感謝したい。構想を実現してくれた彰国社編集部の鈴木洋美さんとは25年のお付き合いになる。鈴木さんとの議論はいつも自分の立ち位置を確認するのに役立った。毎回の編集打ち合わせから得た示唆をもう少し考察すべきだったとの反省もある。遅れがちな執筆に対しても辛抱強く待ち続けてくれた。装丁や編集デザインを担当してくれた新保韻香さん、海汐亮太さんには、最後までご迷惑をお掛けしてしまった。ともにつくりあげていただいたチームの皆様に深く感謝を申し上げる。

２０１９年6月22日

髙橋儀平

■著者プロフィール
高橋儀平（たかはし ぎへい） 1948年生
専門：建築学、バリアフリー／ユニバーサルデザイン
1972年東洋大学工学部建築学科卒業、助手等を経て2003年工学部建築学科教授、2006年東洋大学ライフデザイン学部人間環境デザイン学科教授、2019年東洋大学名誉教授。20代から障害者の生活環境問題にかかわる。1994年ハートビル法建築設計標準ワーキングにかかわり、以後、国・都県等のバリアフリー、ユニバーサルデザイン計画、東京2020オリパラ大会施設整備にかかわる。2009〜2013年まで日本福祉のまちづくり学会会長。
主な計画・作品に、さいたま新都心（2000）、ぬまづ健康福祉プラザ（2006）、イオン東久留米店（2013）など。
主な著書に、『高齢者、障害者に配慮の建築設計マニュアル』（1996単著/彰国社）、『福祉のまちづくりの検証』（2014編著/彰国社）、『さがしてみよう！まちのバリアフリー　全6巻』（2011監修・著/小峰書店）、『車いすの図鑑』（2018監修/金の星社）など。

福祉のまちづくり その思想と展開 障害当事者との共生に向けて

2019 年 8 月10日　第 1 版 発 行

著作権者との協定により検印省略

著 者　高 橋 儀 平
発行者　下 出 雅 徳
発行所　株式会社 **彰 国 社**

162-0067 東京都新宿区富久町 8-21
電話　03-3359-3231（大代表）
振替口座　00160-2-173401

自然科学書協会会員
工学書協会会員

Printed in Japan

印刷：三美印刷　製本：誠幸堂

ISBN 978-4-395-32132-2 C3052　http://www.shokokusha.co.jp